Gordon MacDonald
Getragen vom Segen Gottes



Edition
AUF:ATMEN

Gordon MacDonald

# Getragen vom Segen Gottes

R. BROCKHAUS VERLAG WUPPERTAL

Die Edition AUF:ATMEN
erscheint in Zusammenarbeit
zwischen dem R. Brockhaus Verlag Wuppertal
und dem Bundes-Verlag Witten
Herausgeber: Ulrich Eggers


Die amerikanische Originalausgabe erschien
unter dem Titel THE LIFE GOD BLESSES –
Wheathering the Storms of Life that Threatens the Soul
bei Thomas Nelson, Inc., Nashville, Tennessee, USA

Deutsch von Evelyn Reuter

Die Bibelzitate – soweit nicht anders angegeben – sind nach der
Einheitsübersetzung, Katholisches Bibelwerk, Stuttgart 1980
oder nach der Lutherbibel, revidierter Text, Deutsche Bibelgesellschaft,
Stuttgart 1984 wiedergegeben.


Umschlag: Dietmar Reichert, Dormagen
Gesamtherstellung: Breklumer Druckerei Manfred Siegel KG
ISBN 3-417-24425-0
Bestell-Nr. 224 425

# INHALT

*Mit besonderem Dank meiner Frau Gail,*
*die mich ermutigt hat, dieses Buch zu schreiben,*
*die mich Seite für Seite dabei begleitet hat*
*und deren Leben unter dem Segen Gottes*
*für mich immer ein großes Vorbild war.*
*Sie ist eine Persönlichkeit*
*mit großem seelischen Tiefgang.*

*Victor Oliver,*
*meinem geduldigen Verleger, der vom ersten Tag an,*
*als ich Bücher zu schreiben begann, immer für mich da war.*

*Und den besten Freunden,*
*die ein Mann je haben kann, die dieses Buch*
*im Gebet mitgetragen und mir immer wieder*
*den Rücken gestärkt haben.*

VORWORT

# Getragen vom Segen Gottes

## *Worum geht es in diesem Buch?*

Der Gott der Bibel ist ein segnender Gott. Er sehnt sich danach, uns Menschen mit der Fülle seiner Gaben zu beschenken. Gaben wie Stärkung im Glauben, eine enge Beziehung zu ihm, unserem Schöpfer und Erlöser, besondere Herausforderungen auf unserem Lebensweg und Kraftreserven für außergewöhnliche Erfahrungen.

Von Anbeginn der Welt hat Gott Menschenleben gesegnet. Und zwar auf so vielfältige Art und zu den verschiedensten Zeiten und Orten, dass es unsinnig wäre zu behaupten, wir könnten den großen Zusammenhang verstehen oder ihn auf eine einfache Formel reduzieren. Gelegentlich stößt man auf Menschen, die den Eindruck vermitteln, sie hätten als Einzige richtig erkannt, wie und warum Gott eine bestimmte Nation, Glaubensrichtung, Theologie oder Person segnet. Diese »Exklusiv-Erleuchtungen« sind meistens sehr kurzlebig. Und ich bin überzeugt, dass solche beschränkten, selbstgefälligen Kommentare törichter Menschen nicht im Sinne Gottes sind.

Da ich mich nicht zu diesen törichten Zeitgenossen zählen wollte, habe ich zuerst mit schweren Zweifeln gekämpft, ob ich überhaupt etwas (geschweige denn etwas Erschöpfendes) zum Thema *Segen* und seiner tieferen Bedeutung schreiben sollte. Dieses Thema ist so umfassend, so unfassbar – und doch so real. Und es erfüllt mich mit grenzenloser Ehrfurcht.

Wo finden wir die besten Hinweise über den Segen? In der Bibel – sie ist ein wahres »Who is Who« von Menschen des Altertums, deren Leben Gott gesegnet hat. Sie waren sehr unterschiedlich: Männer und Frauen, alte und junge, sanft-zurückhaltende und dynamisch-kämpferische. Menschen verschiedener Generationen in einem Zeitraum von vielen Jahrhunderten. Sie waren so gegensätzlich, dass sie sich wahrscheinlich nicht besonders gut verstanden hätten, wären sie sich jemals begegnet.

Wenn Sie gern Ihre Phantasie spielen lassen, stellen Sie einmal einige dieser biblischen Persönlichkeiten einander gegenüber. Zum Beispiel Josua, den draufgängerischen General, und Timotheus, den sanftmütigen, stillen Evangelisten. Oder die mutige, scharfsinnige Esther und die besonnene, warmherzige Mutter Jesu. Oder wie wäre es mit dem raubeinigen Simon Petrus und dem kultivierten, gebildeten Daniel? Glauben Sie, diese Leute hätten bei Grundsatzdiskussionen dasselbe gedacht und gesagt? Glauben Sie, sie hätten viele Gemeinsamkeiten gehabt? Sie alle waren Gesegnete Gottes; aber auf der äußerlichen, rein menschlichen Ebene, wo Persönlichkeiten, Gaben und Temperamente eine wichtige Rolle spielen, waren sie höchst unterschiedliche Charaktere. Mit einigen von ihnen würde ich zu gern einmal essen gehen; anderen würde ich lieber nicht meine Telefonnummer geben.

Womit soll man anfangen, wenn man das Leben, das Gott segnet, entdecken will? Was bedeutet es überhaupt, gesegnet zu sein? Was ist der Hintergrund der Handlung des Segnens? Und *wie* kann ich den Segen Gottes erlangen und mich von ihm tragen lassen?

Kann man sagen: »In meinem Leben gab es Zeiten, die Gott gesegnet hat«? Meine spontane Reaktion ist ein entschiedenes Ja.

Wenn Segen in erster Linie bedeutet, Gottes Liebe zu empfangen, dann habe ich ein von Gott gesegnetes Leben. Und wenn Segen bedeutet, seine Barmherzigkeit und heilende Gnade zu erleben, dann ist mein Leben reich gesegnet. Und wenn ich in Zeiten der Stille unvergessliche Momente tiefer Erkenntnis erleben darf, ein unbeschreibliches Gefühl der Nähe zum Schöpfer, eine plötzliche Freiheit, ihn zu loben und anzubeten, dann habe ich ein Leben, das Gott segnet.

Vielleicht spüren wir auch manchmal den Wunsch, jemandem eine Stütze zu sein oder sein Leben zu bereichern – Kennzeichen eines von Gott gesegneten Lebens. Vielleicht dürfen wir menschliche

Beziehungen erleben, die eine Qualität der Verbundenheit besitzen – tiefer und dauerhafter als jede sexuelle oder emotionale Bindung. Auch dann haben wir ein Leben, das Gott segnet.

Ein gesegnetes Leben ist eine Erfahrung, die häufig unterschätzt und genauso oft als selbstverständlich hingenommen wird. Denn durch diese Begegnung(en) baut Gott, unser Herr, der Schöpfer des Himmels und der Erde, eine innige Beziehung zu einem Menschen auf und verwandelt ihn mehr und mehr in das Geschöpf, das er sich erdacht hat. Eine solche Gottesbegegnung kann uns mit ungewöhnlicher Kraft erfüllen, damit wir Boten für sein Reich sind.

Gottes Segen ist selten an sichtbare Dinge geknüpft. Das ist das Entscheidende. Wenn es im Leben dieser gesegneten Menschen in der Bibel etwas Gemeinsames oder allgemein Gültiges gibt, wenn zwischen ihnen und uns eine Verbindung besteht, dann wahrscheinlich in den unsichtbaren, tieferen Schichten des menschlichen Daseins – die nur Gott sehen, hören und berühren kann. In unserem innersten Wesen – auf der Ebene der Seele.

Versuchen wir, dorthin vorzudringen – sofern das möglich ist –, werden wir bei diesen grundverschiedenen biblischen Charakteren etliche Gemeinsamkeiten entdecken. Sie haben Berührungspunkte, über Generationen, unterschiedliche Kulturen, Geschlechter oder Temperamente hinweg.

Und nur dort, in den Tiefenschichten der Seele, liegt der Schlüssel zu einem von Gott gesegneten Leben. Nur dort, in diesem »inneren Universum«, kann Gott einem Menschen begegnen, ihm seine Geheimnisse offenbaren, seine Überzeugungen prägen, Wunden heilen, Hoffnung säen und ihm Mut machen.

Was ist das Geheimnis eines gesegneten Lebens? Es ist ein Leben, das *aus der Tiefe gelebt wird,* aus dem tief in uns verborgenen Kern unseres Wesens, der für andere unsichtbar ist. Dort ist der Ort, an dem Menschen mit Gott in Beziehung treten, an dem – schon damals zu biblischer Zeit und bis heute – der Dialog mit dem Schöpfer stattfindet. Dort ist der Ort, an dem wir Buße und Anbetung erleben und befähigt und geformt werden, um Mitarbeiter in Gottes Reich zu sein.

Jesus verwendet das Wort *Seele* in den Evangelien ziemlich häufig für den Kern unserer Person. Oft bezeichnet er ihn auch als *Herz*. Auch Paulus benutzt das Wort *Seele,* doch er scheint *Herz* vorzuziehen, wenn er von Dingen spricht, die das Innere des Menschen betreffen.

Ich habe den Eindruck, dass viele Menschen in unserem westlichen Kulturkreis über diese tieferen Schichten unseres Wesens sehr wenig wissen oder sich wenig darum kümmern. Die Esoterik bildet hier eine Ausnahme. Was die Anhänger der Esoterik gemeinsam haben, ist ihr Bewusstsein für die seelischen und spirituellen Bedürfnisse des Menschen. Das Wort *Seele* hat bei ihnen einen hohen Stellenwert. Die Esoterik hat den Begriff der Seele so stark für sich in Anspruch genommen und mit ihren Vorstellungen besetzt, dass manche Christen (ohne genau zu differenzieren) Angst haben, ihn überhaupt noch in den Mund zu nehmen. So bin ich immer etwas erstaunt, wenn nach einem Vortrag jemand zu mir kommt und mich fragt: »Sind Sie sicher, dass Sie nicht durch das Gedankengut von New Age beeinflusst sind, wenn Sie so über die Seele sprechen?«

Im Gegensatz zu den Esoterik-Anhängern preist der moderne Durchschnittsmensch den Verstand und hört auf seine Gefühle. Jedenfalls nicht auf sein Herz oder seine Seele. Viele leugnen sogar, dass eine solche spirituelle, innere Dimension überhaupt existiert, denn sie ist ihrem Denken fremd. Erst wenn sie mit Ereignissen konfrontiert werden, die beängstigend sind und sich ihrer Kontrolle entziehen, streifen solche Menschen den Gedanken an die Seele.

Ein typisches Beispiel aus der Bibel: Zedekia, der alttestamentliche König von Jerusalem, kommt in eine Situation, in der alles um ihn herum ins Wanken gerät. Unvermittelt schickt er eine Nachricht an Jeremia und lässt dem Propheten sagen: »Bete für uns zum Herrn!« Später, als Jeremia verhaftet worden ist, lässt der König ihn heimlich zu sich in den Palast holen und fragt ihn nachdrücklich: »Hast du eine Botschaft vom Herrn für mich?«

Solche Bitten und Fragen kommen direkt aus der menschlichen Seele. Offensichtlich wusste Zedekia sehr wohl, dass man sich, wenn alles zusammenbricht, am besten an jemanden wendet, der seine Seele für Gott nicht verschlossen hat.

Wie können wir erkennen, wie ein von Gott gesegnetes Leben aussehen soll? – Indem wir entdecken, was es bedeutet, aus der Tiefe der Seele zu leben. Aber warum sollten wir überhaupt ein Buch zur Hand nehmen, das sich mit diesem Thema beschäftigt?

Weil heutzutage anscheinend viele Christen nicht mehr den Eindruck haben, dass Gott ihr Leben segnet. Vielmehr fühlen sie sich im Stich gelassen, enttäuscht und ernüchtert.

Ich kann diese Erfahrung bestätigen, denn ich habe sie selbst als junger Mann gemacht. Ja, ich mache sie ab und zu noch heute, als reiferer Mensch. Da gibt es Zeiten, in denen ich völlig im Dunkeln tappe und mein Glaube nur noch aus leeren Worten zu bestehen scheint. Als ich neu zum Glauben gekommen war, hatte ich mir und anderen oft etwas vorgemacht. Ich fühlte mich erschlagen von vermeintlichen Erwartungen, was zu einer Art religiösem Leistungsdruck führte: richtige Fragen, richtige Antworten, die richtigen Worte und das richtige Verhalten. Ich versuchte es mit allen Methoden und Tricks, mit den einfachen Antworten und den wenigen »komplizierten«, die ich zu verstehen meinte. Jedenfalls war das Ganze sehr demotivierend. Ich weiß noch, wie ich dachte: *Jesus nachzufolgen müsste doch wenigstens ein bisschen Spaß machen. Wo ist die Freude und Erfüllung, von der alle reden? Was mache ich bloß falsch?*

Wenn ich zurückschaue, werde ich das Gefühl nicht los, dass es damals niemanden gab, der mir hätte vermitteln können, wie ein von Gott gesegnetes Leben aussieht. Womit wir wieder beim Thema wären: Ein Leben, gefestigt, genährt und immer wieder erneuert aus diesem weiten, geheimnisvollen Land, das in der Tiefe unserer Persönlichkeit liegt.

Meiner Meinung nach war es noch nie so wichtig, sich einmal ausführlich mit dem »Ort« zu beschäftigen, an dem Gott einem Menschen persönlich begegnet, in einer Sprache redet, die über unsere Worte hinausgeht, und uns die Kraft für den Alltag schenkt.

Das Wort *Seele* ist heute im Wortschatz verschiedener Berufsgruppen geläufig: bei Soziologen, Philosophen, Theologen, Künstlern und gewöhnlichen Pfarrern wie ich. Als ich vor ein paar Tagen in Boston durch die Innenstadt bummelte, sah ich über dem Eingang zu einer schicken Einkaufspassage mit teuren Boutiquen den Schriftzug: »Wir sind die Seele von Boston.« Und ein Rocksender im Radio wirbt mit »Musik für die Seele«.

Solche Werbeslogans entwerten das Wort. Die Seele, unsere Persönlichkeit, ist etwas Einzigartiges, etwas von Gott Geschaffenes. Die Seele widersteht sämtlichen Experimenten der Wissenschaftler, sie zu lokalisieren, sie zu beweisen und ihre Funktion genau zu definieren (in früheren Jahrhunderten hatte man versucht, ihr Gewicht zu bestimmen, indem man Personen kurz vor und nach dem Tod wog). Niemandem ist das je gelungen, aber das beunruhigt mich nicht im Geringsten.

Für meine Begriffe sitzt die Seele nicht im Kopf. Ich kann sie auch nicht mit der Pumpe in meinem Brustkorb in Verbindung bringen, die man Herz nennt. Mir genügt der Gedanke, dass die Seele etwas ist, das über unser bewusstes Denken hinausgeht, das sich – wie jemand treffend sagte – »jenseits der Falltür des Verstandes« befindet.

Dieses geheimnisvolle »innere Universum« und wie es zu einem »Ort« des Segens wird, soll also unser Thema sein. Dieses unergründliche »Land«, das mit der Gegenwart Gottes erfüllt sein oder vor Lobpreis überfließen kann (wie der Psalmist schreibt: »Lobe den Herrn, meine Seele«), das sich leer und ausgebrannt fühlen und das zu einer Quelle großer Kraft werden kann.

Ich kenne diese Gefühle gut: die Begeisterung, die Leere, die Kraft im Glauben. Und ich erlebe immer wieder, wie andere Menschen ähnliche Erfahrungen machen. Ich sehe aber auch, wie viele

Leute versuchen, ohne Bezug zum Kern ihrer Person zu leben und alles, was mit ihr zusammenhängt, zu leugnen. Sie führen sozusagen ein seelenloses Leben. Ist das überhaupt möglich?

Offensichtlich ja. Man kann ein ganzes Leben ohne irgendeinen »Draht« zur eigenen Seele verbringen. Wer emotional robust genug ist oder die Unterstützung anderer erfährt, kann durchs Leben kommen, ohne sich je mit der Seele zu befassen. Unser sattes, zufriedenes Dasein, das genug Zerstreuung bietet, bereitet den Boden dafür. Doch das kann sich blitzschnell ändern.

Letztendlich glaube ich, dass ein Leben aus dem Herzen der von Gott gewollte Lebensstil ist. Denn das bedeutet, dass ich mit meinem Schöpfer in engem Kontakt stehe, mit der Perspektive der Ewigkeit lebe und – trotz unserer zerrissenen Welt – seine Fülle erlebe.

Dieses Buch wurde für Menschen geschrieben, die sich nach einem solchen Leben sehnen. Für alle, die eine Verbindung zu ihrem innersten Wesen herstellen möchten und die Gottes Gegenwart in allem, was sie tun, erfahren wollen.

Es wurde geschrieben von einem, der ein Bettler ist, der anderen Bettlern zeigen will, wo es etwas zu essen gibt (D.T. Niles).

Lexington in Massachusetts/
Canterbury in New Hampshire 1997 Gordon MacDonald

# 1. Verschollen auf See

## *Wenn die Seele zu »leichtgewichtig« ist*

*Generalmajor Charles George Gordon, C. B.*
*Seine Stärke gehörte überall*
*und jederzeit den Schwachen,*
*seine Unterstützung den Armen,*
*sein Mitleid den Leidenden*
*und sein Herz Gott.*
(Inschrift in der St. Paul's Kathedrale, London)

Im Herbst 1992 startete der bekannte amerikanische Jachtsegler Michael Plant zu einer Einmann-Nordatlantiküberquerung. Doch in seiner zweiten Woche auf See passierte ein Unglück; danach fehlten von Plant und seinem Boot jede Spur.

An dem Tag, als er die Jacht zum Auslaufen klar machte, hatten sich Freunde und Familienangehörige am Kai eingefunden. Beim Abschied herrschte euphorische Stimmung. Niemand hatte Grund zur Besorgnis. Michael Plant war ein Profi, einer, der mehr als einmal im Alleingang die Erde umsegelt hatte. Er galt als hervorragender Segler.

Plants Ziel war der französische Hafen Les Sables d'Olonne. Sein mittelgroßes Boot, die *Coyote*, war angeblich auf dem neuesten Stand der Technik. Die Konstruktion des Rumpfes, die bei der Herstellung verwendeten Materialien, die Vorkehrungen für das leibliche Wohl des Skippers – diese und andere Details der Ausstattung waren der Inbegriff der Segnungen der modernen Seefahrt.

Hinzu kam, dass Plant seine Jacht mit einem nagelneuen 406-Megahertz-Funkfeuer ausgerüstet hatte, das ihm ermöglichte, im Notfall Signale zu einem Satelliten zu senden. Für die Notruf-

Station genügten vier kurze Alarmzeichen, um die Position der Jacht zu bestimmen und damit sofortige Rettungsmaßnahmen einzuleiten.

Man sollte also meinen, dass es Michael Plant an nichts fehlte – weder an Sachkenntnis noch an Erfahrung oder technischer Ausrüstung –, als er die Segel setzte und Kurs auf Europa nahm. Die allgemeine Ansicht im Freundeskreis und in der Fachwelt war: Hier kann nichts schief gehen.

Doch irgendetwas ging schief. Am elften Tag seiner Reise brach der Funkkontakt zu Michael Plant ab.

Zuerst war man dadurch nicht sonderlich beunruhigt. Es war bekannt, dass heftige Sturmtiefs Plants Kurs kreuzen würden, und man nahm an, dass er in dem schweren Wetter viel zu beschäftigt war, um Kontakt zu seinem Heimathafen herzustellen. Außerdem hatten weder Schiffe noch die Küstenwache oder Flugzeuge den Empfang eines SOS- oder anderen Seenotsignals gemeldet – und keine Nachrichten waren bekanntlich gute Nachrichten. So rechnete man fest damit, von der *Coyote* in Kürze ein »Alles-okay«-Signal zu erhalten, sobald Plant bei ruhiger See zur normalen Bordroutine zurückkehren konnte.

Mehrere Tage vergingen. Als ein Lebenszeichen ausblieb, wich die Sicherheit, in der sich alle wähnten, einer wachsenden Besorgnis. Michael wusste zwar, was er tat, und war mit den Wassern der Weltmeere gewaschen, doch selbst für ihn war eine so lange Funkstille untypisch. Wohl oder übel kam man zu dem Schluss, dass etwas nicht stimmte.

Suchaktionen wurden eingeleitet. Man appellierte an die Piloten der Fluggesellschaften, bei Nordatlantikflügen auf Notsignale zu achten. Schiffe im Bereich von Plants Kurs wurden aufgefordert, Ausschau zu halten. Rettungsflugzeuge verschiedener Länder suchten systematisch Teile des Atlantiks ab. Doch die Tage verstrichen ergebnislos.

Dann traf ein, was niemand erwartet hatte. Die *Coyote* wurde, kieloben treibend, 450 Seemeilen nordwestlich der Azoren von der Mannschaft eines Frachters gesichtet. Von Plant keine Spur.

Dass er nicht beim Boot war, gab Anlass zu Spekulationen, er sei möglicherweise noch am Leben. Vielleicht trieb er irgendwo in der aufblasbaren Rettungsinsel, die zur Ausrüstung der *Coyote* gehörte.

Doch die Hoffnungen zerschlugen sich, als die Jacht geborgen und an Deck des Frachters gehievt wurde. Die Rettungsinsel befand sich, teilweise aufgeblasen, noch in der Kajüte. Man musste der Tatsache ins Auge sehen: Plant war verschollen und es gab nicht den geringsten Anhaltspunkt dafür, was geschehen war.

Später stellte sich heraus, dass Seenotruf-Stationen in Kanada und den Vereinigten Staaten am elften Tag tatsächlich ein Funksignal empfangen hatten. Doch anstatt der vier Alarmzeichen, die zur Bestimmung der Position notwendig waren, konnten sie nur drei ausmachen. Die Techniker waren nicht in der Lage, die Quelle der Übertragung zu orten, und gingen der Sache nicht weiter nach.

Die Reihe schicksalhafter Verkettungen riss nicht ab. In offiziellen Kreisen wurde bekannt, dass Plant versäumt hatte, das Signal seiner neuen Funkfeuer-Anlage bei der Küstenwache registrieren zu lassen. Dies machte es unmöglich, seinen Seenot-Code per Computer zu erkennen. Wie es scheint, war er sich als erfahrener Segler seiner Sache so sicher, dass er seine persönliche Sicherheit zu sehr auf die leichte Schulter nahm.

In Seglerkreisen wird man sich gewundert haben, dass die *Coyote* kieloben im Wasser trieb. Eine Segeljacht ist normalerweise kentersicher. Sie ist so gebaut, dass sie in der Regel selbst die heftigsten Stürme auf See übersteht. Wird sie von einer starken Bö oder schweren Brechern aufs Wasser gedrückt oder in einem Sturm kieloben gedreht, richtet sie sich wie ein Stehaufmännchen immer wieder auf. Deshalb gelten Kieljachten als die seetüchtigsten aller Segelboote. Was war dann mit Michael Plants Boot passiert? Des Rätsels Lösung sollte bald gefunden werden.

Damit eine Jacht den Kurs halten kann und durch die enormen

Windkräfte nicht umgeworfen wird, sondern sie optimal nutzen kann, *braucht sie mehr Gewicht unterhalb der Wasserlinie als oberhalb.* Aus diesem Grund wurde der Kiel der *Coyote* mit einem dreieinhalb Tonnen schweren Gewicht versehen. Dieser Ballast unterhalb der Wasserlinie verleiht Segeljachten ihre Stabilität. Allerdings wirkt sich jede Abweichung von diesem ausgeklügelten Gewichtsverhältnis verheerend aus.

Genau hier lag das Problem der *Coyote.* Das dreieinhalb Tonnen schwere Ballastgewicht am Kiel war weggebrochen! Wurde die Jacht durch eine Kollision mit einem U-Boot, mit Wrackteilen oder einem anderen Unterwasserobjekt beschädigt? Oder lag ein Fabrikationsfehler vor? Die Fragen blieben bis heute offen. Während ich diese Zeilen schreibe, sind die Verhandlungen über den Fall noch immer nicht abgeschlossen.

Als das Dreieinhalb-Tonnen-Gewicht fehlte, war es um die Stabilität des Bootes geschehen. Der erste größere Brecher oder die nächstbeste Bö wurde zum Todesstoß. Vielleicht war alles so schnell gegangen, dass Michael Plant keine Zeit mehr blieb, um ein Notsignal zu senden.

Eine Verkettung unglücklicher Umstände: ein gebrochener Kiel, eine nicht funktionsfähige Funkanlage und keine Zeit, um Rettungsmaßnahmen zu treffen. Einem routinierten Weltumsegler wird die See zum Grab.

Die Geschichte von Michael Plant fiel mir im Gespräch mit einem Ehepaar wieder ein, das ich seelsorgerlich begleitete. Beide hatten an einer der renommiertesten Universitäten Amerikas studiert. Der Ehemann hatte, teilweise dank der Unterstützung seiner Frau, die ihm den Rücken freihielt, mehrere akademische Abschlüsse erworben und früh die Karriereleiter erklommen. Ihren materiellen Wohlstand hatten sie sich hart erarbeitet.

Rein äußerlich gesehen führten sie ein perfektes Leben: eine Musterfamilie mit Kindern, eine erfolgreiche Karriere, ein Wochenendhaus auf dem Land, finanzielle Sicherheit.

Doch die Ehe der beiden steckte in einer tiefen Krise. Die Ehefrau hatte entdeckt, dass ihr Mann ein Doppelleben führte. Auf die näheren Umstände möchte ich hier nicht eingehen. Der Ehemann sagte lediglich, es tue ihm Leid, aber er habe für sein Verhalten keinerlei Erklärung. Er wisse nur so viel, dass plötzlich alles – der berufliche Erfolg, die Bewunderung seiner Kollegen, seine Familie und der ganze Wohlstand – nicht ausreichte, um seine innere Ruhelosigkeit auszuhalten. Alles, was er sich aufgebaut hatte, war zu einem Gefängnis geworden, aus dem ein Ausbrechen unmöglich war. Als Ausweg schuf er sich nach und nach seine eigene, geheime Welt.

Der Mann und ich trafen uns regelmäßig zu Gesprächen. Ich bin kein Psychologe, doch ich versuchte mich, so gut ich konnte, in ihn hineinzudenken. Er erzählte mir viel von seiner schweren Kindheit, von den psychischen Grausamkeiten seiner Eltern und von seiner emotionalen Verwahrlosung.

Als Teenager war er eines Tages auf eine Anhöhe geklettert, von der aus er die ganze Stadt überblicken konnte. Dort oben hatte er eine Abmachung mit sich getroffen: Einmal würde er all das hinter sich lassen. Er würde im Leben Großes leisten und es zu etwas bringen. Er würde es ihnen zeigen – den Eltern, den Lehrern, den Freunden und Nachbarn! Sie würden sich alle noch wundern!

Diese Entschlossenheit gab ihm in den darauf folgenden zwanzig Jahren die Kraft, seine schulischen Leistungen zu steigern und sein Studium und sein Berufsleben zu meistern. Er hatte sich hohe Ziele gesteckt und sie erreicht. Er heiratete eine sehr gut aussehende, tüchtige und intelligente Frau. Er hatte alles, was man sich wünschen konnte – bis er es nicht mehr aushielt.

Mir fiel die Geschichte von Michael Plant und seinem tragischen Unfall wieder ein. Ich hatte das Gefühl, dass hier vielleicht der Schlüssel lag. Der Mann wunderte sich zuerst darüber, dass ich unsere intensive Unterhaltung über seine persönlichen Probleme unterbrach, um Seemannsgarn zu spinnen. Doch als ich auf den Ballastkiel und die Gewichtsverteilung unterhalb und oberhalb der

Wasserlinie zu sprechen kam, hörte er aufmerksam zu. Ich fragte ihn, ob er vielleicht darin eine Parallele zu seiner Situation sehen könne. Er nickte nachdenklich. Hatte er nicht Jahre damit zugebracht, sich ausschließlich um »Takelage« und »Deckaufbauten« zu kümmern – um das sichtbare Leben an der Oberfläche? Zugegeben, ein gutes Leben, um das ihn zweifellos viele beneideten.

Doch unterhalb der »Wasserlinie« fehlte die Substanz. Da war nur tiefe Einsamkeit und innere Leere. Zum ersten Mal in unseren Gesprächen erreichten wir einen Punkt, wo wir anfangen konnten, über eine geheimnisvolle Dimension des Lebens zu sprechen: die Seele – den »Ort« in unserem Inneren, für den es, allen Bemühungen der Philosophen und Theologen zum Trotz, keine umfassende, befriedigende Definition gibt.

Die Seele liegt irgendwo unterhalb der persönlichen »Wasserlinie« eines Menschen. Sie wird leicht vergessen und erst dann zur Kenntnis genommen, wenn wir von den Stürmen des Lebens gebeutelt werden. Wenn dann die Seele kein Gegengewicht bieten kann, steht es schlecht um unsere Überlebenschancen.

Der Mann und ich sprachen lange über seine Vergangenheit und seine Motivation für Karriere und Wohlstand, die den Frustrationen einer freudlosen Kindheit entsprang. Das Leben, das er sich in dem verzweifelten Streben nach Erfolg aufgebaut hatte, war eine intakte Fassade –, die in sich zusammenbrach, als der Wind auffrischte und die Wellen erbarmungslos an Deck schlugen.

»Denken Sie zurück an den Jungen, der bei allen als Taugenichts abgestempelt war«, sagte ich. »Glauben Sie, dass es Ihnen damals gelungen ist, dieses unglückselige Kind auf der Anhöhe zurückzulassen, als Sie mit neuen Vorsätzen nach Hause gingen? Dieses Kind, das wütend und voller Aggressionen war und das es allen beweisen wollte? Glauben Sie wirklich, Sie konnten Ihr altes Ich einfach abstreifen wie eine alte Haut?«

Nach einer Weile nickte er. »Eigentlich schon. Schließlich habe ich ein ganz neues Leben begonnen. Mein altes Ich ist dort oben zurückgeblieben.« War nicht die Konsequenz, mit der er seine Ziele verfolgt hatte, der beste Beweis dafür?

»Aber warum sitzen wir dann hier«, fragte ich, »fünfundzwanzig Jahre später, und reden über Ihre Ehekrise und persönlichen Probleme?«

Die Antwort kam leise und zögernd. »Ich denke, in all den Jahren wollte ich weglaufen vor dem Jungen, dem niemand etwas zutraute. Ich habe mir mein Leben aufgebaut, so wie ich es mir vorstellte. Ich habe meine Träume verwirklicht. Alles war perfekt. – Aber ich hatte nur oberhalb der ›Wasserlinie‹ gebaut.«

# 2. Stürme des Lebens

## *Zeiten, in denen wir unsere seelischen Bedürfnisse entdecken*

*Nicht die Menschen haben den größten*
*Einfluss auf uns, die uns*
*mit ihren Worten vereinnahmen,*
*sondern die wie die Sterne des Himmels*
*und die Lilien auf dem Felde sind,*
*vollkommen, einfach und natürlich.*
*Sie führen ein Leben, das uns formt.*

Oswald Chambers

Ich kenne mich mit Schiffen nicht besonders aus, aber aus der Geschichte von Michael Plant habe ich etwas Wesentliches über die Bedeutung von Ballastkiel und richtiger Gewichtsverteilung bei Segeljachten gelernt. Und dass das Meer selbst für den erfahrenen Seemann unberechenbar bleibt. Draußen auf See muss man immer mit Stürmen rechnen – und mit dem Schlimmsten.

Genauso ist es im Leben. Auch wenn wir es uns manchmal nicht eingestehen wollen: Meine Generation – ich spreche dabei von unserer westlichen Gesellschaft – hat vorwiegend die Erfahrung gemacht, dass das Leben einfach, sorgenfrei und unbeschwert ist.

»Weißt du noch, als wir jung waren, war es für uns selbstverständlich, dass gut bezahlte Jobs mit unbegrenzten Aufstiegsmöglichkeiten auf uns warten, unsere Ehen nie in die Brüche gehen und wir immer gesund bleiben würden. Und jetzt, mit zweiundvierzig, habe ich Freunde, die arbeitslos sind und unter zerrütteten Beziehungen, Magengeschwüren und drohendem Herzinfarkt leiden. Für viele ist eine Welt zusammengebrochen, und sie wissen nicht mehr, wie sie weiterleben sollen. Das alles macht mir mehr und mehr zu schaffen.«

Ich höre noch diese Worte eines guten Freundes bei einem unserer regelmäßigen Frühstückstreffen. Dieser Freund steht mir sehr nahe und ich schätze ihn als klugen, besonnenen Menschen, der fest im Glauben steht.

Ich erzähle ihm von Michael Plant. Dabei fällt mir ein Spruch ein, den ich auf einem Aufkleber oder als T-Shirt-Aufdruck gelesen habe: »Stürme kommen vor.« Auch ich bin nicht von Stürmen verschont geblieben, sage ich ihm, und wir können davon ausgehen, dass sie mit den Jahren noch zunehmen werden.

»Du machst einem so richtig Lust aufs Älterwerden«, erwidert er mit einem schiefen Lächeln.

»Weißt du«, spinne ich den Faden weiter, »neulich gingen mir diese Weihnachts-Rundbriefe durch den Kopf, die man jedes Jahr von Freunden aus aller Welt bekommt. Als Gail und ich Ende zwanzig waren, auch noch mit dreißig oder Anfang vierzig, da enthielten diese Briefe fast nur gute Nachrichten. Da hatte ich den Eindruck, jeder blickte voll Dankbarkeit auf das vergangene Jahr zurück. ›In diesem Jahr habe ich den wunderbarsten Mann der Welt geheiratet‹, war da zu lesen. Oder: ›Mary Ann und ich sind nach San Diego gezogen und haben dort ein schönes Haus gekauft. Wir haben großes Glück gehabt, dass . . .‹ Oder: ›Unser Sohn ist der beste Schlagmann seiner Cricket-Mannschaft und . . .‹ Oder: ›Tom ist dieses Jahr beruflich sehr gut vorwärts gekommen, und es sieht so aus, als ob . . .‹ Habt ihr auch solche Briefe erhalten?«

»Ja, jede Menge.«

»Was Gail und mir auffällt«, fahre ich fort, »ist, wie sich der Inhalt der Briefe im Laufe der Jahre ändert.«

»Wie meinst du das?«

»Nun ja, inzwischen haben wir die Fünfzig überschritten. Da ist der Inhalt der Briefe längst nicht mehr nur eitel Sonnenschein. Da lesen wir vermehrt: ›Es fällt mir schwer, darüber hinwegzukommen, aber Mary Ann und ich haben uns in diesem Jahr getrennt.‹ Oder: ›Unser Sohn hat sein Studium abgebrochen und überstürzt geheiratet und . . .‹ Oder: ›Seit Tom seine Arbeit verloren hat, machen wir eine schwere Zeit durch. Unsere finanzielle Lage ist . . .‹ Auf einmal liest man von denselben Leuten nur schlechte Nachrichten. Früher oder später wird jeder von den Stürmen des Lebens heimgesucht.«

Mein Freund nickt zustimmend, und eine Weile hängen wir beide unseren Gedanken nach.

In solchen Stürmen wird deutlich, wie es unterhalb der »Wasserlinie« unseres Daseins aussieht. Bei ruhiger See und günstigem Wind scheint dies keine Rolle zu spielen. Doch wenn dunkle Sturmwolken heraufziehen, schwere Schicksalsschläge uns treffen und plötzlich alles aus dem Ruder läuft, werden auf einmal ganz andere Dinge wichtig. Wo ist der Kiel, der das Gegengewicht bildet? Wo ist der »Materialfehler« zu suchen? Warum haben wir unsere Funkfeuer-Anlage nicht auf Empfang gestellt? Warum begeben wir uns als erfahrene Seeleute in potentielle Gefahrensituationen?

In den ersten Monaten von Präsident Clintons Amtszeit nahm sich Vincent Foster, ein guter Freund und Mitarbeiter Clintons, auf einem Rastplatz am Potomac River das Leben. Bei den Clintons und im Weißen Haus war die Bestürzung groß. Warum beging ein Mann in seiner Position Selbstmord, auf dem Höhepunkt seiner beruflichen Laufbahn, zumal es keine offensichtlichen Anzeichen für irgendwelche Probleme gegeben hatte?

Wie konnte so etwas passieren? In den darauf folgenden Wochen ging eine Flut von Fragen und Spekulationen durch die Presse. Was war im Inneren dieses Mannes vorgegangen? Was hatte ihn derart zur Verzweiflung getrieben, dass er keinen anderen Ausweg sah, als seinem Leben ein Ende zu setzen? Warum hatte niemand, der ihm nahe stand, von seinen inneren Nöten etwas bemerkt? Etwa, weil die Menschen in seinem knallharten, leistungsorientierten Umfeld in Washington gewöhnlich zu beschäftigt sind, um sich um die seelischen Belange eines Kollegen oder Freundes zu kümmern?

Ich verschlang damals sämtliche Artikel, die über Vincent Foster erschienen. Vergeblich suchte ich nach einem Hinweis auf einen Menschen, der ihm nah genug gewesen war, um zu merken, wie es ihm wirklich ging. Doch eine solche Person – falls es sie überhaupt gegeben hat – wurde nie erwähnt.

Fosters Situation spiegelt sich meiner Meinung nach sehr deutlich in Edward Arlington Robinsons Gedicht wider:

> Wann immer Richard Cory durch die Stadt ging,
> schauten wir gewöhnlichen Leute ihm nach:
> Er war ein Gentleman vom Scheitel bis zur Sohle,
> mit klaren Zügen und vornehm schlanker Figur.
>
> Seine Kleidung war von schlichter Eleganz,
> sein Ausdruck war stets menschlich, wenn er sprach;
> kaum jemand, dessen Herz nicht höher schlug,
> wenn er »Guten Morgen« sagte, wobei ihn ein strahlender Glanz umgab.
>
> Und er war reich – ja, reicher als ein König –
> und alle schätzten seine Bildung und seine Höflichkeit;
> kurzum, er verkörperte alles, was uns erstrebenswert schien,
> und wohl jeder hätte gern mit ihm getauscht.
>
> So warteten wir auf ein Licht, das unseren Alltagstrott erhellte;
> zum Essen gab's kein Fleisch; verflucht war uns das Brot,
> und Richard Cory, in einer stillen Sommernacht,
> ging heim und schoss sich eine Kugel durch den Kopf.

Im Laufe der Jahrtausende gab es jedoch immer wieder Menschen, die erkannt hatten, wie wichtig es ist, sich mit der Dimension unterhalb der »Wasserlinie« des Lebens auseinander zu setzen. Und zwar bevor der Sturm losbricht.

Ich denke dabei an die großen geistlichen Lehrer. Sie erkannten die Bedeutung der Seelenebene und versuchten, Erkenntnisse über die Wahrheit zu gewinnen, indem sie die Tiefen ihres eigenen Inneren ausloteten. Sie erkannten, dass das »Universum unterhalb der Wasserlinie« bis zum heutigen Tag das am wenigsten erforschte Territorium der Welt ist.

Die Kartographen des Altertums versahen noch unerforschte Gebiete der Erde mit Zeichnungen von bedrohlichen Drachen und den Worten *ne plus ultra* (»jenseits hiervon ist nichts mehr«). Ich bin überzeugt, dass die Tiefenschichten der Seele noch heute, im 21. Jahrhundert, ähnlich unerforscht sind. Die geistlichen Lehrer kümmerten sich wenig um die Äußerlichkeiten oberhalb der »Wasserlinie«, da es unterhalb so viel zu entdecken gab. Deshalb galten viele von ihnen als sonderbar, verschroben und weltfremd oder wurden gar als Bedrohung empfunden.

Nur selten genossen sie irgendeine Art von Ansehen, und wenn, dann nur – Sie haben es erraten –, wenn unter ihren Zeitgenossen ein »Sturm« ausgebrochen war. Ein Sturm, der ihnen zeigte, dass sie doch nicht alles im Griff hatten. In solchen Augenblicken wandten sich die verstörten, verängstigten Menschen mit ihren Fragen an die geistlichen Lehrer. Was hat das zu bedeuten? Was sollen wir tun? Wo bleibt die Botschaft Gottes, sein Eingreifen?

Zu diesen weisen Männern zählt zweifellos der Prophet Jesaja. Er lebte in einer Epoche voller politischer, wirtschaftlicher und religiöser Stürme. Der israelitische König Ahas hörte mit Entsetzen, dass feindliche Heere sein Königreich bedrohten: »Da zitterte das Herz des Königs und das Herz seines Volkes, wie die Bäume des Waldes im Winde zittern« (Jesaja 7,2). Der König war in seinem Innersten erschüttert.

Jesajas Antwort lautete: »Denn so sprach der Herr, als seine Hand mich packte und er mich davon abhielt, auf dem Wege dieses

Volkes zu gehen: Nennt nicht alles Verschwörung, was dies Volk Verschwörung nennt. Was es fürchtet, sollt ihr nicht fürchten; wovor es erschrickt, davor sollt ihr nicht erschrecken. Den Herrn der Heere sollt ihr heilig halten; vor ihm sollt ihr euch fürchten, vor ihm sollt ihr erschrecken« (Jesaja 8,11-13). Bei stürmischem Seegang suchen wir die Nähe von Menschen, die in enger Verbindung mit Gott stehen und deren Leben Gott gesegnet hat.

Geistliche Lehrer gab es in der Glaubensgeschichte der Christen ganz verschiedene. Oft waren es Einsiedler, die sich in die Stille der Wüste oder des Waldes zurückzogen, weitab vom geschäftigen Treiben ihrer Zeitgenossen. So wie es in allen Jahrhunderten Männer und Frauen gab, die von der Leidenschaft getrieben wurden, neue, unerforschte Gewässer, Kontinente oder Himmelskörper zu entdecken, so fühlten sich die geistlichen Lehrer zu den unerforschten Bereichen im menschlichen Innern hingezogen und kamen zu dem Schluss, dass dort unendliche Tiefen verborgen liegen.

Auch waren sie der Ansicht – so wie viele Seelsorger und Psychologen heute –, dass dieser Bereich unterhalb der »Wasserlinie« des menschlichen Lebens auf tragische Weise vernachlässigt wird. Dabei ist dies der Bereich, in dem Gott mit den Menschen in Beziehung tritt. Der »Ort«, an dem eine gesunde Integration sämtlicher Lebensebenen stattfinden kann. Im Idealfall ist es der »Ort«, an dem Überzeugungen gebildet werden und Mut, Hoffnung, Beharrlichkeit und Beständigkeit gedeihen.

Wir haben viele Vorstellungen von der Seele. Für manche ist sie ein ruhender Pol, für andere ein innerer Garten oder ein »Ort« der Anbetung. Menschen, deren Entdeckungsreise in die Welt der Seele stark von biblischen Bildern geprägt ist – so wie ich –, denken dabei auch an die Stiftshütte, die das Volk Israel seinem Gott in der Wüste bauen und in der Mitte des Lagers errichten sollte. Und wiederum im Zentrum dieses nach Gottes Anweisung gebauten Heiligtums befand sich das Allerheiligste, der Ort seiner Gegenwart und göttlichen Herrlichkeit.

## Jesus sieht, was in uns ist

Niemand hatte mehr Verständnis für die innere Dimension der menschlichen Persönlichkeit als Jesus von Nazareth. Sein irdisches Dasein fiel in eine Zeit, in der die Leute äußere Formen und Traditionen über innere Werte und Überzeugungen stellten. Die Kritiker Jesu regte von Anfang an auf, dass er in allen Begegnungen das Innere des Menschen ansprach.

»Er wusste, was im Menschen war«, sagte Johannes über ihn. Ein Ärgernis für alle, die ihr Leben damit zubrachten, es mit den äußeren Elementen der Religiosität, der Macht und des Wohlstands auszufüllen. Welche Reaktionen löst jemand aus, dem es gleichgültig ist, wie viel man über das Gesetz und die Propheten weiß, wie gut man sich mit der Tempelordnung auskennt, wie viele Gebete man pro Tag spricht oder wie viele Pilgerfahrten man unternommen hat? Und wer würde nicht Widerstand leisten, wenn ihm dieser plötzlich mitten in die Seele schaut und ihn mit den eigenen Abgründen und Dunkelheiten konfrontiert?

Wenn es einen tieferen Grund dafür gibt, dass Jesus gekreuzigt wurde (außer, dass er für die religiöse Ordnung seiner Zeit eine Bedrohung darstellte und dass er die Zuneigung des einfaches Volkes gewonnen hatte), dann der, dass er die Menschen zwang, einen Blick in die eigene Seele zu tun und sich ihren Schwächen und Fehlern zu stellen.

Umgekehrt ist dies genau der Grund, warum andere ihn liebten und ihm nachfolgten. Weil sie begriffen hatten, dass er in ihnen nicht die Prostituierte oder den Zolleinnehmer mit dem schlechten Ruf sah, sondern eine Frau oder einen Mann mit echten seelischen Nöten und der Sehnsucht, frei zu werden von diesem Leben im Schmutz. Alle, die sich eine reine Seele wünschten, fanden in Jesus denjenigen, der ihnen helfen konnte – durch sein Angebot der Vergebung und Erlösung. Das war seine Botschaft der Liebe.

Doch was ist, wenn diese unsichtbaren tieferen Schichten des menschlichen Daseins ignoriert werden? Wenn sie vergiftet oder ins Lächerliche gezogen werden? Was, wenn der moderne Mensch, der von Rationalismus, Genuss und Materialismus geprägt ist, von seiner Seele nichts mehr wissen will, und die Verbindung wie bei einer gestörten Telefonleitung abreißt?

Ich glaube, das Ergebnis ist ein Mensch, der sich seltsam leer fühlt und bald nur noch wie ein Roboter funktioniert. Er wird vermutlich den größten Teil seines Lebens nicht mehr aus eigener Initiative handeln, sondern nur noch reagieren – auf Ereignisse und Umstände, Instinkte und Hormone, undurchschaubare Leidenschaften und Wünsche.

Frederick Buechner beschreibt seine Mutter, die als alte Frau einen traurigen, einsamen Tod starb. Sie hatte sich wahrscheinlich nie mit dem Bereich unterhalb der »Wasserlinie« beschäftigt. Buechner schildert sie als Menschen, der keine Hoffnung mehr hatte: »Sie war keineswegs herzlos, doch ich glaube, ihr Herz wurde, warum auch immer, so gut wie nie wirklich tief berührt. Tiefe Gefühle zuzulassen war ein Risiko, das sie öffentlich nicht eingehen wollte – aus Gründen, die nur sie kannte.«

Aufgrund ihrer inneren Leere waren ihre letzten Jahre – wenn die Stürme des Lebens oft am heftigsten sind – von Kummer, Schmerz und Trostlosigkeit gezeichnet. »Schön zu sein war ihre Lebensaufgabe, ihre Kunst, ihre Freude, und es kostete sie ein großes Stück Arbeit und brachte ihr viele Vorteile ein. Als sie gewahr wurde, dass sie ihre Schönheit verlor, glich sie einem Millionär, dem das Geld ausgeht. Sie ließ ihren Namen aus dem Telefonbuch streichen und sich eine Geheimnummer geben. Nun, da ihre Schönheit verflossen war, glaubte sie, sie hätte der Welt nichts mehr zu geben, nichts mehr zu bieten, um Menschen für sich einzunehmen. Ihre Antwort war, sich von der Welt zurückzuziehen – eine letzte verblühende Rose des Sommers –, so wie Greta Garbo und Marlene Dietrich es taten, die im Verborgenen lebten und sich nie mehr unverhüllt der Öffentlichkeit zeigten. Ihre Wohnung wurde ihr zum Refugium, später ein einziges Zimmer dieser Wohnung, dann ein Sessel in diesem Zimmer und zuletzt ihr Bett, in dem sie eines Morgens nach wenigen Sommern gestorben war, vielleicht im Schlaf.«

In der westlichen Welt scheint die überwiegende Mehrheit ein Leben »oberhalb der Wasserlinie« zu führen, bei dem die Seele nur wenig Beachtung findet. Sie wurden zu dem Glauben *bekehrt* (und das ist das treffende Wort), alles, was zählt, um das Leben zu meistern, seien die eigenen Begabungen und der IQ, die Beziehungen innerhalb der Familie und zu Freunden, eine gute, akademische Ausbildung, Selbstbewusstsein und Durchsetzungsvermögen. Oft scheint dies auch ganz gut zu funktionieren, zumindest bei ruhigem Fahrwasser. So ist es heute an der Tagesordnung, dass die seelischen Bedürfnisse des Menschen weitgehend unbeachtet bleiben.

Genau darauf spielte Jesus an, als er zu der Menge sagte: »Gebt Acht, hütet euch vor jeder Art von Habgier. Denn niemand lebt davon, dass er viele Güter hat« (Lukas 12,15). Denn der Sinn des Lebens besteht nicht darin, dass ein Mensch im Überfluss lebt. Damit seine Zuhörer das verstanden, erzählte er ein Gleichnis. Ein reicher Mann hatte eine besonders gute Ernte eingebracht und freute sich auf seinen Profit. Doch sein plötzlicher Wohlstand warf ein Problem auf. Was sollte er mit dem ganzen materiellen Überfluss anfangen?

Seine Lösung? Eine Überlegung, die seinem Leben und Denken »oberhalb der Wasserlinie« entsprach! Neue, größere Scheunen bauen, alle Vorräte einlagern und sich dann getrost zur Ruhe setzen. »Ja«, dachte er bei sich, »das ist es: Essen und trinken und das Leben nach Herzenslust genießen!«

»Da sprach Gott zu ihm: Du Narr! Noch in dieser Nacht wird man dein Leben von dir zurückfordern. Wem wird dann all das gehören, was du angehäuft hast?« (Lukas 12,20)

Jesus beschreibt diese Begegnung zwischen Gott und dem reichen Mann nicht genauer. Bei diesem Gleichnis könnte es sich genauso gut um eine tatsächliche Begebenheit gehandelt haben. Vielleicht war dieser Mann den meisten Leuten, die in der Menge standen, persönlich bekannt. Sie wussten von seiner guten Ernte, den Scheunen und seinen Plänen, sich zur Ruhe zu setzen. Das ist durchaus denkbar, denn Geschichten über erfolgreiche Leute sprachen sich auch damals schnell herum. Worüber sie jedoch nichts wissen konnten, war das Gespräch zwischen Gott und dem Mann. Denn das fand im Verborgenen statt, in den Tiefen seiner Seele.

Wie der Reiche starb, erfahren wir nicht. An einem Herzschlag vielleicht. Oder einem Schlaganfall, durch einen Mord oder einen Unfall. Wie auch immer es gewesen sein mag – es war der Augenblick, in dem der Sturm losbrach. Für Jesus spielt die Todesursache keine Rolle, sehr wohl aber die Bedeutung des Todes.

Diese »Sturmerfahrung« im Leben des reichen Kornbauern (in diesem Fall sein Lebensende) möchte ich hier einmal als »störendes Moment« bezeichnen. Wie der atlantische Sturm bei Michael Plant, wie Vincent Fosters Depression oder Verzweiflung, wie die Angst von König Ahas – so tritt ein störendes Moment auf und zwingt jemanden, einen Blick in die Tiefenschichten der Seele zu werfen, weil er dort die Erklärung, Hilfe, einen Sinn, die Erkenntnis der Wahrheit oder Weisheit zu finden hofft.

Die meisten von uns werden die Überlegungen des reichen Kornbauern ohne weiteres nachvollziehen können. Wer von uns würde nicht so ähnlich denken? Unsere alltäglichen Sorgen kreisen um die Belange oberhalb der »Wasserlinie«. Was unterhalb geschieht, wird erst dann akut, wenn von irgendwo ein Sturmtief heraufzieht.

Wie war es denn damals, als Jesus und seine Jünger auf dem See Genezareth tatsächlich in einen schweren Sturm gerieten? Ich finde es äußerst aufschlussreich, dass Jesus im Heck des Bootes ruhig schlief, während die Jünger – einige von ihnen erfahrene Fischer – voller Angst gegen das hereinbrechende Wasser kämpften. Überzeugt, dass ihnen der sichere Untergang drohte, krochen sie (ich stelle es mir gerade bildlich vor) nach hinten zu Jesus und rüttelten ihn mit der Frage wach: »Ist es dir egal, wenn wir alle ertrinken?«

Die Frage der Jünger war mehr praktischer Natur, als dass sie ein Wunder erwarteten. Ich kann mir vorstellen, wie sie sagten: »Verstehst du nicht: Wir werden bald kentern und erbärmlich ertrinken! Wie kannst du hier seelenruhig schlafen, wenn wir an Deck alle Hände gebrauchen können? Wir brauchen deine Hilfe beim Rudern oder Wasserschöpfen!«

In der Bibel lesen wir weiter, wie Jesus aufwachte und zu Wind und Wellen ein Machtwort sprach. Der Sturm gehorchte. Augenblicklich herrschte Stille. Das Wasser beruhigte sich; vielleicht zeigte sich schon wieder ein Fleckchen blauer Himmel. Und dann seine Frage an die Männer im Boot: »Warum habt ihr solche Angst, ihr Kleingläubigen?«

Wir wissen, was oberhalb der »Wasserlinie« unseres Lebens liegt: die Angst. Doch was ist unterhalb? – Offensichtlich sehr wenig an Reserven. Das ist die heilende Eigenschaft der Stürme. Sie können der Anfang der Rettung sein. Denn sie öffnen die Türen der Seele und zeigen, was sich dahinter verbirgt.

Vor einiger Zeit verbrachten meine Frau und ich einen Monat in Südafrika. Wir trafen dort viele außergewöhnliche Männer und Frauen, wunderbare Christen, mutig und stark im Glauben und von der Begeisterung erfüllt, sich für die Menschen in ihrem Land einzusetzen. Einer unserer Gastgeber, George Irvine, methodistischer Bischof, erzählte uns von einem schwarzen Pastor in seinem Kirchenkreis, dessen Haus eines Nachts von einer Brandbombe getroffen wurde.

Als der Bischof am nächsten Morgen in die Township fuhr, fand er den Pastor und seine Familie vor den Trümmern ihres vollkommen ausgebrannten Hauses. Von dem ganzen Gebäude stand nur noch der Schornstein. Ihre gesamte persönliche Habe – Möbel, Bücher, Predigtunterlagen, Dokumente – war zerstört. Alles, was sie besaßen, waren die Kleider, die sie am Leib trugen.

Schweigend blickte der Bischof auf die Ruine des Hauses. Dann sah er die Schrift auf dem Schornstein, auf der einzigen Mauer, die noch übrig war. Mit einem Stück Kreide hatte der Pastor dorthin die Worte geschrieben, die seitdem als Gelübde bei jeder Jahreskonferenz der Methodistenkirche gesprochen werden:

Was immer du von mir verlangst,
will ich tun.
Sei es arbeiten,
sei es leiden,
sei es Selbstaufgabe.
Du schenkst mir alles,
du nimmst mir alles.
Aus freien Stücken und von ganzem Herzen
will ich alles, was ich bin und habe,
deinem Willen zur Verfügung stellen.

# 3. Störende Momente

## *Gott spricht zu uns in besonderen Situationen*

*Eine neue Everest-Expedition –*
*Die Wochenzeitschrift* The Times:

*Everest ist zum Symbol geworden. Everest steht für alles, was am höchsten, reinsten und schwersten zu erreichen ist. Wenn sich die Bergsteiger keuchend immer höher hinaufkämpfen, verkörpern sie den Menschen, der zum Gipfel strebt, in welchem Bereich auch immer. Dieses Wissen beflügelt sie, ihr Bestes zu geben. Mit den Worten von Somervell am Tag nach seiner ruhmreichen Niederlage: »Der Kampf lohnt sich – er lohnt sich jedes Mal.«*

In meinem Alter lernt man die Segnungen des amerikanischen Schnellstraßen-Netzes zu schätzen. Eine ausreichende Anzahl von Fahrspuren, gut ausgebaute Kurven, große grüne Hinweisschilder und alle paar Kilometer eine Raststätte (die alle irgendwie gleich aussehen) gehören zu diesem unvergleichlich modernen Straßennetz, das in den letzten Jahrzehnten entstand.

Diese bequemen Schnellstraßen oder Interstates, die durch mehrere Bundesstaaten führen, befördern den Reisenden nonstop und mit möglichst geringem Stressfaktor von einem Ende des Kontinents zum anderen. Der Nachteil ist, dass auch der Langeweile-Faktor bei einer solchen Fahrt ziemlich hoch ist.

Mein Rat: Halten Sie sich wach, den Tank immer gut gefüllt, und achten Sie auf die Geschwindigkeitsbegrenzungen. Dann werden Sie sicher und mit glasigem Blick Ihr Ziel erreichen. Schade nur, dass Sie auf der Fahrt so gut wie nichts gesehen haben.

Deshalb bevorzuge ich die Nebenstraßen, von denen die meisten vor dem Bau der Schnellstraßen die eigentlichen Hauptverkehrsstrecken waren. Sie erfordern zwar mehr Zeit und Konzentration, aber dafür gibt es immer etwas zu sehen. Beschaulich winden sie sich durch kleine Städte und Dörfer, um die die Schnellstraßen einen großen Bogen machen, und passen sich den Konturen der Landschaft an.

Allerdings garantieren sie kein komfortables, störungsfreies Vorankommen. Nebenstrecken sind nicht nur schlechter ausgebaut, sondern manchmal in einem geradezu erbärmlichen Zustand, mit Schlaglöchern und holprigen Fahrbahnen. Dazu scheint jeder noch so winzige Ort mindestens einen Polizisten zu haben, dessen Lebensaufgabe darin besteht, mittels Radarkontrolle von ahnungslosen Durchreisenden Gelder einzutreiben. Auch sollte man immer mit landwirtschaftlichen oder ähnlich langsamen Fahrzeugen rechnen, die gewöhnlich auf Strecken mit absolutem Überholverbot kilometerweit vor einem herschleichen. Wer Nebenstraßen fährt, wird aufgrund der vielen potentiellen Störfaktoren seine Ankunftszeit nie genau voraussagen können.

Mein eigener Lebensweg gleicht einer Fahrt auf solchen Straßen. Würde man von den Stationen meines Lebens eine Landkarte zeichnen, gäbe es praktisch keine einzige gerade Strecke oder durchgehende Autobahn. Ein Logbuch meiner Lebensreise wäre voller Berichte über Umwege, Unfälle, Reifenpannen, Schlaglöcher und Strafzettel. Doch enthielte es auch Beschreibungen von atemberaubenden Aussichten, stillen Rastplätzen, bezaubernden kleinen Ortschaften und anderen wunderbaren Entdeckungen, von tiefen Freundschaften und dem Geschenk, mein Leben individuell zu gestalten. Oft habe ich die Leute bewundert, deren Leben so geradlinig zu verlaufen scheint wie eine Schnellstraße. Meines war nie geradlinig, und ich bedauere es nicht.

Verstreut auf dieser Landkarte meines Lebens mit ihren verrückten Überraschungen hinter jeder Kurve sind lauter kleine Punkte, die »störenden Momente«. Es sind jene unvorhergesehenen Ereignisse, von denen man den meisten, hätte man die Wahl gehabt, lieber aus dem Weg gegangen wäre.

Doch je länger ich darüber nachdachte, desto deutlicher wurde mir, dass sich ein Großteil von ihnen zu wunderbaren Gelegenheiten entwickelte, Jesus zu begegnen – in tiefen Gesprächen, wie er sie oft mit seinen Jüngern nach Enttäuschungen oder Rückschlägen führte. Er, der beste Lehrer, konnte nach jedem Ereignis die richtigen Fragen stellen.

Das ist Begegnung auf der Ebene der Seele: das tiefe, unvergessliche Gespräch mit Gott oder mit anderen, das Herzen bewegen und Leben verändern kann. Wenn ich zurückschaue, wird mir ebenfalls klar: Jene »störenden Momente« wollten mich warnen, dass ich etwas in dem Bereich unterhalb der »Wasserlinie« vernachlässigt hatte. Heute, wo ich in das letzte Drittel meines Lebens eintrete, lerne ich diese störenden Momente immer mehr zu schätzen.

Bitte verstehen Sie dies nicht als allgemein gültige Gesetzmäßigkeit. Es ist lediglich eine Beobachtung. Doch ich möchte noch einmal betonen, dass die meisten Menschen in der westlichen Welt dazu neigen, ihre seelischen Belange zu vernachlässigen, *wenn nicht* oder *so lange bis* ein störendes Moment auftaucht. Solche Ereignisse sind immer unbequem und nicht selten mit Stress, Schmerz, Scheitern oder Demütigung verbunden. Das muss nicht so sein, aber es entspricht wohl der menschlichen Natur.

Vielleicht dachte Malcolm Muggeridge daran, als er in einem Gespräch sagte:

»Bill, wenn man als alter Mann auf sein Leben zurückblickt, wird einem mit unbarmherziger Deutlichkeit klar, dass das Einzige, wodurch man je etwas gelernt hat, das Leiden ist. Nicht durch Erfolg oder Glück oder irgendetwas dergleichen. Was uns lehrt, worauf es ankommt – die Freude des Verstehens, die Freude zu schmecken und zu fühlen, was Leben wirklich bedeutet – ist Leiden und Not.«

In Autobiographien findet man häufig Beschreibungen solcher störenden Momente, durch die Menschen zu ganz neuen Einsichten gelangten.

Bertrand Russell beschreibt einen solchen Moment, angesichts des Todes seiner Frau:

»Sie schien vollkommen abgeschnitten von allem und jedem durch Mauern der Todesqual, und plötzlich überfiel mich die Erkenntnis der Einsamkeit jeder menschlichen Seele. Seit meiner Heirat war mein Gefühlsleben eher ruhig und oberflächlich gewesen. Ich hatte vergessen, dass es Dinge gibt, die tiefer gehen, und mich mit leichtfertigem Kopfwissen begnügt. Doch auf einmal schien der Boden unter mir nachzugeben, und ich befand mich in einer ganz anderen Sphäre. In den nächsten Minuten gingen mir Gedanken wie folgende durch den Kopf: Die Einsamkeit der menschlichen Seele ist unerträglich; nichts kann sie durchdringen außer einer starken, brennenden Liebe von der Art, wie sie die religiösen Lehrer predigen; alles andere, was nicht diesem Motiv entspringt, ist schädlich oder bestenfalls nutzlos; daraus ergibt sich, dass Kriege falsch sind; dass Privatschulen abscheulich sind; dass jegliche Anwendung von Gewalt zu missbilligen ist und dass man in menschlichen Beziehungen zum Kern der Einsamkeit in jedem Einzelnen vordringen und ihn ansprechen sollte.«

Was störende Momente in einem Menschen – ganz gleich, ob er an Jesus glaubt oder nicht – in Bewegung setzen, lässt sich nicht verallgemeinernd sagen. Auf jeden Fall ist es ein besonderer Einschnitt, vielleicht ein einzigartiger Zeitpunkt, der uns offener macht, uns Gott zuzuwenden. Denn in solchen Augenblicken sind wir empfänglich für tiefe Erkenntnisse über uns selbst und die Welt.

Das vielleicht ungewöhnlichste (und unterhaltsamste) störende Moment in der Bibel begegnet uns in der Geschichte von Bileam und seinem Esel. Gott will Bileam offensichtlich in seiner Situation eine bestimmte Erkenntnis schenken, aber der will nicht hören. Doch sein Esel hört auf Gott! Wenn uns das keine Lehre sein soll!

Der Esel versucht wiederholt, sich seinem Reiter zu widersetzen, er weicht vom Weg ab und drückt sich, als er dem Engel des Herrn ausweichen will, gegen eine Mauer, so dass Bileams Fuß eingequetscht wird. Bileam schlägt den Esel und zwingt ihn weiterzugehen. Das geschieht dreimal. Bileam ahnt nicht, dass ein Bote Gottes auf dem Weg steht (denn er sieht ihn nicht). Die humorvolle Seite der Geschichte zeigt sich darin, dass der Esel klüger ist als der Mensch. Er sieht den Engel und will das tun, was eigentlich sein Meister tun sollte: anhalten und zuhören, was Gott zu sagen hat.

Als er keinen anderen Ausweg sieht, legt sich der Esel einfach auf die Erde. Bileam wird vom Zorn gepackt und schlägt mit dem Stock auf das treue Tier ein. Da beginnt der Esel zu sprechen (Gott gibt ihm in dem Augenblick die Fähigkeit dazu) und sagt zu Bileam: »Was habe ich dir getan, dass du mich jetzt schon zum dritten Mal schlägst?«

Bileam scheint keineswegs überrascht, dass sein Esel plötzlich sprechen kann. Stattdessen antwortet er: »Weil du mich zum Narren hältst! Hätte ich ein Schwert dabei, dann hätte ich dich schon umgebracht.« Die Diskussion zwischen Bileam und dem Esel geht weiter, bis Gott Bileam die Augen öffnet und auch er den Engel sieht. »Da verneigte sich Bileam und fiel auf sein Gesicht nieder« – gewöhnlich der erste Schritt der Annäherung zu Gott nach einem störenden Moment. Als Bileam erkennt, dass er Gott ungehorsam gewesen ist, kann er nur beschämt sagen: »Ich habe gesündigt.« (Vgl. 4. Mose 22,21-35.)

Beim Betrachten dieser Geschichte fiel mir auf, dass Bileams Verhalten so ähnlich war wie das jener Leute, die wie auf einer Schnellstraße durchs Leben hetzen, ungeachtet dessen, ob ein Engel Gottes am Straßenrand steht, der sie zum Einhalten und Zuhören bewegen will. Es hat den Anschein, dass Gott den Schmerz, der meistens mit den störenden Momenten verbunden ist, zulässt, um unsere Seele für die Begegnung mit ihm zu öffnen.

Alexander Solschenizyn schreibt über eine Erfahrung während der Zeit im Archipel GULAG:

»Erst als ich dort im Lager auf dem faulenden Stroh lag, spürte ich in meinem Inneren eine erste, leise Ahnung des Guten. Nach und nach wurde mir klar: Die Linie, die Gut und Böse voneinander trennt, führt nicht durch Staaten oder Gesellschaftsschichten, auch nicht durch politische Parteien, sondern durch jedes menschliche Herz. Deshalb segne ich das Straflager, denn es hat mir diese Erkenntnis geschenkt.«

Für den großen russischen Schriftsteller war das Gefangenenlager so etwas wie ein störendes Moment.

Ich bin im Laufe der Jahre immer dankbarer geworden, wenn Gott mich durch solche Momente aufrüttelt und mich zwingt, auf mein Inneres zu achten. Wenn ich meine Tagebücher lese, fällt mir auf, dass es gerade diese einschneidenden, schmerzlichen Ereignisse waren, nach denen ich die intensivsten Begegnungen mit Gott hatte, die mich wirklich veränderten.

Als ich einmal eine sehr schwere Zeit durchmachte – ich glaube, es war die größte aller »Störungen«, die ich bisher erlebt habe –, sagte mir ein Freund etwas, das ich nie vergessen werde. Noch heute habe ich seine Worte im Ohr: »Du wirst es nicht gerne hören, aber auch wenn du es jetzt nicht verstehst: Ich bin überzeugt, dass du eines Tages für diese Zeit dankbar sein wirst.« Ich weiß noch, wie ich damals innerlich die Faust ballte und ihm am liebsten einen Schlag in die Magengrube gegeben hätte. Doch je mehr Zeit verging, desto deutlicher wurde mir, dass er Recht gehabt hatte. Heute bin ich dankbar für jene schweren Tage.

Vielleicht ist es an der Zeit, sich einige Fragen zu stellen:

- ◇ Welche störenden Momente gab oder gibt es in meinem Leben?
- ◇ Sind sie ausschließlich schmerzlich oder gibt es dabei auch positive Aspekte?
- ◇ Wie können diese störenden Momente in meinem Leben zum Segen werden?

Ein anderer Freund sagte während dieser schweren Krise zu meiner Frau und mir: »Ihr beide macht eine furchtbar schmerzliche Zeit durch. Doch ihr habt die Wahl. Entweder ihr versucht nach Kräften, den Schmerz von euch wegzuschieben, oder ihr lasst ihn zu und steht dies alles bis zum Ende durch. Natürlich tut das weh, aber unterwegs wird Gott euch Dinge offenbaren, die euch sonst vielleicht für immer verborgen bleiben würden. Der erste Weg mündet in eine große Leere; der zweite in eine neue Tiefe und ein inneres Wachstum, das ihr nie für möglich gehalten hättet.«

Wir haben uns ganz bewusst für den zweiten Weg entschieden. Und inzwischen sind genug Jahre vergangen, um sagen zu können, dass der Rat unseres Freundes ziemlich weise war.

Wenn ich neue Bekanntschaften schließe, frage ich – sofern eine gewisse Vertrauensebene erreicht ist – die Betreffenden oft: »Sind Sie in Ihrem Leben schon einmal an einen Punkt gekommen, an dem Sie sich völlig am Ende fühlten?«

Die Antwort lautet gewöhnlich: »Ja.« Einige Tage, bevor ich diese Zeilen schrieb, stellte ich diese Frage einem jungen Mann, und auch er bejahte, ohne zu zögern. »Mein ganzes Leben lang habe ich nur auf ein Ziel hingearbeitet«, sagte er, »einmal in der Football-Nationalliga zu spielen. Nach meinem Studium wurde ich in die (er nannte den Namen der Mannschaft) aufgenommen. Ich trainierte hart und hatte den Eindruck, ich sei genauso gut wie alle anderen im Team. Ich erwartete, dass man mich in der neuen Saison spielen lassen würde. Dann wurde ich eines Tages ohne Vorwarnung ins Büro des Trainers gerufen.«

Er nannte den Namen eines der bekanntesten Footballtrainer der Welt. »Ich setzte mich ihm gegenüber. Wir wagten einander nicht in die Augen zu sehen. Der Trainer sagte: ›Wir werden dich gehen lassen müssen.‹ Das war's. ›Wir werden dich gehen lassen müssen.‹ Ein paar Minuten später befand ich mich auf dem Weg zu meinem Wagen. Auf dem Parkplatz fiel es mir wie Schuppen von den Augen: Man hatte mir den Ast abgesägt. Dies war das Ende meiner Footballkarriere. Ich ließ mich neben dem Auto zu Boden sinken und weinte. Doch in den darauf folgenden Stunden spürte ich auf einmal, wie ich mich Gott zum ersten Mal so weit öffnete, dass ich mein Leben aus einer ganz anderen Perspektive betrachten konnte.«

Ein Seelsorger, der Sportler in aller Welt betreut, erzählte mir eine ähnliche Geschichte: »Football war mein Gott. Eines Tages in einem Meisterschaftsspiel traf mich ein Ball so hart, dass ich bewusstlos wurde. Man trug mich vom Platz. Gerade als man meine Trage in den Krankenwagen hinter dem Stadion schob, kam ich zu mir. An meine Ohren drang das Gejohle der Zuschauer. Sie schrien nach einem neuen Stürmer. Die Menge wollte ihren Helden. Ich war austauschbar.«

Auch dies sind Beispiele störender Momente – beendete Karrieren, zerbrochene Träume. Und plötzlich wird die Seele empfänglich für andere Dinge, für die leisen Zwischentöne Gottes.

Aus meinen persönlichen Erfahrungen und den Schilderungen anderer, die mir Einblick in ihr Seelenleben gestatteten, kam ich zu dem Schluss, dass es vier verschiedene Arten dieser »störenden Momente« gibt, die uns für die Dimension unterhalb der »Wasserlinie« sensibel machen.

## Das störende Moment der Krise: Ereignisse, die sich unserem Einfluss entziehen

»Krise« ist ein überstrapazierter Begriff, aber ich kann keinen besseren finden. Er wird praktisch für jedes negative Ereignis verwendet, das uns unvorbereitet trifft. Die meisten krisenhaften, störenden Momente sind dramatisch.

Ich denke dabei an die Überschwemmungen, von denen die Menschen im amerikanischen Mittleren Westen oft heimgesucht werden. Achtstellige Beträge wurden aufgewendet, um Dämme zu bauen, die die Wassermassen der großen Flüsse zurückhalten sollten. Von Ingenieuren wurden sie »Jahrhundert-Dämme« genannt, in der Hoffnung, sie würden den schlimmsten Überflutungen in den nächsten hundert Jahren standhalten.

Doch was, wenn sich – so wie vor einiger Zeit – das »Jahrhundert-Hochwasser« zu einer solchen Katastrophe ausweitet, wie sie im Durchschnitt nur alle fünfhundert Jahre vorkommt? Zu einem so seltenen Ereignis, dass es niemand für möglich gehalten hätte? Im wahrsten Sinne des Wortes ein »störendes Moment«, das Verwüstung, Chaos und Verzweiflung mit sich brachte.

Früher oder später werden die meisten von uns mit einer Krise konfrontiert, bei der etwas über uns hereinbricht, das sich unserer Kontrolle entzieht. Genau wie bei Michael Plant. Er mag geglaubt haben, nichts, was auf See passieren kann, könne ihm und seiner Jacht etwas anhaben. So wäre es vielleicht auch gewesen, hätte er sich auf seinen Ballastkiel mit dem Dreieinhalb-Tonnen-Gewicht verlassen können.

Wenn wir auf unser Leben zurückblicken, wissen wir vermutlich von einer ganzen Reihe von größeren und kleineren Krisen. Zu meinen persönlichen Krisen gehört die Trennung meiner Eltern nach 25 Jahren Ehe; die Erfahrung, dass ich als Student beinahe vom College flog, weil es mir am Willen mangelte, mich durchzubeißen; oder die absolute Hilflosigkeit, mit der wir mit ansehen mussten, wie unsere zweijährige Tochter mit dem Tod rang; sie hatte mit weißer Farbe vermischtes Terpentin getrunken, das sie für Milch hielt. Ich erinnere mich an finanzielle Engpässe, an einen Augenblick größter Verzweiflung, in dem ich befürchtete, den Verstand zu verlieren, und an eine Enttäuschung, die so tief greifend war, dass ich mich fragte, ob ich jemals wieder Gottes Stimme hören würde.

Aber keine Krise in meinem Leben lässt sich mit der Zeit vergleichen, als ich mich vor einigen Jahren in eine Reihe unguter persönlicher Entscheidungen verstrickte, die zum totalen Zusammenbruch führten. Dabei waren Verrat, Scham und Demütigung im Spiel. Ich verlor so gut wie alles (außer meiner Familie und einigen Freunden, die treu zu mir hielten). Dies war meine bisher größte Krise – die »Flutkatastrophe«, die nur alle fünfhundert Jahre vorkommt.

Manchmal sieht man sich, wie der Dichter Robert Frost in einem berühmten Gedicht, an einer Wegkreuzung. Der linke Weg ist der Weg der Verleugnung, der Rechtfertigung, der Schuldzuweisungen und der Flucht. Doch der Weg zur Rechten ist der Weg der Demut, der Verantwortung, des Nachgebens, der Buße und des Zur-Ruhe-Kommens.

Ein bekannter presbyterianischer Prediger sagte einmal: »Der Schmerz einer christlichen Seele, die vom Satan zur Sünde verleitet wurde, ist unendlich viel größer als der Schmerz von jemandem, der ohne Unterlass und ohne Gewissensbisse sündigt.« In meiner größten Lebenskrise wurde mir die Bedeutung dieser Worte klar.

Eine Krise ist eine Phase, in der wir feststellen, dass unsere inneren Batterien, die wir in besseren Zeiten regelmäßig aufgeladen haben, nicht ausreichen, um in diesem heftigen Sturm durchzuhalten. Dabei können Krisen hausgemacht sein (so wie bei mir damals) oder durch äußere, unberechenbare Ereignisse ausgelöst werden, wie etwa die Diagnose einer tödlichen Krankheit, eine große menschliche Enttäuschung, plötzliche Arbeitslosigkeit, ein schwerer Unfall oder der Tod eines nahe stehenden Menschen.

In seinem Buch *Who Speaks for God?* (»Der Welt das echte Christentum bringen«), erzählt Charles Colson von einem Gespräch, in dem ihn ein australischer Reporter fragte: »Mr. Colson, Sie sind ein ungewöhnlicher Mann. Sie haben sich in weltlichem Erfolg gesonnt. Sie haben Ziele erreicht, nach denen die meisten Menschen ihr ganzes Leben lang vergeblich streben – und Sie haben erlebt, wie alles zusammenbrach wie ein Kartenhaus, als Sie das Weiße Haus mit der Gefängniszelle vertauschten. Nun sind Sie wieder auf freiem Fuß und führen ein neues Leben nach christlichen Überzeugungen. Dies ist gewissermaßen so, als hätten Sie zwei unterschiedliche Leben. Wie würden Sie diese beiden Leben zusammenfassend beschreiben?«

Colson schreibt, dass ihm nur zwanzig Sekunden zum Antworten blieben. »Wenn in meinem Leben irgendetwas von Bedeutung ist«, sagte er, »dann ist es die Wahrheit der Botschaft Jesu Christi: ›Wer sein Leben retten will, wird es verlieren; wer aber sein Leben um meinetwillen verliert, wird es gewinnen. Was nützt es einem Menschen, wenn er die ganze Welt gewinnt, dabei aber Schaden an seiner Seele nimmt?‹« (Matthäus 16,25-26, teilweise nach Lutherübersetzung)

Und er fährt fort: »Ich habe die ersten vierzig Jahre meines Lebens damit zugebracht, materiellen Dingen nachzujagen und meine seelischen Bedürfnisse zu vernachlässigen. Doch was ich nicht finden konnte in meinem Streben nach Macht und Erfolg, nämlich Geborgenheit und einen Sinn, das fand ich im Gefängnis, wo ich aller weltlichen Sicherheiten beraubt war. Und durch Gottes Gnade konnte ich mein Leben verlieren, um das wahre Leben in Christus zu finden.«

Das ist eine Krise – ein störendes Moment – und im Falle von Charles Colson der Anfang eines neuen Lebens. Sie zwang ihn zu einem Blick in sein innerstes Wesen. Und dort begegnete ihm Jesus Christus.

## Das störende Moment des Staunens: Ereignisse, die wir nicht erklären können

Es gibt Ereignisse, die uns in Erstaunen versetzen, die Verwunderung auslösen und die wir uns nicht erklären können. Etwas, bei dem uns die Luft wegbleibt, bei dem es uns die Sprache verschlägt.

Momente des Erstaunens führen uns vor Augen, dass es Dimensionen der Realität gibt, die über unseren menschlichen Verstand hinausgehen. So intensiv wir auch darüber nachdenken, sie sind mit den begrenzten Möglichkeiten unseres Gehirns nicht zu erfassen. Im Computerjargon ausgedrückt, unser Verstand meldet einen

»unbekannten Systemfehler«. Oder, ganz im Gegenteil, unser Verstand signalisiert: »Das ist zu schön, um wahr zu sein. Es übersteigt meine Kapazität, mich zu freuen.«

Whittaker Chambers beschreibt in seiner Autobiographie den Augenblick, als er seine neugeborene Tochter zum ersten Mal in den Armen hielt: »Meine Augen ruhten auf den zarten Windungen ihrer Ohren – dieser kunstvoll gestalteten, vollkommenen Organe. In meinem Kopf formte sich der Gedanke: ›Nein, diese Ohren entstanden nicht aus einer zufälligen Verbindung von Atomen in der Natur (die kommunistische Sicht). Sie konnten nur nach dem genialen Plan eines Schöpfers geschaffen worden sein.‹ Dieser Gedanke drängte sich auf, ohne dass ich es wollte. Ich versuchte, ihn aus meinem Kopf zu verbannen. Aber ich konnte ihn und diese Situation nie ganz vergessen. Was ich damals noch nicht wusste: In jenem Augenblick legte sich der Finger Gottes zum ersten Mal auf meine Stirn.«

Diese Erfahrung von Chambers berührte mich nicht zuletzt deshalb, weil es mir mit meinem ersten Enkelkind ganz ähnlich ergangen war. Meine Schwiegertochter Patty war im sechsten Monat schwanger, als sie meine Frau und mich fragte, ob wir bei der nächsten Ultraschall-Untersuchung dabei sein wollten, um das Baby zu sehen.

Zuerst zögerte ich und sagte, dies sei doch eher Frauensache, doch Patty ließ nicht locker und wischte alle meine Einwände beiseite. So fanden Gail und ich uns also am verabredeten Tag in der Frauenarztpraxis ein. Wir wurden in das zur Hälfte abgedunkelte Sprechzimmer geführt. Auf der einen Seite stand ein Gerät mit einem Monitor, ähnlich einem Fernsehschirm. Auf einmal erwachte der Schirm zum Leben, und wir sahen die Umrisse eines Babys: Arme, Beine und den Kopf. Der Arzt vergrößerte einzelne Ausschnitte, um sie genauer zu betrachten. Wir sahen die winzigen Finger mit Fingernägeln. Wir sahen die Augen, die Nase und den Mund dieses kleinen Mädchens, das wir später als Erin Gail kennen lernen sollten. Wir sahen ihr Herz schlagen. Der Arzt zeigte uns die Wirbelsäule und erklärte die Struktur der anderen Knochen. Alles, sagte er, sei normal.

Doch für mich war nichts normal. Mir fehlten die Worte. Ich konnte nicht anders als stumm dastehen und auf diesen Monitor starren, voller Staunen über dieses Wunder der Schöpfung. Erin Gail reagierte auf die Berührung der Bauchdecke und begann, ihre kleinen Arme und Beine zu bewegen. Sie war ein vollkommenes, gesundes und sehr lebhaftes menschliches Wesen. In ein paar Monaten würde ich sie in den Armen halten, sie liebkosen und sie segnen können. Ich war sehr bewegt.

Auch dies war ein »störendes Moment« in meinem Leben. Es gab nur wenig vergleichbare Augenblicke, die mich ähnlich berührt haben. Mit unseren eigenen Augen hatten wir das kleine Leben beobachtet, gesehen, wie Gott seine Kinder von Mutterleib an wunderbar bereitet! Lobpreis und Dank stiegen in meinem Herzen auf. Tagelang konnte ich an kaum etwas anderes denken.

Der Prophet Jesaja schilderte atemlos eine Vision Gottes im Tempel, die ihn erschütterte und staunen ließ. Er schreibt: »Ich sah den Herrn sitzen auf einem hohen und erhabenen Thron. Der Saum seines Gewandes füllte den Tempel aus.« Und in den nachfolgenden Versen schildert er ein dramatisches Szenario mit Engeln, Erdbeben, Rauch und glühender Kohle. Man spürt deutlich, wie hier jemand versucht, das Unbeschreibliche zu beschreiben.

Er ist von Staunen ergriffen – ein »störendes Moment« tritt auf. Und die Folge? Jesaja tut offensichtlich einen Blick in die Tiefenschichten seiner Seele und sieht dort eine Schuld, die beim Namen genannt und bekannt werden muss. Danach erlebt er die vergebende Gnade Gottes und wie der Herr zu ihm spricht und ihn als seinen Boten beruft (siehe Jesaja 6).

Störende Momente des Staunens haben eine große Wirkung. Jona hatte ein solches Erlebnis im Inneren eines großen Fisches; Mose, als er vor einem brennenden Dornbusch stand. Beide machten eine Erfahrung, die sie für immer veränderte. Andere dagegen ließen sich weniger beeindrucken. Auch unter den Menschen, die Jesus zuhörten, gab es immer wieder solche, die sich abwertend über seine Wunder äußerten und versuchten, sie auf rationale Art zu erklären.

Vor kurzem nahm ich mir ein paar Tage frei, um in New Hampshire eine Teilstrecke des Appalachian Trail zu erwandern. Einmal übernachtete ich in einer Blockhütte, in der außer mir noch etwa dreißig Gleichgesinnte ihre Schlafsäcke ausrollten, um später eine Mütze unruhigen Nachtschlafs abzubekommen.

Diese Hütten werden vom Appalachian Mountain Club bewirtschaftet. Dies hat den Vorteil, dass dort gelegentlich ein abendliches Unterhaltungsprogramm geboten wird, meist in Form eines interessanten Vortrags über ein Thema aus der Natur (die ich lieber Schöpfung nenne). An jenem Abend kamen wir in den Genuss gleich zweier Beiträge.

Als Erstes versammelte sich unsere Gruppe müder Wanderer um eine Geologin, die uns in die Theorie der Entstehung der Berge einführte und erklärte, wie driftende Kontinentalplatten sich zusammenschoben und ein Gebirge auftürmten. Sie sprach von riesigen Gletschern und gigantischen Zeitspannen von hunderten von Millionen Jahren. Es war faszinierend.

Danach lenkte ihr Mann, ein Astronom, unsere Aufmerksamkeit auf die Himmelskörper. Er zeigte uns Konstellationen von Sternen und Planeten und rechnete in Zehntausenden von Lichtjahren. Er deutete auf einen Stern und erzählte, dass das Licht, das wir heute sehen, seine Reise vor fünfzehn Millionen Jahren begonnen hatte. Dies faszinierte mich ebenso wie der geologische Vortrag, und danach war ich randvoll mit Wissen und erfüllt vom Staunen über Gottes Schöpfung.

Später kam ich mit den beiden ins Gespräch. Ich bedankte mich für ihre interessanten Ausführungen und fragte: »Berührt es Sie persönlich, wenn Sie über solche Themen sprechen? Wenn Sie von

Zeitspannen reden, die mit unserem menschlichen Geist nie nachvollziehbar sind?«

»Ich habe beschlossen, gar nicht erst darüber nachzudenken«, erwiderte der Astronom. »Diese Tatsachen sind nun mal größer als mein menschlicher Verstand, doch ich kann damit leben.« Damit war unser Gespräch beendet.

Dieser Mann hatte sich der Chance eines »störenden Moments« verschlossen. Er hatte die Fähigkeit zu staunen verloren.

## Das störende Moment des Altwerdens: Ein Prozess, den wir nicht aufhalten können

Ich schreibe dieses Buch mit über fünfzig Jahren. Für die jungen Leute bin ich uralt, die Senioren beneiden mich um meine Jugend. Ich bin überzeugt, dass ich über das Älterwerden noch eine ganze Menge lernen muss, doch den Lehrplan kenne ich bereits ganz gut.

Ein reibungslos funktionierender Körper ist für mich keine Selbstverständlichkeit mehr, und manchmal suche ich länger als früher nach den richtigen Worten. Auch fällt mir auf, dass ich neuen Methoden und Perspektiven eher skeptisch gegenüberstehe. Ich lebe mit der ständigen Versuchung, beharrlich an den Werten und Traditionen von gestern festzuhalten, denn sie sind mir vertrauter.

Ich erlebe mich mehr und mehr in der Rolle eines Beobachters, während die junge Generation das Kommando übernimmt und zeitgemäßere Strukturen einführt.

Wer in meinem Alter ist, hatte genug Gelegenheit, um seine Erfahrungen mit Erfolg, Mittelmäßigkeit oder Versagen zu machen. Die meisten haben sich anscheinend in die Mittelmäßigkeit zurückgezogen, sie gehen keine großen Risiken mehr ein. Wir wären schon zufrieden, irgendein bescheidenes Vermächtnis zu hinterlassen. Manche (ich wage keine Schätzung in Prozenten) scheitern ganz und gar an der Hürde des Alterns. Sie trauern ihren verlorenen

Träumen und unerreichten Zielen nach, klagen über die Kürze des Lebens oder leben irgendwann vereinsamt ihre letzten Jahre.

Wie gehen wir mit dem Altwerden um, mit dieser Erfahrung, die niemandem erspart bleibt? Manche Menschen tun ihr Bestes, um diesen Prozess zu leugnen. Sie versuchen, das Unvermeidliche zu vermeiden. Sie färben sich die Haare, achten auf ihre Linie, treiben Sport bis zum Umfallen und tragen modische Kleidung. Vielleicht gelingt es ihnen, dadurch ein paar Jahre lang die Tatsache zu vertuschen, dass ihre Lebensuhr langsam abläuft, aber sie können sie weder anhalten noch zurückdrehen. Eines Tages werden auch sie dem Unausweichlichen ins Auge sehen müssen – dem Abschied aus diesem Leben und der Reise in das unbekannte Land, das dahinter liegt.

Die Worte von Joseph Alsop gehen mir immer wieder durch den Kopf. Er schrieb in seinen Memoiren: »Die Wahrheit ist, dass ich nicht mehr verstehen konnte, was in Amerika vor sich ging, vielleicht deshalb, weil ich ein alter Mann geworden war, erstarrt in den verknöcherten Ansichten der Vergangenheit.«

Doch hin und wieder führt der Prozess des Älterwerdens dazu, dass ein Mensch sich auf die Dimension unterhalb der »Wasserlinie« besinnt. Dazu schrieb der Apostel Paulus:

»Darum werden wir nicht müde; wenn auch unser äußerer Mensch aufgerieben wird, der innere wird Tag für Tag erneuert. Denn die kleine Last unserer gegenwärtigen Not schafft uns in maßlosem Übermaß ein ewiges Gewicht an Herrlichkeit, uns, die wir nicht auf das Sichtbare starren, sondern nach dem Unsichtbaren ausblicken; denn das Sichtbare ist vergänglich, das Unsichtbare ist ewig.« (2. Korinther 4,16-18)

In einer Gesellschaft, die Schönheit und Jugend vergöttert, hat das Altwerden etwas Bedrohliches. Die Zeit wird immer schnelllebiger; der eigene Wirkungskreis scheint immer kleiner zu werden; negative Gefühle, Ängste und Desillusionierung sind schwieriger zu verbergen. Für einen großen Teil der älteren Bevölkerung scheint das Leben eine ziemlich freudlose Sache.

Doch bietet das Alter nicht auch eine Chance, sich mehr mit den inneren Dimensionen des Daseins zu befassen? Sollte es nicht möglich sein, das zu finden, was sich der Forschung beharrlich entzieht – nämlich eine echte Quelle beständiger innerer Jugend, gespeist von einer inneren Kraft, die Gott von Tag zu Tag erneuert?

Malcolm Muggeridge erzählt von Mutter Teresa, die damals schon alt war. In dem Buch »Mutter Teresa. Ein Leben für die Ausgestoßenen« schreibt er über diese Frau, durch die das Evangelium für ihn lebendig wurde: »Nie zuvor traf ich eine so bemerkenswerte Frau. Selbst eine noch so flüchtige Begegnung mit ihr hinterlässt einen unauslöschlichen Eindruck.« Warum? Was machte die Ausstrahlung dieser kleinen, eher unscheinbar wirkenden, älteren Frau aus?

»Etwas von Gottes universaler Liebe hat auf Mutter Teresa abgefärbt und gibt ihr ein wahrnehmbares Leuchten, etwas Strahlendes. Sie lebt so nah bei ihrem Herrn, dass ihr die gleiche Verzauberung anhaftet, welche die Massen in Jerusalem und Galiläa ihm (Jesus) nachjagen ließ und seine bloße Anwesenheit zum Boten der Heilung machte.« An Mutter Teresa konnte die Welt ein ganz anderes Bild vom Altern sehen, als was wir uns gewöhnlich darunter vorstellen.

Seit ich nicht mehr unbedingt zu den jungen, dynamischen Machern gehören will, die anerkannt und bewundert werden, habe ich Frieden in meiner Seele gefunden. Nach und nach fällt der Leistungsdruck vergangener Tage von mir ab. Ich muss mich nicht länger beweisen. Ich bin frei von der Vorstellung, alle Welt müsse mich ganz toll finden. Ich muss nicht mehr überall der Beste und der Schnellste sein, nicht immer Recht haben, nicht auf alles Einfluss nehmen.

Angesichts der Tatsache, dass die längste Wegstrecke meines Lebens bereits hinter mir liegt, kann ich mich nun leichter auf das konzentrieren, was wirklich wichtig ist – und auf Ihn, der das letzte Wort über Leben und Tod hat.

Ich finde es sehr aufschlussreich, dass Simeon und Hanna unter den Ersten waren, die das Kind in den Armen von Maria und Josef als den Retter bezeugten – zwei betagte Menschen, die im Tempel geduldig auf den »Trost Israels« warteten (Lukas 2,25). Und ich kann mir vorstellen, dass es keinen tieferen inneren Frieden gibt als den, den Hanna und Simeon erfuhren, als sie dieses Kind in den Armen hielten: Jesus, den Heiland der Welt.

## Das störende Moment der geistlichen Disziplin: Ein Wort, das wir nicht gerne hören

Fassen wir noch einmal zusammen. Das Moment der Krise: etwas, das sich unserem Einfluss entzieht. Das Staunen: etwas, das wir nicht erklären können. Das Altwerden: etwas, das sich nicht aufhalten lässt. Beim vierten störenden Moment geht es um geistliche Disziplin – ein unbequemes Wort.

Disziplin ist eine Haltung, die mit Anstrengung verbunden ist, mit dem Ziel, zu wachsen und stärker, ausdauernder oder leistungsfähiger zu werden. Ebenso versuchen wir mit geistlicher Disziplin, unsere Seele auf Gottes Stimme zu konzentrieren, damit wir besser auf ihn hören können und innere Kraft (geistliche Energie) erlangen, die unser Handeln und Denken bestimmt. Richard Foster hat darüber in seinem Buch *Nachfolge feiern* geschrieben.

Die Tatsache, dass wir ein Wort wie »Disziplin« in einem geistlichen Zusammenhang verwenden, ist wahrscheinlich ein Eingeständnis an unsere Tendenz zur Faulheit und Flüchtigkeit. Aber wie im Sport fällt uns auch geistliches Wachstum nicht von selbst zu. Hier wie dort erreichen wir mehr, wenn wir Schmerz und Entbehrungen nicht ausweichen.

Für Leichtathleten oder Schwimmer ist der Schmerz ein Indikator für das Überschreiten der Schwelle zu außerordentlichen Leistungen. Als ich noch sportlich aktiv war und bei Crosslauf-Wettbewerben mitmachte, war mir nicht so richtig bewusst, dass der Körper durch die Belastung erstarkt und trainiert wird. Also gab ich, wenn meine Muskeln zu schmerzen begannen, meistens vorzeitig auf.

Bill Toomey zählt zu den größten amerikanischen Sportlern des zwanzigsten Jahrhunderts. In den sechziger Jahren holte er für unser Land die Goldmedaille im Zehnkampf.

Ende der fünziger Jahre war ich mit ihm im selben Trainingsteam an der Universität von Colorado. Jeden Montagnachmittag drehten wir Seite an Seite (zumindest auf den ersten paar Metern) unsere Runden. Bis auf dies verbinde ich bis heute mit diesen Trainingseinheiten nicht viel Gutes, denn ich taumelte danach jedes Mal völlig erschöpft in die Umkleidekabine.

Nicht so Bill Toomey. Er ruhte sich neben dem Sportplatz zwanzig Minuten lang im Gras aus und spulte danach das ganze Trainingsprogramm noch einmal ab. Er hatte zehnmal so viel Energie wie ich und war wesentlich motivierter.

Sein Name war bald darauf in Sportkreisen in aller Munde, während ich sportlich eine unbekannte Größe blieb. Ein Unterschied, der an jenen Montagnachmittagen seinen Anfang nahm. Bill schreckte beim Training nicht vor Disziplin zurück und mobilisierte seine maximalen Reserven; ich scheute die Disziplin und strengte mich nur kurz an.

Sehr viel später lernte ich, dass alles Wichtige im Leben sich nicht ohne Disziplin erreichen lässt. Das trifft auch auf die geistliche, innere Dimension zu, auf unser inneres »Trainingsprogramm«.

Die geistlichen Lehrer können uns darin ein Vorbild sein. Sie mahnen uns: Wenn wir unsere Seele auf Gott ausrichten wollen, geht das nicht ohne Ausdauer und Zielstrebigkeit. Wir müssen Erschöpfung, negative Gefühle, Zerstreuungen und Wünsche, die uns vom Eigentlichen ablenken, überwinden und uns über landläufige Meinungen hinwegsetzen. Wir dürfen die Stille und Einsamkeit nicht fürchten, auch nicht den Schritt, immer wieder mit demütigem Herzen in die überwältigende Gegenwart Gottes zu treten. Das scheint ganz einfach, aber dies alles regelmäßig zu tun, erfordert viel Disziplin.

Von den vier »störenden Momenten« ist die geistliche Disziplin das Einzige, auf das wir Einfluss nehmen können. Die ersten beiden – Krise und Staunen – treten unmittelbar und überraschend ein. Das Älterwerden kommt unweigerlich auf uns zu, auch wenn wir es noch so gründlich verdrängen. Bei der Disziplin jedoch entscheiden wir täglich, ob wir sie zu einem Bestandteil unseres Lebens machen wollen oder nicht. Es liegt an uns, ob wir uns die nötige Zeit nehmen und uns die Gewohnheiten der geistlichen Lehrer zu Eigen machen, um uns für Gott zu öffnen – er wartet nur darauf, dass wir die Gemeinschaft mit ihm suchen.

Ich möchte noch einmal das Bild der Straßenkarte meines Lebens aufgreifen. Es zeigt, dass sich alle einschneidenden Erlebnisse auf den »Nebenstraßen« ereigneten, und zwar meistens völlig unerwartet. Es gab Momente, da hätte ich es am liebsten vermieden, anzuhalten oder angehalten zu werden. Doch jeder dieser »unfreiwilligen Zwischenstopps« bot eine Gelegenheit, zu meiner Seele vorzudringen: Ich lernte, ich wurde reifer und ich erfuhr einen Reichtum, den ich an andere weitergeben konnte.

# 4. Nie versiegende Quelle

## *Oberflächliche »geistliche Erlebnisse« und geistliche Echtheit*

*Was wir heute dringend brauchen,*
*sind nicht so sehr intelligente oder begabte Menschen,*
*sondern Menschen mit seelischem Tiefgang.*

Richard Foster

Ein Freund von mir ist in der Gas- und Erdölbranche tätig. Er versteht etwas von seinem Metier und setzt sich überdurchschnittlich für seine Arbeit ein. Allerdings waren die vergangenen Jahre aufgrund fallender Ölpreise und der schlechten wirtschaftlichen Lage von einer schweren Krise gezeichnet.

Er stand kurz davor, alles aufzugeben, als sich das Blatt auf überraschende Weise wendete. Als er und seine Partner beschlossen, ein letztes Bohrprojekt durchzuführen, stießen sie auf ein Erdgas-Reservoir, das alle ihre Erwartungen übertraf. Das Gespenst des drohenden Bankrotts war praktisch über Nacht verschwunden.

In den darauf folgenden Monaten konnten über eine Million Kubikmeter Gas pro Tag gefördert werden, ein Volumen, das die Firma zu einer zweiten Bohrung veranlasste, um die Fördergeschwindigkeit zu verdoppeln. Freudestrahlend berichtete mir mein Freund von dem unerwarteten Aufschwung. Als Unternehmer und Träumer machte er bereits neue, große Pläne. Die Durststrecke schien endgültig überwunden.

Doch seine Erwartungen sollten sich leider nicht erfüllen. Anderthalb Monate nach der neuen Bohrung ging die Gasförderung auf nur 300 000 Kubikmeter täglich zurück – was noch nicht einmal ausreichte, um die Förderkosten zu decken.

Mein Freund war am Boden zerstört. Hoffnungen und Träume zerplatzten wie Seifenblasen; Freunden und Mitarbeitern wagte er kaum noch in die Augen zu sehen. Er fühlte sich als Versager auf der ganzen Linie. Natürlich versuchten wir, ihn vom Gegenteil zu überzeugen, spürten jedoch, dass wir ihm nicht wirklich helfen konnten.

Während ich diese Zeilen schreibe, ist noch nicht absehbar, ob das Bohrvolumen noch einmal das anfängliche Niveau erreichen kann. Somit bleibt das Ende der Geschichte vorerst offen.

Während ich über die enttäuschende Erfahrung meines Freundes nachdachte, drängten sich mir diese Fragen auf:

Gleicht meine Seele einer Gas- oder Ölquelle, deren konstante Fördermenge zu geistlichem Wachstum und Reichtum führt? Dient mein Herz Gott und meinen Mitmenschen und fördert es das Fundament meines eigenen Lebens? Oder gleicht meine Seele einer Quelle, die zwar lange genug sprudelt, um Hoffnungen und Erwartungen zu wecken, doch später kläglich versiegt?

Ich glaube, dies sind Fragen, die sich jeder, der sein Leben nach biblischen Maßstäben ausrichten will, immer wieder stellen sollte.

Ich denke an die Geschichte von Abraham und seinem Neffen Lot auf dem Weg ins Gelobte Land. Lot folgt Abraham überall hin, und gewissermaßen färbt auch der Segen über Abraham auf ihn ab. Natürlich ist es reine Spekulation, aber ich bin überzeugt: Hätten wir Gelegenheit gehabt, diese beiden Männer persönlich kennen zu lernen, wir wären von beiden gleichermaßen beeindruckt gewesen. Vielleicht besonders von dem ehrgeizigen und dynamischen Lot. Wir hätten allen Grund gehabt anzunehmen, in Lot einen erfolgreichen, von Gott gesegneten, seelisch gefestigten Mann vor uns zu haben.

Doch manchmal trügt der Schein. Nachdem Lot und Abraham sich getrennt haben, wird deutlich, wie grundverschieden sie sind, was ihre innere Reife betrifft. Abraham lässt Lot sein zukünftiges

Gebiet wählen und zieht mit seiner Familie und seinen Herden in das Bergland von Kanaan; Lot entscheidet sich für die fruchtbare Jordangegend und schlägt seine Zelte in der Nähe der berüchtigten Stadt Sodom auf – was ihm zum Verhängnis wird. Seine Entscheidung zeigt deutlich, welch hohen Stellenwert materielle Dinge in seinem Leben einnehmen. Dadurch entfernt er sich immer mehr vom Gott Abrahams und von seinen geistlichen Wurzeln. Und, wie wir wissen, konnte er beim Untergang von Sodom nicht mehr als das nackte Leben retten (siehe 1. Mose 19).

In Lots Schicksal sah ich einige Parallelen zu der Geschichte meines Freundes. In beiden Fällen ließen die anfangs so viel versprechenden Ergebnisse bald nach. Eine Zeit lang sprudelte Lots Quelle, dann verlor sie ihre Kraft und wurde zu einem schmalen Rinnsal.

Dies ließ mich über meine eigenen geistlichen Ressourcen nachdenken: *Was ist der Unterschied zwischen echter Spiritualität (Abraham) und bloßen Hoffnungen auf »geistliche Erlebnisse« (Lot)?*

Echte *Spiritualität* unterscheidet sich grundlegend von kurzlebigen *»geistlichen Erlebnissen«*. In den folgenden Absätzen möchte ich diese Begriffe genauer erläutern, denn sie sind wichtig, wenn wir uns mit einem Leben aus der Tiefe der Seele beschäftigen wollen.

## Echte Spiritualität

Für mich bedeutet *Spiritualität* – ein Begriff, der von Christen und esoterischen Gruppierungen gleichermaßen verwendet wird –, das Leben auf innere Bedürfnisse und Werte auszurichten, auf die ureigene Sehnsucht des Menschen, mit Gott Gemeinschaft zu haben und sich für den Heiligen Geist und seine Segnungen zu öffnen.

Ein spirituelles oder geistliches Leben ist eine Reise in Begleitung des Schöpfers, bei der wir es ihm überlassen, die Route festzulegen, für den Reiseproviant zu sorgen und uns die Kraft zum Durchhalten zu schenken. Oder in einem anderen Bild: Der Souffleur für unsere Wahrnehmung, unsere Werte und Überzeugungen soll nicht die äußere Welt sein, die uns umgibt, sondern unser inneres Universum, in dem Gottes Geist Wohnung genommen hat.

Wenn sie von Spiritualität sprechen, bedienen sich Christen verschiedener Formulierungen: *aus dem Geist leben; ein Leben der Nachfolge führen; vom Heiligen Geist erfüllt sein;* geistlich leben; *siegreich leben; aus der Fülle leben* oder *ein Leben in der Gegenwart Gottes führen*, um nur einige Beispiele zu nennen.

In einer Gesellschaft, in der Erfolg, eine steile Karriere, Gesundheit, Wohlstand, psychische Stabilität und ein unbeschwertes Leben als höchste Ziele betrachtet werden, scheint die Suche nach einer solchen Spiritualität für die meisten Leute unattraktiv geworden zu sein. Unsere Gemeinden sind voller Menschen, die behaupten, sich nach einem echten Leben in der Nachfolge zu sehnen. Doch was sie suchen und was sie dafür zu opfern bereit sind, lässt bei vielen darauf schließen, dass sie sich mit viel weniger zufrieden geben als mit echter Spiritualität.

Vielleicht ist es hilfreich, zu definieren, was Spiritualität *nicht* ist. Sie bedeutet nicht, sich Bibelwissen anzueignen und mehr Bibelverse auswendig zu können als andere Christen (wie ich manchmal im Kindergottesdienst dachte). Spiritualität ist auch nicht mit übertriebenem christlichen Aktivismus gleichzusetzen. Es ist auch nicht schlimm, wenn wir bei Diskussionen über biblische Themen und Grundsätze nicht immer mitreden können. Wir brauchen auch keine Evangelisten, Missionare, Prediger oder Gemeindeleiter zu sein, um unsere geistliche »Tauglichkeit« unter Beweis zu stellen. Dies alles sind edle und lobenswerte Fähigkeiten und Dienste, doch sie sind kein Indikator für ein geistliches Leben.

Der Autor Anthony Bloom berichtet von seinen geistlichen Erfahrungen. Er war offensichtlich am Ende seiner seelischen Kräfte angelangt. Sein religiöser Aktivismus war ihm plötzlich zu wenig.

»Ich begann, nach etwas zu suchen, was mir meine Betriebsamkeit nicht bieten konnte. Das Bibelstudium und mein Einsatz für andere reichten mir nicht mehr. Bisher hatte sich mein Leben auf unmittelbare Ziele konzentriert, die mir nun seltsam leer und wertlos vorkamen. In meinem Inneren spürte ich etwas unsagbar Großes; *alle äußeren Dinge schienen mir im Gegensatz dazu auf einmal klein und unwichtig*.« (Hervorhebung vom Autor)

Weiter beschreibt Bloom eine persönliche Erweckung, ein Sich-Öffnen für etwas Tieferes und Beständigeres in seinem Inneren, als er es je in der sichtbaren Welt, die ihn umgab, finden konnte. So nahm seine Spiritualität, sein geistliches Leben seinen Anfang.

»Während ich die ersten beiden Kapitel des Markusevangeliums las . . ., wurde ich plötzlich gewahr, dass ich nicht allein im Raum war. Gegenüber von meinem Schreibtisch stand Jesus. Ich konnte seine Gegenwart beinahe körperlich fühlen und war gewiss, dass er schon immer bei mir gewesen war. Dies war der Wendepunkt in meinem Leben. Seitdem war für mich glasklar, dass Christus lebt. Ich hatte seine Gegenwart erfahren und konnte bezeugen, dass es stimmt, was das Evangelium über den Propheten aus Galiläa sagt, und der römische Hauptmann Recht hatte, als er sagte: Wahrlich, dieser ist Gottes Sohn gewesen! Gott zu begegnen bedeutet, sich in die ›Höhle des Löwen‹ zu begeben. Gott ist kein zahmer Stubenkater – er ist ein mächtiger Löwe. Doch wir finden nur Zugang zu seinem Reich, wenn wir mutig eintreten.«

Man spürt: Bloom beschreibt, wie hier etwas Wesentliches in Bewegung gesetzt wird, etwas, das ihn für immer verändern wird. Hier geht es nicht um ein belangloses, einfach auszulösendes religiöses Erschauern, das sich allein auf der Gefühlsebene abspielt, sondern um echte Umkehr, bei der er seine Seele für Jesus öffnet, den lebendigen Gottessohn, so dass sie sich mehr und mehr in einen Wohnsitz Gottes verwandeln kann.

## »Geistliche Erlebnisse«

Im Gegensatz zu solchen tiefen Erfahrungen einer verändernden Gottesbegegnung stehen »geistliche Erlebnisse«, die sich vorwiegend auf der Gefühlsebene ansiedeln lassen. Dabei kann es durchaus sein, dass ein »geistliches Erlebnis« als angenehmer empfunden wird als etwas, das mit echter Spiritualität verbunden ist. Um mit Blooms Worten zu sprechen: Ein »Besuch in der Höhle des Löwen« ist niemals risikofrei. Da ist ein harmloses »geistliches Erlebnis« vielleicht eher nach unserem Geschmack.

Wir leben in einer erlebnisorientierten Welt. Auch Christen erliegen leicht dem Irrtum, dass ein kurzfristiges, persönliches »geistliches Erlebnis«, das uns in Begeisterung oder Erstaunen versetzt, »echter« und befriedigender sei, als seinen Glauben im Alltag zu üben.

Der Dichter William Butler Yeats schildert eine eigene geistliche Erfahrung:

> Ich war schon mehr als fünfzig Jahr
> Und saß, ein Mann, der einsam war,
> Im Teeschank in der Londonstadt
> Vor leerer Tasse, und ich hatt
> Ein offnes Buch auf der Marmorplatt.
> Zum Fenster wie ich so geblickt,
> *Hat sich mit eins mein Leib verzückt;*
> *Und zehn Minuten mochten's sein,*
> *So große Seligkeit schien mein –*
> *Gebenedeit, konnt benedein.*
>
> (Kursive Hervorhebung G. MacDonald)

Achten wir einmal auf bestimmte Wendungen: »zehn Minuten mochten's sein«, »schien« oder »Seligkeit«. Diese vagen, verschwommenen Begriffe spiegeln die Flüchtigkeit des Augenblicks wider. Solche Gefühle sind typisch für »geistliche Erlebnisse«.

Das bloße »geistliche Erlebnis« gleicht einer Ölquelle mit zuerst viel versprechender Leistung (lange genug, um darüber zu reden), die jedoch bald erschöpft ist. Echte Spiritualität dagegen ist wie eine stetig sprudelnde Quelle.

Ein weiteres Beispiel zur Veranschaulichung unseres Themas ist die Ernährungsdiskussion zwischen meiner Frau und mir. Gail und ich haben sehr unterschiedliche Frühstücksgewohnheiten. Meine Frau isst morgens seit Jahren ein vollwertiges Frühstück, während ich mich über meine Lieblings-Cornflakes-Mischung mit schön viel Zucker hermache, die ich seit über fünfzig Jahren esse. (Wenn es ums Essen geht, kann ich mich mit Neuerungen nur langsam anfreunden.)

Falls ich mich unbeobachtet fühle, gönne ich mir einen extra Löffel Zucker. Wenn nötig, fülle ich zum Schluss noch einmal Getreideflocken nach, um die restliche Milch aufzubrauchen.

Danach gehe ich jeden Morgen gestärkt und beschwingt aus dem Haus und sage mir, dass dies – abgesehen von dem Abschiedskuss meiner Frau – nicht zuletzt auf mein gutes Frühstück zurückzuführen ist.

Warum bin ich dann nach kurzer Zeit schon wieder hungrig? Die Antwort ist einfach: Meine leckeren Frühstücksflocken mit Zucker sind keine besonders gute Grundlage für den Tag. Sie hinterlassen lediglich eine Zeit lang ein Gefühl der Sättigung, das nicht von Dauer ist. Gail kommt mit ihrem gesunden, vollwertigen Frühstück viel länger über die Runden, und sie versäumt nie, mich darauf hinzuweisen.

Unsere Frühstücksgewohnheiten symbolisieren für mich den Unterschied zwischen echter Spiritualität und bloßen »geistlichen Erlebnissen«. Gail hat sich für ein nahrhaftes Frühstück entschieden; ich begnüge mich mit gehaltloserer Kost. Ich weiß, dass sie die klügere Wahl getroffen hat, und entwickle mich (mit gelegentlichen Rückfällen) langsam in ihre Richtung, wodurch sich meine morgendlichen Energiereserven deutlich verbessert haben.

Als junger Christ habe ich oft beobachtet, wie »geistliche Erlebnisse« irrtümlicherweise als Zeichen dafür betrachtet wurden, dass Gott im Leben eines Menschen wirkt. Folglich wurde alles Mögliche getan, um dramatische Erfahrungen scheinbarer Erneuerung oder persönlicher Erweckung zu provozieren. Wenn ich zurückdenke, wird mir klar, dass ich mich oft gedrängt fühlte, von solchen geistlichen Erlebnissen zu erzählen, sozusagen um meine »Echtheit« zu beweisen.

Auf christlichen Jugendfreizeiten passierte es meistens am letzten Abend am Lagerfeuer, nach Liedern zur Gitarre, einer zu Herzen gehenden Andacht über ein neues, völlig verändertes Leben und dem Aufruf an die Anwesenden, ganze Sache mit Gott zu machen. Danach folgte eine Reihe von »Zeugnissen«.

Dabei gab es ein bestimmtes Ritual. Wir Teenager wurden aufgefordert, nacheinander zum Feuer zu gehen, von einem Stapel ein Hölzchen zu nehmen, dessen Ende in Kerosin getaucht worden war, und es anzuzünden. Während das Stöckchen herunterbrannte, gaben wir Zeugnis und gelobten, in Zukunft treuere Nachfolger Jesu zu sein. Das klang ungefähr so: »Ich war im letzten Jahr kein besonders guter Christ. Ich war mit den falschen Leuten zusammen, habe viel Mist gebaut und habe Jesus enttäuscht.«

Hier hatte der Sprecher meistens einen Kloß im Hals, und mit Tränen in den Augen und nach einigen unterdrückten reuevollen Schluchzern fuhr er fort: »Aber dieses Jahr soll alles anders werden. Ich habe beschlossen, mit Jesus einen neuen Anfang zu machen. Zu Hause werde ich all meinen Freunden von Jesus erzählen. Auch in meiner Schule wird alles anders werden, weil Jesus Sieger ist. Bitte betet für mich, denn ich weiß, es wird nicht leicht werden. Doch wenn Jesus mir hilft, werde ich es schaffen.«

Danach warf man sein brennendes Holz ins Feuer und ging wieder an seinen Platz. Gehörte jemand zu den berüchtigten »Abtrünnigen« seines Jahrgangs, flossen die Tränen umso stärker. Die Jugendleiter und Betreuer nickten ernst und zustimmend, in dem

Bewusstsein, dass hier etwas Einzigartiges geschah. Im nächsten Jahr würde, so waren sich alle einig, alles anders werden.

Bitte, verstehen Sie mich nicht falsch. Ich will mich keineswegs über das, was damals geschah, lustig machen. Ich weiß noch genau, dass es uns mit dem, was wir sagten, absolut ernst war. Wir wollten wirklich unser Leben ändern. Und die meisten von uns taten es auch zumindest in den nächsten drei Tagen. Manche hielten auch etwas länger durch.

Doch die Mehrzahl wurde bald wieder von ihrem alten Leben eingeholt. Die mit Kerosin getränkten Stöckchen waren symbolisch für das Strohfeuer, das an jenen Abenden am Lagerfeuer in unseren Herzen hell aufloderte und genauso schnell wieder verlosch. Doch das konnten wir damals noch nicht wissen.

Heute ist mir klar, dass die meisten von uns bei diesen Lagerfeuerbekenntnissen (mit einigen Ausnahmen natürlich) keine echte geistliche Erneuerung erlebten, sondern einer bloßen Gefühlsregung folgten.

Wenn ich die Worte *Spiritualität* und *geistliche Erlebnisse* einander gegenüberstelle, möchte ich keineswegs diese wunderbaren Augenblicke abwerten, die unser Glaubensleben durch starke Gefühle bereichern. Ich habe immer wieder eigene Erfahrungen gemacht mit Tränen, unbändiger Freude und befreiendem Lachen sowie tiefer Ehrfurcht und grenzenlosem Staunen. Fehlten sie, wäre ich vermutlich einer der Ersten, der sich fragen würde, ob mein Glaube echt ist.

Es ist nicht unbiblisch, dass unsere Gefühle ausgesprochen werden. Die Bibel ist voller Beispiele von Männern und Frauen, die offen ihre Gefühle zeigten, wenn sie Gott anbeteten. Sie gaben dem inneren Drang nach, zu tanzen, ihre Hände zum Himmel zu erheben, zu weinen, laut zu rufen oder in tiefes Schweigen zu versinken. Vielleicht waren die Leute damals alle viel emotionaler als wir heute.

Bei echter Spiritualität entdecken wir, dass unsere Gefühle der

Begegnung mit Gott entspringen, aber diese Begegnung erschöpft sich nicht in den Gefühlen.

*Geistliche Erlebnisse* meint hier:

- *vergangenheitsbezogen*: starke Gefühle der Reue über etwas, was passiert ist oder was wir unterlassen haben, ohne dass dem eine tatsächliche Umkehr folgt;
- *gegenwartsbezogen:* euphorische Gefühle, etwa angeregt durch Musik, intensive Gespräche, das Zusammengehörigkeitsgefühl in einer Gruppe oder ein verbindendes – positives oder negatives – gemeinsames Erlebnis;
- *zukunftsbezogen:* das Gefühl, vor einer wichtigen Entscheidung zu stehen.

Letzteres scheint auf Simon Petrus zuzutreffen, als er in der Nacht, als Jesus verraten werden sollte, gelobte, zu seinem Meister zu halten, was auch immer geschehen würde. Petrus war bereit, für ihn zu kämpfen und zu sterben. Aber Jesus kannte die Seele seines Jüngers gut genug, um zu wissen, dass dieser sein Versprechen nicht würde halten können. Im übertragenen Sinn sagte er zu ihm: »Ich weiß, dass du jetzt so denkst und fühlst (geistliches Erlebnis), doch wenn es ernst wird, wirst du mich verleugnen (weil deine Spiritualität nicht ausreicht).«

Angesichts meiner eigenen geistlichen Irrwege wurde mir deutlich, dass solchen geistlichen Erlebnissen bestimmte, ziemlich ernüchternde Gesetzmäßigkeiten zugrunde liegen.

*Geistliche Erlebnisse* erfordern *nur wenig seelische Disziplin.*

Da sie in der Regel durch äußere Einflüsse ausgelöst werden (Musik, Gespräche), können sie jederzeit auftreten, ohne dass die betreffende Person sich in bestimmter Weise darauf vorbereiten musste. Und möglicherweise sind solche Erfahrungen nicht tief genug, um überhaupt die Seele zu erreichen.

Wird eine entsprechende Atmosphäre geschaffen, können »geistliche Erlebnisse« ziemlich unmittelbar eintreten. Jedes Jahr am Palmsonntag werden wir Christen daran erinnert, wie damals die Menschenmenge Jesus zujubelte, mit Palmzweigen winkte und ihn als ihren König pries. Hier deutet alles darauf hin, dass die Leute von einem bloßen »geistlichen Erlebnis« auf der Gefühlsebene mitgerissen wurden. In jenem Augenblick hätten sie alles für Jesus getan, wären vielleicht sogar für ihn in den Tod gegangen.

Jesus hingegen war nicht sonderlich beeindruckt von der Begeisterung der Leute. »Er wusste, was im Menschen war«, heißt es an einer anderen Stelle der Bibel. Er sah und hörte zwar die äußerlichen Sympathiebekundungen, doch er durchschaute die Leute, sah die Leere in ihrer Seele.

Ihr Jubel entsprach nicht dem Lobpreis, der aus dem Herzen kommt, genährt von der tiefen Erkenntnis, dass Jesus der Sohn Gottes ist. Im Gegenteil, es war eine oberflächliche Euphorie, angefacht durch die Begeisterung der Menge, die genauso schnell verflog, wie sie gekommen war. Ein typisches Merkmal eines »geistlichen Erlebnisses«, das einer bloßen Gefühlsregung entspringt.

## Kennzeichen »geistlicher Erlebnisse«:

*Geistliche Erlebnisse sind fast immer und mehr als alles andere mit starken Gefühlen verknüpft.* Lachen oder Weinen, Reue und Betroffenheit oder überschwänglicher Enthusiasmus, leidenschaftliche Liebe oder die Bereitschaft, jedes Risiko einzugehen – das sind Begleiterscheinungen solcher Erlebnisse.

Vor ein paar Jahren hörte ich Whitney Houston nach einem Footballspiel im Stadion die Nationalhymne singen – eine Erfahrung, die einem »geistlichen Erlebnis« sehr ähnlich war. Sie sang mit einer solchen Hingabe, dass es einem unweigerlich die Tränen in die

Augen trieb. Ich war tief bewegt, überwältigt von der Musik und der Feierlichkeit des Augenblicks und stolz darauf, ein Amerikaner zu sein.

Kurze Zeit später jedoch ließ die Verklärung nach, und ich ärgerte mich wieder über unseren Staat mit seinen ständigen Steuererhöhungen, über den Präsidenten und über unser unzulängliches Rechtssystem. Ich schämte mich dafür, wie wir mit unserer Umwelt umgehen, wie unsere Städte verwahrlosen und welche zynische Haltung wir gegenüber ärmeren Ländern einnehmen.

Whitney Houston hatte mit ihrem Gesang keinen besseren Amerikaner aus mir gemacht. Sie hatte lediglich meine Gefühlsebene angesprochen. – Es mochten wie in Yeats' Gedicht vielleicht zehn Minuten sein, in denen ich mich von Seligkeit erfüllt fühlte.

*Das geistliche Erlebnis hat keinen Bestand.* Die Gasquelle meines Freundes war bereits nach anderthalb Monaten erschöpft. Die meisten »geistlichen Erlebnisse« dieser Art sind von noch kürzerer Dauer.

Ein Beispiel ist die Erfahrung des Simon Petrus, als er auf dem Wasser ging. Denn dort sagte er (in meinen Worten ausgedrückt): »Herr, wenn du es bist, dann lass mich ausprobieren, ob ich auf dem Wasser zu dir kommen kann.« Und Jesus erlaubte es ihm, weil Petrus lernen sollte, dass es Wichtigeres gibt als spektakuläre Wunder.

Petrus stieg also aus dem Boot und tat seine ersten Schritte auf dem Wasser. Ich stelle mir vor, wie stolz er gewesen sein muss – bis er nach unten schaute und ihm bewusst wurde, wie gefährlich hoch die Wellen aussahen. Er begann zu sinken – das Ende seines geistlichen Erlebnisses. Es war nur von kurzer Dauer, denn es war einer spontanen Gefühlsregung entsprungen.

*Durch geistliche Erlebnisse kommt dem, der dabei im Mittelpunkt steht, eine überhöhte Bedeutung zu.* Wenn es die höchste Bestimmung des

Menschen ist, Gott die Ehre zu geben und ihn zu verherrlichen, dann wird diese Bestimmung durch ein solches »geistliches Erlebnis« leicht zunichte gemacht. Denn da wird das eigene Ego ins Zentrum gerückt – auch wenn der Wortlaut und die Gesten etwas anderes sagen mögen. Davor warnten bereits die alten geistlichen Lehrer, denn wenn das eigene Ich erhöht wird, zieht sich Gott zurück.

Manche Christen stehen in ihrem Dienst sehr in der Öffentlichkeit: Sie predigen, halten Vorträge, sind musikalisch oder schriftstellerisch tätig, um nur einige Beispiele zu nennen. Einige von ihnen sind sich durchaus bewusst, dass es gefährlich sein kann, im Rampenlicht zu stehen und sich in der Anerkennung einer »Fan-Gemeinde« zu sonnen. Das uneingeschränkte Lob wohlmeinender Menschen transportiert oft eine falsche Botschaft: dass Christen in der Öffentlichkeit Gottes Werkzeuge seien, ungeachtet dessen, wie es in ihrem Inneren aussieht, und dass sie unentbehrlich seien, damit das Rad sich weiterdreht.

Das kann zur Folge haben, dass Christen in leitenden Positionen dazu neigen, sich selbst als gefestigte geistliche Persönlichkeiten zu sehen, auch wenn sie in Wirklichkeit von einem oberflächlichen »geistlichen Erlebnis« zum nächsten flattern. In diesem Zusammenhang kommt es nicht selten vor, dass sie mit enormen inneren und äußeren Anfechtungen zu kämpfen haben, von sexuellen Versuchungen, Machtmissbrauch und Stolz bis zu einem leichtfertigen Umgang mit der Wahrheit.

Ein großer schottischer Prediger des neunzehnten Jahrhunderts wurde eines Tages nach dem Gottesdienst von einer Frau mit Komplimenten überschüttet. Er wusste, dass es ihr ernst war. Doch er wusste auch, dass ihr überschwängliches Lob nicht ihm, sondern Gott gebührte, und dass sie ein viel zu verklärtes Bild von ihm, dem Prediger, hatte.

Dementsprechend fiel seine Antwort aus. »Gnädige Frau«, sagte er, »wenn Sie wüssten, wie ich wirklich bin, Sie würden mir ins

Gesicht spucken.« Obwohl ich diese Antwort nicht unbedingt übernehmen würde, kann ich gut nachvollziehen, was er damit ausdrücken wollte.

Wenn ich darüber nachdenke, wie schnell durch »geistliche Erlebnisse« menschliche Leistungen ins Zentrum gerückt werden, fällt mir auf, wie leicht wir der Versuchung erliegen, über unsere Erlebnisse zu reden, um uns bei anderen in Szene zu setzen. Vielleicht irre ich mich hier, aber wenn ich bei mir zwischen echter Spiritualität und geistlichem Wachstum einerseits und bloßen »geistlichen Erlebnissen« andererseits unterscheiden muss, ist es für mich ein guter Anhaltspunkt, ob ich das Bedürfnis habe, anderen davon zu erzählen oder nicht.

Menschen mit echtem geistlichen Tiefgang haben das nicht nötig. Ihr geistliches Wachstum ist etwas, was nur Gott und sie selbst etwas angeht. Und sie werden sich in den Stürmen des Lebens beweisen, wenn andere kentern, denen das Gewicht unterhalb der »Wasserlinie« fehlt. »Maria aber behielt alle diese Worte und bewegte sie in ihrem Herzen« (Lukas 2,19) – die Reaktion einer geistlich reifen Persönlichkeit, die nicht alles, was sie mit ihrem Herzen erlebte, überall herumerzählen musste.

Bloße »geistliche Erlebnisse« werden scheinbar stets von denselben Symptomen begleitet. *Sie hinterlassen fast immer ein Gefühl der Leere und des Ausgebrannt-Seins.* Womit wir wieder bei dem Beispiel mit den Frühstücksflocken wären: Zuerst könnte man Bäume ausreißen, doch bald stellt sich gähnende Leere im Bauch ein.

Als die Jünger mit ihrem Herrn in der Nacht vor seiner Kreuzigung zum Garten Gethsemane gingen, waren sie verwirrt, hatten Angst und fühlten sich zum Umfallen müde.

Wären sie von echter Spiritualität erfüllt gewesen, hätten sie gemeinsam mit ihrem Meister gewacht und gebetet, doch so fielen sie in Schlaf. Und der Schlaf schwächte ihre Wahrnehmung. Als die Soldaten des Hohen Priesters kamen und Jesus gefangen nahmen, wussten sie nicht mehr, wie sie sich verhalten sollten. Petrus zog sein Schwert, nachdem er gut drei Jahre lang in der Gewaltlosigkeit unterwiesen worden war; die Jünger flohen in alle Himmelsrichtungen, nachdem sie von ihrem Meister gelernt hatten, sich zu behaupten und aus Gottes Kraft den Mut zum Widerstand und die richtigen Worte zu schöpfen. Keine besonders tolle Leistung! Wer seine Bibel hier zuklappt, der wird das Bild einer Gruppe von Versagern im Kopf behalten und von einem Jesus, der sich seiner Jünger schämen muss.

*»Geistliche Erlebnisse« haben häufig eine Art Blindheit zur Folge,* das Ergebnis der rationalen Erklärung, man habe schließlich Gottes Gegenwart erfahren und seine Kraft gespürt. Daher könne gar nichts schief gehen. Auch Paulus war sich dieser Gefahr bewusst, als er schrieb: »Darum, wer meint, er stehe, mag zusehen, dass er nicht falle« (1. Korinther 10,12). Doch die Jünger schienen das nicht zu wissen – trotz aller Warnungen Jesu. Wäre Jesus ihnen nicht in seiner großen Gnade nachgegangen, ich weiß nicht, ob sie sich jemals von ihrem Scheitern in jener Nacht erholt hätten.

*»Geistliche Erlebnisse« hinterlassen leicht ein Gefühl der Verbitterung und verbauen uns den Weg, später ernsthaft zu Gott in Beziehung zu treten.* Denn wer sich wiederholt im Stich gelassen fühlt, neigt dazu, irgendwann ganz aufzugeben und überhaupt nicht mehr nach echter Spiritualität zu suchen.

Nach einem halben Dutzend Lagerfeuer-Happenings war ich selbst gegen die am meisten zu Herzen gehenden Bußpredigten der Gruppenleiter immun geworden. Ich wurde zu einem unbeteiligten Zuschauer und beobachtete diejenigen, die am Feuer ein Bekenntnis ablegten, mit Argwohn. Ich redete mir ein, das Ganze sei ohnehin nur Theater und nütze sowieso nichts. Es dauerte viele Jahre, bis ich wieder in der Lage war, mich zu öffnen und vor einer Gruppe von den Dingen zu sprechen, die mich wirklich bewegten.

*Die meisten »geistlichen Erlebnisse« zeigen uns in einem wankelmütigen, wenig vorteilhaften Licht.* Es gibt Leute, die kommen mir vor wie ein Jo-Jo: unstet im Auf und Ab des Lebens. Sie mögen vielleicht kurzfristig Aufsehen erregen – so wie Petrus, als er auf dem Wasser ging –, doch auf lange Sicht scheinen sie unreif und töricht.

Ich habe die Befürchtung, dass viele Glaubenszeugnisse, die bei Konferenzen gegeben werden, ausschließlich auf »geistliche Erlebnisse« setzen. Und ich frage mich, wie viele Leute bei solchen Veranstaltungen wirklich ihr wahres Gesicht zeigen. Ihre überschäumende Begeisterung und die zur Schau getragene Intensität lassen sich im Alltag unmöglich durchhalten. Früher oder später wird sich alles wieder auf ein »normales« Niveau einpendeln – das Ende des »geistlichen Erlebnisses« –, ohne dass irgendetwas von Bedeutung Spuren in der Seele hinterlassen hätte.

Nach all diesen negativen Beobachtungen möchte ich allerdings auch einräumen, dass es durchaus »geistliche Erlebnisse« gibt, die zu einer tieferen Glaubenserfahrung führen können. Solche, bei denen man an einen Punkt kommt, an dem sich eine plötzliche Erkenntnis auftut und die Sehnsucht groß wird nach dem Geheimnis echter Spiritualität.

John Wesley erlebte in einer tiefen, beglückenden Erfahrung die Gnade Gottes. Dieses Erlebnis wurde entscheidend für seine radikale Bekehrung zu Jesus Christus. Und als der frühere Präsidentenberater Charles Colson, der in den Watergate-Skandal verwickelt war, in einem Augenblick tiefster Verzweiflung Gott anflehte, in sein Leben zu kommen, war dies ein »geistliches Erlebnis« auf seinem Weg zu echter Spiritualität. Anders als die Saat, die in dem Gleichnis Jesu auf felsigen Grund, unter Dornengestrüpp oder den hungrigen Vögeln zum Opfer fiel, konnte sie hier Wurzeln schlagen und wachsen.

Als ich ein kleiner Junge war, verfolgte ich mit glühenden Ohren im Radio die Fortsetzungsgeschichten von Lone Ranger, dem Reiter aus der Prärie, und seinem treuen indianischen Freund Tonto. Ich wollte so sein wie dieser mutige Held und träumte von einer Gelegenheit, Geiseln aus der Gewalt böser Schurken zu befreien oder einer hübschen Dame zu helfen, deren Ranch von einem rücksichtslosen Geldeintreiber bedroht wurde.

Eines Tages war diese Gelegenheit da. Es war in St. Louis. Ich stand in der Kinoschlange, als ich plötzlich eine Frau schreien hörte. Beinahe zeitgleich kam ein Mensch um die Ecke gerannt (ob Mann oder Frau, konnte ich auf die Schnelle nicht erkennen), der eine Handtasche umklammert hielt. Taschendiebstahl!, durchfuhr es mich.

Mir blieben ungefähr zwei Sekunden, um zu handeln. Lone Ranger hätte sich dem Dieb vor die Füße geworfen und ihn zu Fall gebracht. Oder er hätte seine Pistole gezogen und ihn zum Stehenbleiben gezwungen. Aber was sollte ich tun?

Der Taschendieb oder der, den ich dafür hielt, rannte direkt auf mich zu. Noch eine Sekunde. War eigentlich Lone Ranger jemals angeklagt worden, weil er den Falschen dingfest gemacht hatte? Hatte Lone Ranger jemals seine Pistole zu Hause vergessen? Machte er sich je Gedanken über seinen Krankenversicherungsschutz, wenn er sich im Namen von Recht und Ordnung mit Bösewichten anlegte? Solche und ähnliche Gedanken schossen mir durch den Kopf. Ich wusste immer noch nicht, was ich tun sollte, und mir blieb nur noch eine halbe Sekunde. Der Dieb war jetzt nur noch eine Armeslänge entfernt.

Ich werde Ihnen verraten, was ich tat: nichts. Nichts! Ich ließ ihn einfach vorbeilaufen, während ich noch meinen Gedanken nachhing. Die ganzen Lone Ranger-Geschichten waren für die Katz gewesen.

Im Radio oder in meiner Phantasie war es leicht, ein Held zu sein. Aber in Wirklichkeit, in den Straßen von St. Louis, sah alles auf einmal ganz anders aus.

Ich denke noch einmal an Simon Petrus. An seine Selbstsicherheit nach dem Abendmahl im »großen Obersaal« – an einem sicheren Ort, wo er keinerlei Zweifel hatte, dass er bei einer Gefangennahme Jesu als Held handeln würde. Doch als es ernst wurde, war Petrus auf einmal ganz kleinlaut. Seine Überzeugung war – wie bei mir damals in St. Louis – nicht stark genug. Sie entsprang nicht seinem innersten Wesen, wurde nicht aus der Seele geboren.

Wir beide, Simon Petrus und ich, hatten einen viel versprechenden Anfang gemacht, doch es mangelte an Beständigkeit und Substanz – das Merkmal »geistlicher Erlebnisse« ohne Tiefgang.

# 5. Die Suche nach echter Spiritualität

## *Woran erkennt man Menschen mit geistlichem Tiefgang?*

*Es war August, und eine grausame Sonne hoch oben warf ihr*
*gleißendes Licht auf die schmutzigen Slums von Bethnal Green.*
*In Spitalfields sah man durchs Fenster*
*den Weber sitzen, mutlos und blass.*
*Ich traf den Prediger, den ich kannte, und fragte ihn:*
*»Wohlan, wie mag es Euch, krank und*
*überarbeitet, in dieser Gegend gehen?«*
*Er antwortete: »Prächtig, denn erst kürzlich*
*wurde mir das Herz erfreut*
*von Gedanken an Christus, der das Brot des Lebens ist.«*

Matthew Arnold

Spiritualität kann uns bei Menschen begegnen, deren Wesen durch die lebenslange Nachfolge Jesu geprägt ist. Ich denke zum Beispiel an William Booth, der gemeinsam mit seiner Frau Catherine die Heilsarmee gegründet hat. Einer seiner Biographen berichtet, wie der General, damals über achtzig, einen Arzt konsultieren musste. Nach dem Arztbesuch hatte sein Sohn Bramwell die schwere Aufgabe, seinem Vater zu sagen, dass er sein Augenlicht verlieren würde.

»Du meinst, ich werde bald nichts mehr sehen können?«

»Ja, General, ich fürchte, damit müssen wir rechnen«, antwortete Bramwell, denn innerhalb der Familie wurde diese Anrede als Kosenamen für seinen Vater benutzt.

Eine Pause entstand, als Booth über die ganze Tragweite dieser Aussage nachdachte. Dann fragte er seinen Sohn: »Ich werde also nie wieder dein Gesicht sehen?«

»Nein«, erwiderte Bramwell, »in diesem irdischen Leben wahrscheinlich nicht mehr.«

Der Biograph schreibt: »Einen Augenblick später schob der alte Mann seine Hand über die Tagesdecke und ergriff die Hand seines Sohnes. Dann sagte er mit ruhiger, gefasster Stimme: ›Gott muss es schließlich am besten wissen.‹ Und, nach einer weiteren Pause: ›Weißt du, ich habe mit meinen Augen für Gott und für die Menschen getan, was ich konnte. Wenn ich erblinde, werde ich eben ohne meine Augen für Gott und die Menschen tun, was ich kann.‹«

An eine solche Spiritualität muss Jesus gedacht haben, als er das Gebot Gottes wiederholte: »Du sollst den Herrn, deinen Gott, lieben von ganzem Herzen, von ganzer Seele, von ganzem Gemüt und von allen deinen Kräften« (Markus 12,30). Ebenso der Apostel Paulus, als er die Christen in Rom aufforderte: ». . . ändert euch durch Erneuerung eures Sinnes« (Römer 12,2).

Was macht einen geistlichen Menschen aus? Vor kurzem blätterte ich in einer Biographie über Robert Speer, einen führenden Mann der weltweiten Missionsbewegung Anfang des 20. Jahrhunderts. Speer war für viele eine ziemlich umstrittene Persönlichkeit, aber alle, die ihn näher kannten, schienen sich in einer Sache einig: Er war ein zutiefst geistlicher Mann.

Jemand beschrieb vor vielen Jahren den Eindruck, den Speer bei ihm hinterlassen hatte, so:

»Als ich an der Universität von Pennsylvania lehrte, wurde ich regelmäßig eingeladen, am Princeton Institute of Theology Gastvorlesungen zu halten . . . Am Theologischen Seminar begann der Tag jeden Morgen mit einer Andacht von Dr. Speer. Er stand ziemlich früh auf, und obwohl ich erst viel später im Hörsaal zu sein brauchte, machte ich es mir zur Gewohnheit, mit ihm zusammen zu frühstücken. Wenn es jemanden gab, der ohne Vorbereitung eine Andacht halten konnte, dann war es Dr. Speer; dennoch sah ich nie jemanden, der sich sorgfältiger vorbereitet hätte als er. Während des Frühstücks, nach der üblichen warmen Begrüßung und der freundlichen

Frage, wie es mir ginge, pflegte er zu schweigen. Ich respektierte sein Schweigen, denn ich wusste, dass er im Geist noch einmal konzentriert seine Andacht durchging und auf Gottes Stimme hörte. Sie fragen sich vielleicht, warum ich mich dann überhaupt jeden Morgen an seinen Tisch setzte. Die Antwort ist: um in seiner Nähe zu sein. Seine Gegenwart tat einfach gut. Denn aus ihm strahlte etwas von Gottes Herrlichkeit.

Wenn ich nach der Vorlesungsreihe wieder nach Hause nach Philadelphia kam, sagte meine Frau oft zu mir: ›Auf deinem Gesicht liegt so ein bestimmter Glanz.‹ Und ich antwortete: ›Ich habe ein paar Tage mit Robert Speer verbracht.‹«

Als ich diese Worte las, drängte sich mir eine Frage auf, die man sich nicht oft genug stellen kann: Wo sind diese geistlichen Menschen, die Gottes Liebe und die innige Verbundenheit mit ihm so nach außen strahlen, dass man ihre Nähe sucht?

Mein Großvater Thomas MacDonald war ein solcher Mensch. Von Beruf Bauingenieur, gab er eine viel versprechende Karriere auf, da es ihm wichtiger wurde, biblische Inhalte weiterzugeben als Brücken zu konstruieren. Er war ein sanfter, liebenswerter Mensch. Durch die Lebensumstände hatte ich leider viel zu wenig Gelegenheit, um ihn so kennen zu lernen, wie ich es mir heute wünschte.

Als kleiner Junge sah ich ihn oft im Büro in seinem großen Sessel sitzen, vor ihm auf dem Tisch eine aufgeschlagene Bibel. Er meditierte täglich stundenlang über Gottes Wort, um dann seine Erkenntnisse den Studenten – alles angehende Missionare – zu vermitteln. Er studierte die Bibel mit der Gründlichkeit eines Ingenieurs, was sich in seiner fundierten Auslegung niederschlug.

Großvater MacDonald war auch ein leidenschaftlicher Beter. Er liebte Gott über alles. Eines der Dinge, die ihm sehr am Herzen lagen, war die Evangelisation. Er hat auch meinen späteren Berufsweg und Wirkungskreis entscheidend geprägt. Als ich noch ein Junge war, sagte er immer wieder zu mir: »Gordon, wenn Gott dich eines Tages dazu beruft, das Evangelium zu verkündigen, dann komm zu uns in den Nordosten. Die Menschen hier brauchen das Wort Gottes am allernötigsten.«

So kam es, dass ich für den Nordosten Amerikas eine besondere Liebe entwickelte.

Mein Großvater wurde sehr alt. Sein letztes Lebensjahr verbrachte er in einem Pflegeheim in Pennsylvania. Ich besuchte ihn, wann immer ich konnte. Es war schwierig, mit ihm zu reden, da ihn sein Gedächtnis mehr und mehr verließ. Doch sein freundliches Wesen, seine Würde und sein Ruhen in Gott waren ungebrochen bis zum Schluss. Ich erinnere mich noch genau an meinen letzten Besuch bei ihm.

»Großvater, ich bin es, Gordon«, sagte ich und zog einen Stuhl zu ihm heran. Dass ich mich vorstellen musste, kam mir etwas albern vor, aber er konnte keine Gesichter oder Namen mehr behalten.

»Wer bist du?«, fragte er.

»Ich bin Gordon, dein Enkel, der Sohn von Donald.« Aber auch das schien ihm nicht weiterzuhelfen. Die Erinnerung war eine Welt, zu der er keinen Zugang mehr besaß.

Also fuhr ich einfach fort zu reden. »Großvater, ich wollte dir sagen, dass ich in den Nordosten zurückgekommen bin. Ich bin jetzt Pastor in einer wunderbaren Gemeinde in Massachusetts. Jeden Sonntag verkündige ich den Menschen das Evangelium. Gott hat deine Gebete erhört.« Weiter erzählte ich ihm, dass er zwei Urenkel habe, die uns eine tägliche Quelle der Freude und der Hoffnung seien. Und dass ich eine großartige Ehefrau habe und sehr, sehr glücklich sei.

»Oh, das freut mich«, erwiderte er, obwohl er immer noch nicht sicher war, wo er mich einordnen sollte. Aber er war sein Leben lang liebenswürdig und höflich gewesen, so dass er es sich zumindest nicht anmerken ließ, wenn er nicht wusste, wer ich war.

Ich blieb noch eine ganze Weile bei ihm, und bevor ich ging, sagte ich ihm, dass ich gern noch für ihn beten würde. Freudestrahlend willigte er ein. Ich betete für seine Gesundheit, dass Gott ihm nahe sein möge, und dass er immer daran denken solle, dass er eine Familie hat, die ihn liebt. Ich betete lange und voller Inbrunst. Danach sah ich auf und wollte ihm Auf Wiedersehen sagen. Aber Großvater dachte nicht daran, sich zu verabschieden, ohne zuvor selbst ein Gebet gesprochen zu haben.

Was er dann auch tat. Und ich erlebte, wie sein umnebelter Geist plötzlich ganz klar wurde. Worte des Lobpreises und der Fürbitte kamen aus seinem Mund, ein wohl formuliertes, klar gegliedertes Gebet, wie ich es selten bei jemandem gehört hatte. Eine tiefe Ehrfurcht ergriff mich. Dieser alte Mann, der körperlich nur noch ein Schatten seiner selbst war, der die Welt außerhalb seines Zimmers nicht mehr wahrnahm, der unfähig war, sich an den Namen seines Enkels zu erinnern, war von einem tiefen Glauben durchdrungen. Er kannte Gott, war ihm nahe und konnte noch genauso mit ihm reden wie je zuvor. Ergriffen hörte ich zu, und die Minuten verstrichen, als er von großen biblischen Verheißungen sprach, als er Gott um Gnade für unsere gefallene Welt bat und ihm dankte für seine Liebe, die sich in seinem Sohn Jesus Christus offenbart. Danach wollte er auch für mich beten.

»Herr, ich bitte dich auch besonders für . . . (und dann, zu mir gewandt) wie heißt du?«

»Gordon«, antwortete ich.

»Ja, danke.« Er betete weiter: ». . . für Gordon, dass du ihn segnest und ihn mit der Vollmacht eines Propheten salbst, wenn er das Evangelium predigt. Und ich bitte dich, Vater, dass du . . . (wieder sah er mich an) wie war doch gleich dein Name?«

»Gordon«, wiederholte ich.

». . . dass du Gordon mit deiner schützenden Hand umgibst, wenn er . . .«

Während des ganzen Gebets musste er noch vier- oder fünfmal nach meinem Namen fragen. Doch was mich zutiefst bewegte, war, dass der allmähliche Zerfall seines Erinnerungsvermögens und seines Körpers seinen Glauben nicht hatte auslöschen können. Dieser

Schatz war unvergänglich – ein Teil der Ewigkeit. Und die Herrlichkeit Gottes strahlte auf.

Wo gibt es noch solche Männer und Frauen, die wirklich – so wie mein Großvater – aus der Tiefe der Seele leben?

Natürlich kann ein derartiger Glaube auch unvorhersehbare Gegenreaktionen auslösen. Über Stephanus gerieten gewisse religiöse Führer in Israel so in Zorn, dass sie ihn zu Tode steinigten.

Dabei fällt mir auf, dass echte Spiritualität in unserer Zeit eher ein Privileg der Älteren zu sein scheint. Anders als in den Medien, in denen die Jugend glorifiziert wird – junge, schöne, sportliche und beruflich erfolgreiche Menschen –, gelten im geistlichen Leben ganz andere Maßstäbe.

Ich will damit keinesfalls junge Menschen entmutigen, sondern lediglich darauf hinweisen, dass Spiritualität ihre Zeit braucht, um sich entwickeln zu können. Ein tiefer Glaube lässt sich nicht durch ein Wochenendseminar oder ein Jahr Bibelschule erwerben. Vielmehr wächst er mit den Jahren der Erfahrungen mit Gott und der durchgestandenen Krisen. Dieses Wachstum der Seele vollzieht sich in der Regel so langsam, dass es kaum sichtbar oder messbar ist. Das ist ein Grund, weshalb man so vielen Christen in unserem westlichen Kulturkreis die Gegenwart Gottes nicht abspüren kann. Es mangelt uns an der nötigen Geduld, die für geistliches Wachstum unentbehrlich ist. – Eine alte jüdische Geschichte erzählt:

Es war einmal ein Gelehrter, der eines Tages einen Rabbiner aufsuchte. Er war nicht mehr ganz jung, doch er war noch nie zuvor bei einem Rabbiner gewesen.

»Womit hast du dein Leben bisher verbracht?«, fragte der Rabbi.

»Ich habe dreimal den Talmud durchgearbeitet und bin zu seinen tiefsten Geheimnissen durchgedrungen«, antwortete der Gelehrte stolz.

Der Rabbi entgegnete: »Schön, aber wie viel vom Talmud ist zu dir durchgedrungen?«

Eine weitere Ursache, weshalb echte Spiritualität in unserer Gesellschaft so selten ist, liegt darin, dass sie nur in der Stille und in Verbindung mit Unterordnung gedeihen kann – beides Eigenschaften, die bei uns nicht hoch im Kurs stehen.

Der Teufel ist darauf bedacht, unser Leben mit so viel Lärm zu erfüllen, dass die meisten Menschen nie zu den stillen Tiefen ihrer Seele vordringen können.

## Was die Stille für uns bedeutet

»In der Stille lernen wir beten. Dort, allein mit Gott, sind wir eingeladen, zu unserem Vater im Verborgenen zu sprechen, zu dem, der das Verborgene sieht. Es gibt keine größere Herausforderung als die Stille . . . Was uns wichtig war, wird plötzlich unwichtig in der Gegenwart Gottes . . . Es würde das Leben der meisten (Menschen) vollkommen umkrempeln, würden sie eine halbe Stunde täglich allein mit Gott in der Stille verbringen.« (Samuel Chadwick)

Den ersten Entwurf für dieses Kapitel schrieb ich in unserem Ferienhaus in New Hampshire. Seit Jahren ziehen wir uns dorthin zurück, wenn wir Stille und Abgeschiedenheit suchen. Es ist ein altes Haus, eine ehemalige Farm, und wir haben sie Peace Ledge (»Friedens-Klippe«) getauft. »Klippe«, weil unser Land – wie die meisten Ländereien Neuenglands – aus kaum mehr als nacktem Felsen besteht, teilweise bedeckt von einem wenig ertragreichen Boden.

Von diesem Ort geht ein tiefer Friede aus. Regelmäßig laden wir Menschen ein, deren Leben aus den Fugen geraten ist, eine Zeit auf der Farm zu verbringen. Sie alle spüren diese Atmosphäre des Friedens. Sie kommen körperlich erschöpft, geistlich leer, verzweifelt und niedergeschlagen; doch es dauert nie lange, bis eine Verwandlung in ihnen vorgeht und sie eine Erneuerung ihrer körperlichen und seelischen Kraft erleben und Versöhnung mit Gott und sich selbst.

Wir hatten dieses Haus noch gar nicht lange, da stieß Gail auf ein wunderschönes Gedicht von Ruth Bell Graham, der Frau von Billy Graham. Es beschreibt einen solchen Ort der Stille auf dem Anwesen der Grahams in North Carolina:

»Dies ist meine Klippe der Stille,
mein Riff des Friedens;
seine schroffen, gezackten Ränder
halten alles Vergangene zurück.
Hoch oben segelt ein Adler,
er spielt mit den Wolken,
die sich unerlaubt
vor mein Stück Himmel schieben.
Unten im Tal,
verschwommen und in weiter Ferne,
das Kommen und Gehen
von Geräuschen –
eine Musik der Ruhe.
Hier auf meiner Klippe
singt das vielstimmige Lob
der Vögel, der Grillen, des Windes –
bis es
in meinen eigenen Lobpreis mündet.
Und ich atme die Stille,
mein Stück Himmel und den Frieden.«

Gail zeigte mir das Gedicht. Genau dies verbinde sie mit unserem Haus in New Hampshire, sagte sie. Da war der Name geboren: »Friedens-Klippe«. Heute hängt Ruth Grahams Gedicht eingerahmt im Eingangsbereich unseres Hauses.

Ich erzähle Ihnen das, weil ich unterstreichen möchte, wie wichtig uns dieses Refugium der Stille mit den Jahren geworden ist. Es war unser Zufluchtsort in schweren Zeiten; der Ort, an dem unsere Kinder und Enkel Geborgenheit in der Familie erlebten; an dem wir körperliche und geistliche Erfrischung fanden, in der Bibel lesen und neue Kraft tanken konnten. Was hier außer der schlichten Schönheit des Landes immer wieder fasziniert, ist die Stille. Eine Stille, die nur von den natürlichen Lauten der Schöpfung durchbrochen wird: Vogelgezwitscher, Zirpen der Grillen, Keckern der Eichhörnchen und Wind in den Baumwipfeln.

Warum reichen nur wenige Wochen an diesem Ort aus, um mein gesamtes Lebensgefühl zu verändern? Ich brauche gar nicht lange hier zu sein, und meine Prioritäten verschieben sich. Mein Dasein ist erfüllt von der Nähe zum Schöpfer, der mir eine Liebe für die einfachen Dinge des Lebens schenkt.

Hier, in unserem Haus auf dem Land, fand ich die Antwort auf die Frage, warum es so wenige Menschen gibt, bei denen die Herrlichkeit Gottes nach außen strahlt. Weil die Voraussetzung dafür ist, dass wir innerlich zur Ruhe kommen. Nur in der Stille kann echte Spiritualität wachsen. Der tägliche Lärm, der uns umgibt, ist so sehr zum Bestandteil unseres Lebens geworden, dass er Teile unseres Inneren verschmutzt hat.

Einer der Gründe, weshalb es sich immer wieder lohnt, sich mit dem Leben der großen geistlichen Lehrer vergangener Jahrhunderte zu beschäftigen, ist, dass die Stille in ihrem Leben eine entscheidende Rolle spielte. Denn nur in der Stille können wir die leise Stimme Gottes hören, mit der er uns seinen Willen und seine Verheißungen ins Ohr flüstert.

Thomas Kelly schrieb: »Wir spüren den Druck der vielen Verpflichtungen, die auf uns lasten und die wir alle zu erfüllen versuchen. Dabei sind wir unglücklich, fühlen uns gestresst und ausgelaugt und leben voller Angst zu versagen . . . Wir ahnen, dass es ein Leben gibt, das unendlich reicher und tiefer sein muss als unsere gehetzte Existenz, ein Leben voll gelassener Fröhlichkeit, Frieden und innerer Kraft. Wenn wir es nur schaffen könnten, diesen ruhenden Pol zu finden! Jeder von uns kennt wahrscheinlich Menschen, die zu diesem Zentrum der Stille vorgedrungen sind, dorthin, wo die Seele zur Ruhe kommen kann, ja und nein gleichermaßen ausgesprochen werden dürfen.«

## Sich einen Mentor suchen

Doch was hat es mit der *Unterordnung* auf sich? Unterordnung ist unsere Entscheidung, uns einen Menschen zu suchen, mit dem wir Gemeinschaft haben können und der uns leiten und begleiten kann.

Zu Zeiten der großen geistlichen Lehrer wussten viele Menschen noch, dass geistliches Wachstum niemals im Alleingang zu erreichen ist. Wir brauchen einen geistlichen Mentor (oder eine Mentorin), dem wir die Fragen stellen können, die unser Inneres betreffen und die zur Prüfung unserer Überzeugungen, Entscheidungen, Motive und Neigungen notwendig sind. Damit können heutzutage viele nichts mehr anfangen.

Menschen in unserem westlichen Kulturkreis lieben ihre Unabhängigkeit. Wir wollen uns von niemandem in unsere persönlichen Angelegenheiten hineinreden lassen. Wir sind Einzelkämpfer, gewohnt, unser Leben selbst in die Hand zu nehmen und unsere Probleme allein zu lösen. Doch ich möchte behaupten, dass niemand eine echte Spiritualität entwickeln kann, der die Gemeinschaft und den Rat anderer von sich weist.

Auch müssen wir uns vergegenwärtigen, dass Spiritualität etwas ist, das in unserer Kultur keinen hohen Stellenwert hat, das von Außenstehenden oft belächelt und uns wenig bis keine Anerkennung unserer Mitmenschen einbringt.

Ich spreche dabei von der breiten Masse der Bevölkerung. Geistliche Werte stehen in unserer Gesellschaft nicht besonders hoch im Kurs. Sie zahlen sich weder auf dem Arbeitsmarkt aus noch steigern sie unser gesellschaftliches Ansehen und sind selbst für die Medien nur von geringem Interesse. Im Gegenteil, oft werden sie sogar als persönliche Schwäche ausgelegt. Und wer mit christlichen Inhalten gänzlich unvertraut ist, der fühlt sich unbehaglich in Gesellschaft von jemandem, der eine tiefe Spiritualität ausstrahlt. Er wird seine eigenen Gefühle nicht einordnen können, und höchstwahrscheinlich wird sich etwas in seinem Inneren abgestoßen fühlen. Vielleicht meinen Nichtchristen auch manchmal zu spüren, dass ihnen mit einer ablehnenden, verurteilenden Haltung begegnet wird – eine Situation, der sie sich auf jeden Fall entziehen werden.

## Mit unangenehmen Entdeckungen umgehen

Wer echte Spiritualität sucht, wird höchstwahrscheinlich mit zwei unangenehmen Dingen konfrontiert werden: mit dem Schmerz der Selbsterkenntnis und vielfach mit Demütigung.

Wenn wir den inneren Ort der Stille finden möchten, an dem Gott zu uns reden kann, werden wir unweigerlich auf Gedanken, Meinungen und Wünsche stoßen, die sich mit einem Leben in der Nachfolge nicht vereinbaren lassen. Und die man weder rational erklären, entschuldigen noch leugnen kann. Sie müssen vielmehr beim Namen genannt, bekannt und ein für alle Mal beseitigt werden – nicht unbedingt eine angenehme Erfahrung.

An einem Wochenende im Winter hatten wir in unserem Haus auf dem Land ein Problem mit der Abwasserbeseitigung. Handwerker mussten den Abwassertank reinigen. Sie gruben den halben Vorgarten um – ein unschöner Anblick. Der Geruch, der uns nach dem Anheben des Deckels entgegenschlug, lässt sich nicht mit Worten beschreiben. Dies war eine der Gelegenheiten, bei denen ich gerne jemanden dafür bezahle, dass er die Arbeit tut.

So ähnlich ist es, wenn ein Mensch in die Tiefenschichten seiner Seele vordringt und hinter die Fassade schaut. Man gräbt tiefer und tiefer, der Deckel wird angehoben und viele hässliche Dinge kommen ans Licht. Paulus kannte diese Dinge in seinem Inneren. Er schrieb einmal voller Entsetzen: »Ich elender Mensch! Wer wird mich erlösen von diesem todverfallenen Leibe?« (Römer 7,24)

Viele der geistlichen Lehrer wussten, dass das Herz auch unendliche Abgründe in sich birgt. Eine Finsternis, die nicht nur Sünden und schlechte Gedanken aus unserem eigenen Leben enthält, sondern auch das belastende Erbe vergangener Generationen. Auch die Leidenschaften, Begierden und der Groll der Vergangenheit stecken in unserem Herzen. Auch sie müssen wahrgenommen, beim Namen genannt und bei Licht betrachtet werden, damit der barmherzige Gott Heilung und Vergebung schenken kann. Wenn wir im Glauben wachsen und vorwärts gehen wollen, brauchen wir einen geistlichen Begleiter, der uns hilft Gottes Willen richtig zu erkennen und Gott an uns handeln zu lassen. Dann können wir mit mehr Gewissheit unseren Weg gehen.

In der Bibel gibt es zahlreiche Beispiele von Männern und Frauen, die geistliche Prozesse durchgemacht haben, und ich bin immer wieder beeindruckt, wie sie in schwierigen Situationen handelten.

Ich denke an Paulus und Silas im Gefängnis, nachdem man sie geschlagen und ihre Füße in den Block gesteckt hatte. Trotz ihrer, menschlich gesehen, aussichtslosen Lage beteten sie und priesen Gott mit Lobgesängen spät in der Nacht. Was bringt Menschen dazu, unter solchen Bedingungen so zu handeln?

Stephanus betete, während er unter den Steinen seiner Widersacher starb, Gott möge ihnen diese Sünde vergeben. Esther nahm ihren ganzen Mut zusammen und begab sich selbst in große Gefahr, um ihr Volk vor der Ausrottung zu retten. Mose sagte am Ufer des Schilfmeeres zum Volk Israel: »Habt keine Angst! Wartet ab und seht zu, wie der Herr euch retten wird.«

Woher stammen solche Menschen? Ihr höchstes Ziel ist die Begegnung mit einem Gott, der sich uns in unserem Herzen offenbart.

# 6. Im Bann der Schlange

## *Wie können wir zu neuem Leben befreit werden?*

*Im Wald, da war ein Weg, der Weg lief auseinander,*
*und ich – ich schlug den einen ein, den weniger begangnen,*
*und dieses war der ganze Unterschied.*

Robert Frost

Der spanische Mönch Carlos Villas, der viele Jahre in Indien verbracht hat, erzählte die folgende Begebenheit:

Als er eines Tages mit seinem Fahrrad über Land fuhr, fiel ihm plötzlich eine ungewöhnliche Stille auf, in der die Natur in Reglosigkeit erstarrt und sämtliche Geräusche verstummt schienen. Er hielt an und sah sich um, konnte jedoch keine Ursache für dieses seltsame Phänomen entdecken.

Doch dann sah er, etwas abseits der Straße, im Gebüsch einen kleinen Vogel, der auf einem der unteren Äste saß. Dicht vor ihm eine große Schlange, die, den Kopf in gleich bleibendem Rhythmus langsam hin und her bewegend, den Vogel mit ihrem starren Blick fixierte. Der Vogel war wie gelähmt, unfähig, davonzufliegen, als hätten ihn die hypnotisierenden Bewegungen der Schlange in Trance versetzt.

Villas hielt den Atem an und wartete auf den tödlichen Stoß der Schlange. Gleichzeitig überlegte er fieberhaft, wie er den armen Vogel retten könnte. Mit großen Schritten rannte er auf die Schlange zu, laut rufend und mit den Armen wedelnd, in der Hoffnung, sie von ihrer Beute abzulenken und vielleicht den Vogel aus seiner Erstarrung zu reißen. Und es wirkte. Der Bann des lähmenden Blickes war gebrochen, der Vogel erwachte aus seiner »Hypnose« und schwang sich zum Himmel auf.

Als ich diese Geschichte las, dachte ich an die Parallele der geistlichen Erstarrung. Wir Menschen sind durch den Einfluss des Bösen oft so gelähmt, dass ein Leben in geistlicher Freiheit und aus der Tiefe der Seele unmöglich ist.

Ich kann nicht über diese Dimension unterhalb der »Wasserlinie« schreiben, ohne auch die Macht und die Folgen des Bösen zu berücksichtigen. Und ich frage mich: Wie kann bei uns Menschen dieser »Bann der Schlange« gebrochen werden? Wer hat die Vollmacht, dies zu tun? Und wie sieht der Flug der Befreiten aus?

## Durch das Böse gefangen

Der lähmende Blick der Schlange, der uns gefangen hält, ist eines der großen biblischen Themen, das uns in der Schrift in immer wieder neuen Variationen begegnet. Die biblische Sicht des Menschen ist wenig schmeichelhaft. Dabei ist offensichtlich, dass die Wiege des Bösen nicht ausschließlich in der äußeren Welt mit all ihren negativen Einflüssen zu suchen ist – sondern auch in der inneren Welt, in der menschlichen Seele. Jesus machte ganz deutlich, dass die Verdorbenheit und Schlechtigkeit des Menschen von innen kommen:

»Denn aus dem Herzen kommen böse Gedanken, Mord, Ehebruch, Unzucht, Diebstahl, falsches Zeugnis, Lästerung. Das sind die Dinge, die den Menschen unrein machen. Aber mit ungewaschenen Händen essen macht den Menschen nicht unrein.« (Matthäus 15,19-20)

Die Bibel will uns nicht schlecht machen, damit wir möglichst klein und sündig dastehen, wie manche Leute denken. Sie beschreibt vielmehr zu Anfang die unermessliche Reinheit und Schönheit des Menschen, den Gott als sein Ebenbild schuf und der eine besondere Stellung innerhalb der Schöpfung einnimmt. Die Bestimmung des ersten Mannes und der ersten Frau war es, ein Spiegel der Herrlichkeit des Schöpfers zu sein und in enger Beziehung zu ihm zu leben. Wie das gewesen sein mag, wissen wir nicht; meiner Meinung nach muss die Möglichkeit, Gott so nah zu sein, mit ihm zusammenzuarbeiten, so direkt mit ihm zu sprechen und Seite an Seite mit ihm die Welt zu entdecken, alles übertreffen, was wir heute kennen.

Doch die Bibel berichtet weiter, dass die Menschen von ihrer ursprünglichen Bestimmung durch eine fatale Folge von Ereignissen abwichen. Adams und Evas Ungehorsam legte den Grund für alle menschliche Auflehnung gegen Gott bis heute. Die Aussage von Frank Sinatras berühmtem Lied »I Did it My Way« kann man als Grundmelodie für ein Leben verstehen, dass sich bewusst nicht um Gottes Willen schert. Auf den ersten Blick scheint Sinatras Beschreibung eines Mannes, der unbeirrt seinen Weg geht, mutig und bewundernswert, aber dies ist nur die eine Seite der Medaille.

»Die schwere Krankheit des menschlichen Herzens ist sein Wille, der seine Mitte verloren hat, wie ein Planet, der nicht mehr um die Sonne kreist, sondern um irgendeinen fremden Himmelskörper im Weltraum, der nahe genug ist, um ihn von seiner Umlaufbahn abzubringen.« (A.W. Tozer)

Die Krimiautorin Dorothy Sayers beschreibt die Erstarrung unter dem Blick der Schlange:

»Ein junger und intelligenter Pfarrer sagte neulich zu mir, er glaube, eine der größten Stärken des Christentums heute läge in seiner zutiefst pessimistischen Einstellung gegenüber der menschlichen Natur. Daran ist viel Wahres. Die Leute, die am deprimiertesten und mutlosesten über die Grausamkeit und Mutlosigkeit des menschlichen Verhaltens sind, sind jene, die eine hohe Meinung vom Homo Sapiens als Produkt der Evolution haben und die noch immer am optimistischen Glauben an den guten Einfluss der Aufklärung festhalten. Für sie sind die entsetzlichen Auswüchse bestialischer Rohheit in totalitären Staaten sowie der verbohrte Egoismus der kapitalistischen Gesellschaft nicht bloß schockierend und beängstigend, sondern das völlige Gegenteil all dessen, was sie geglaubt haben. Unser heutiger Zustand kommt ihnen vor wie die Verleugnung jeglicher Vernunft, so als sei die ganze Welt verrückt geworden. Für einen Christen dagegen ist dies ganz anders. Er ist zwar genauso tief erschüttert und bekümmert wie jedermann, aber nicht überrascht. Er hat nie eine besonders hohe Meinung von der menschlichen Natur gehabt, wenn sie sich selbst überlassen ist. Der Gedanke ist ihm vertraut, dass im Zentrum unserer Persönlichkeit eine schwere Entwurzelung stattgefunden hat, und dass niemand durch die Gesetzgebung zu einem guten Menschen wird, denn auch die Gesetze werden von Menschen gemacht und sind daher Teil ihrer unvollkommenen, widersprüchlichen Natur.«

Obwohl Gott die Menschen wunderbar geschaffen hat, müssen wir der Tatsache ins Auge sehen, dass kein Mensch mehr so ist, wie Gott ihn ursprünglich erdacht hat. Um es mit den Worten des Apostels Paulus auszudrücken: »Da ist keiner, der gerecht ist, auch nicht einer.«

Gefangenschaft und Sklaverei, ein Leben, gelähmt durch den Blick der Schlange – das ist die harte Realität des menschlichen Daseins. Dabei gibt es gewisse Abhängigkeiten, die uns durchaus nicht unangenehm sind, etwa lieb gewordene Gewohnheiten oder lang gehegte Gefühle bestimmten Dingen oder Personen gegenüber. Wir sind Sklaven unserer Pläne, Wünsche, Begierden oder Süchte. Es gibt Abhängigkeiten von Drogen oder Alkohol, und ich meine damit nicht nur die Obdachlosen auf der Straße. Der Faden lässt sich weiter spinnen zu dem Pastor oder Gemeindeleiter, der vom rechten Weg abgekommen ist, oder dem Bankier, der jahrelang in die eigene Tasche gewirtschaftet hat. So verschieden oder unterschiedlich stark unsere Abhängigkeiten sein mögen, auf uns allen klebt das Etikett: Sünder. Wir Menschen sind Sklaven des Bösen und bedürfen einer Befreiung, die nur von außerhalb kommen kann.

Sämtliche biblischen Bücher sind sich einig über die seelische Verfassung des Menschen – damals wie heute. Es fing an mit der verhängnisvollen Sünde, die Adam und Eva im Garten Eden begingen, indem sie sich gegen Gottes Gebot auflehnten, und setzt sich bis heute fort. Viele Schreiber der Bibel zeigen die furchtbare Wunde, die dadurch in die menschliche Seele geschlagen wurde und wird. Sie wussten um die verheerenden Folgen der Sünde und die gefährliche Abwärtsspirale, die seitdem alle Generationen betrifft. Sie wussten um die tödliche Krankheit der menschlichen Seele.

Der Prophet Jeremia drückte es folgendermaßen aus: »Es ist das Herz ein trotzig und verzagt Ding; wer kann es ergründen?« (Jeremia 17,9). Und Paulus schrieb kompromisslos: »Alle haben gesündigt und die Herrlichkeit Gottes verloren« (Römer 3,23). Beide kamen zu dem Schluss: Wir alle sind (oder waren) gefesselt vom starren Blick der Schlange, unfähig, ein Leben in Freiheit zu genießen, das ursprünglich das Geschenk des Schöpfers an uns war.

## Frei werden

Wer hat die Macht, diesen Bann zu brechen? Die Antwort der Bibel lautet: Jesus Christus, der für unsere Sünden starb. Seit seinem Tod am Kreuz wirkt eine mächtige Kraft – eine Kraft, die Leben verändert, die alles neu macht. Eine Kraft, der gegenüber die Energie von tausend Sonnen verblasst. Sie kann das Leben jedes Menschen verändern.

Sie bewirkt, dass die Seele ihre ursprüngliche Bestimmung wieder finden kann: ein »Ort« zu sein, an dem Gott wohnen kann, eine Quelle des Lebens in Fülle. Wenn dies geschieht, beginnt eine geistliche Neuorientierung. Auf einmal werden ganz neue Prioritäten wichtig.

Eine *Verwandlung, Umwandlung* oder *Bekehrung* findet statt – der Wendepunkt für alles, was im Herzen geschieht. Die grundlegende Entscheidung, die dabei getroffen wird, ist der Anfang aller weiteren Entscheidungen.

Robert Frost beschreibt die Situation, vor einer Entscheidung zu stehen, in seinem Gedicht »Der unbegangene Weg«. (Allerdings wäre der Dichter höchstwahrscheinlich entsetzt gewesen bei der Vorstellung, dass eine seiner poetischen Aussagen mit dem christlichen Glauben in Verbindung gebracht wird.) Frost schildert hier ein Schlüsselerlebnis, das wir alle kennen: Man steht an einer Wegkreuzung und muss sich entscheiden. Welchen Weg soll man einschlagen? Den rechten oder den linken?

»Und ich – ich schlug den einen ein, den weniger begangnen, und dieses war der ganze Unterschied.«

In der Geschichte der Christenheit gibt es zahlreiche dramatische Bekehrungen, lebensverändernde Entscheidungen, durch die der »Bann der Schlange« gebrochen wird. Ich denke zum Beispiel an Augustinus, Martin Luther oder John Wesley. In den letzten Jahren war die Bekehrung von Charles Colson für viele in den USA eine Ermutigung.

Vor kurzem unterhielt ich mich mit meinem Freund Cliff Barrows über solche lebenswichtigen Entscheidungen. Cliff Barrows ist seit beinahe fünfzig Jahren ein enger Mitarbeiter Billy Grahams. »Vergiss Jim Vaus nicht«, sagte er.

Ich kannte die Geschichte von Jim Vaus aus meiner Kindheit. In den vierziger Jahren war er praktisch mit jedem Gangster in Los Angeles gut Freund. Er arbeitete für eine kriminelle Bande und machte sich mit dem Anzapfen von Telefonleitungen »verdient«. Eines Tages hörte er eine Predigt von Billy Graham und fand in dem Wort vom Kreuz die Kraft, die er brauchte, um den »Bann der Schlange« zu durchbrechen.

»Ich war bei seiner Bekehrung dabei«, erzählte Cliff Barrows, »und erlebte, wie sie sein Leben veränderte. Ich fuhr mit ihm auf dem Rücksitz einer Limousine mit Chauffeur in der ganzen Stadt herum, von einer Privatperson und Firma zur nächsten. Er hatte eine lange Liste der Leute, die er betrogen oder von denen er Geld oder elektronische Geräte gestohlen hatte, und war entschlossen, alles wieder gutzumachen. Und das tat er auch, obwohl es sein finanzieller Ruin war. Doch danach war die Last der Vergangenheit von ihm abgefallen. Er war ein freier Mann.«

Die beeindruckendste Bekehrung in nachbiblischer Zeit ist für mich die von John Newton, dem Autor des bekannten Liedes »Amazing Grace«. Wer behauptet, es sei unmöglich, dass ein kaputtes Leben und ein verdorbener Charakter vollkommen neu werden können, der sollte einmal John Newtons Biographie lesen.

Newton war als junger Mann im 18. Jahrhundert Sklavenhändler und organisierte den Transport von Afrikanern nach Westindien und England. Er war ein Mensch ohne Mitgefühl und ethische Werte. Die Schlange hatte ihn fest in ihrem Griff.

Doch dann geschah das Unvorhergesehene, das »störende Moment« trat auf den Plan. Auf See geriet Newton in einen Hurrikan, bei dem das Schiff zu sinken drohte. In diesem Augenblick, als alle Sicherheiten seines bisherigen Lebens wegbrachen, bekehrte er sich in seiner Todesangst zu Gott.

Das war das Ende seiner »Karriere« als Sklavenhändler, er entschied sich für ein Leben in der Nachfolge Christi. In den folgenden vierzig Jahren war er einer der berühmtesten Pastoren Englands, ein Prediger mit großer geistlicher Vollmacht. – Ein sündiger Mensch hatte eine Entscheidung getroffen, die sein Leben und sein ganzes Wesen von Grund auf veränderte.

Eine wirkliche Wende kann nur dann eintreten, wenn jemand gewillt ist, seinen früheren Lebenswandel aufzugeben und eine neue, von Jesus Christus vorgegebene Richtung einzuschlagen.

Die wohl radikalste Bekehrung in der Geschichte der Menschheit ist die des Apostels Paulus. Ich möchte sie etwas genauer betrachten, denn aus ihr lassen sich einige wichtige allgemeine Merkmale eines solchen Neubeginns ablesen.

Saulus von Tarsus (sein jüdischer Name und sein Geburtsort) war als dynamischer Mann von herausragendem Intellekt bekannt. Er hatte das Gesetz und die Propheten studiert (also das Alte Testament), war ein aufsteigender Stern des religiösen Establishments und führend, wenn es darum ging, das Judentum gegen die junge, aufstrebende Bewegung der Christen zu verteidigen. Saulus war von Gamaliel unterrichtet worden, dem hochangesehenen Enkel von Rabbi Hillel, einem der bedeutendsten Gelehrten Israels.

Die Verwandlung des Saulus begann, kurz nachdem er Stephanus gesehen hatte, einen glühenden Nachfolger Christi, dessen Weisheit und Gabe der Schriftauslegung so überragend war, dass selbst seine schärfsten Kritiker dem nichts entgegensetzen konnten. So kam es, dass Saulus und andere Kritiker in einem Streitgespräch mit Stephanus die Diskussion verloren und sich gedemütigt fühlten.

Paulus warf alles über Bord, was Rabbi Gamaliel ihn gelehrt hatte. Als Stephanus hingerichtet wurde, sah Saulus voller Genugtuung zu. Er stand neben dem sterbenden Stephanus und muss auch sein letztes lautes Gebet gehört haben: »Herr, rechne ihnen diese Sünde nicht an!« (Apostelgeschichte 7,60). Ein Gebet um Gnade, für Saulus sicher völlig überraschend. Ich kann mir vorstellen, dass diese Worte, ganz gleich, wie ablehnend Saulus dem Glauben der Christen gegenüberstand, einen Weg in seine Seele fanden und ihn nie mehr losließen.

Unmittelbar nach dem Märtyrertod des Stephanus setzte Saulus alle Hebel in Bewegung, um die sich rasch ausbreitenden christlichen Gemeinden auszulöschen. Er reiste von Synagoge zu Synagoge, von Stadt zu Stadt, überall dorthin, wo er Nachfolger Christi vermutete:

»Das habe ich in Jerusalem auch getan; . . . ich sperrte viele der Heiligen ins Gefängnis . . . Und wenn sie hingerichtet werden sollten, stimmte ich dafür. Und in allen Synagogen habe ich oft versucht, sie durch Strafen zur Lästerung zu zwingen, in maßloser Wut habe ich sie sogar bis in Städte außerhalb des Landes verfolgt.« (Apostelgeschichte 26,10-11)

Sein Verhalten zeigt auf erschreckende Weise, welcher Wahnsinn die Oberhand gewinnt, wenn das Herz eines Menschen sich den falschen Zielen verschrieben hat. Dabei haben wir es hier nicht mit einem Mann aus dem Verbrechermilieu zu tun, sondern mit einem, der sicher war, in religiösem Sinn das Richtige zu tun. Er sei »untadelig in der Gerechtigkeit, wie sie das Gesetz vorschreibt«, gewesen, konnte er später schreiben, als er sein früheres Leben Revue passieren ließ. (Philipper 3,6)

Nach seiner Überzeugung war der einzig wahre Glaube der, der sich am Gesetz des Mose und am Jerusalemer Tempel orientierte. Diesem Glauben versuchte er mit fanatischem Eifer Geltung zu verschaffen. Er war wie von Zwangsvorstellungen geprägt.

Als er schrieb, er habe Christen »durch Strafen zur Lästerung« gezwungen, bezog er sich auf inquisitorische Gerichtsverhandlungen vor dem Hohen Rat, bei denen die »Abtrünnigen« durch falsche Anklagen gedemütigt und häufig ausgepeitscht wurden. Viele von ihnen überlebten die Misshandlungen nicht.

Bei diesen »Verhandlungen« hatten die Angeklagten das Recht, sich zu verteidigen, und die Kläger mussten sie anhören. Dies spielt insofern eine Rolle, als es bedeutete, dass Saulus auf diese Weise unzählige Glaubenszeugnisse von Christen zu hören bekam und jedes Mal von Umkehr, Verwandlung und einem neuen Leben in Christus erfuhr. Auch muss er sich immer wieder an Stephanus erinnert haben, wenn er sah, wie andere Christen mit derselben Würde für ihren Herrn starben.

In dieser Lebensphase machte sich Saulus auf den Weg nach Damaskus, vierzehn Tagesreisen nordöstlich von Jerusalem, um dort Menschen der christlichen Gemeinden gefangen zu nehmen. Unterwegs hatte er ein Erlebnis, das sein ganzes Leben völlig umkrempeln sollte. Aus seiner Schilderung gegenüber König Herodes Agrippa:

»Da sah ich unterwegs mitten am Tage ein Licht, König, das mich und meine Begleiter vom Himmel her umstrahlte, heller als die Sonne. Wir stürzten alle zu Boden und ich hörte eine Stimme auf Hebräisch zu mir sagen: Saul, Saul, warum verfolgst du mich?« (Apostelgeschichte 26,13-14)

Augenblicklich begriff Saulus, als er neben seinem Reittier im

Staub lag, dass es Christus war, der zu ihm sprach. Dies wird durch seine Frage deutlich: »Wer bist du, Herr?« (Apostelgeschichte 9,5)

Angefangen bei Stephanus über die Menge der christlichen Zeugen bis zu Jesus von Nazareth, dessen Licht selbst die helle Mittagssonne überstrahlte, erlebte Saulus eine Folge »störender Momente«. Und seine Umkehr begann in dem Augenblick, als er Jesus als den Herrn erkannte.

War Saulus' Verwandlung danach abgeschlossen? Ich glaube kaum. Was sich auf der Straße nach Damaskus ereignete, hätte genauso gut ein spektakuläres »geistliches Erlebnis« ohne weitere Auswirkung auf sein Leben bleiben können, wäre er nicht im Kern seiner Person getroffen worden. Es folgten Begegnungen mit geistlichen Männern, die ihn bei seinen nächsten Schritten unterstützten. Einer von ihnen war Hananias. Paulus hatte noch einen langen Weg vor sich, bis er ein im Glauben reifer Mann war.

Da er bei seiner Gottesbegegnung auf der Straße nach Damaskus erblindete, war er danach zunächst zu völliger Hilflosigkeit verurteilt. Tagelang war er darauf angewiesen, dass andere Menschen ihn führten. Erst als Hananias, ein Christ aus Damaskus, zu ihm kam, ihn mit »Bruder« anredete (was allein schon bemerkenswert ist), ihm die Hände auflegte und für ihn betete, konnte er wieder sehen. Sicher hat Paulus diese furchtbare Erfahrung der Blindheit – die seine geistliche Hilflosigkeit symbolisierte – nie wieder vergessen.

Diese Begegnung mit dem auferstandenen Jesus und die anschließende Blindheit war ein »störendes Moment« für diesen dynamischen jungen Mann. Plötzlich entzogen sich die Ereignisse seinem Einfluss und etwas passierte, das er sich nicht erklären konnte. Mit dem Selbstbewusstsein eines einflussreichen Mannes hatte er seine Reise angetreten, doch als er am Ziel ankam, war er blind und hilflos. Der Eine, dessen Namen er ausmerzen wollte, hatte ihn unterwegs sozusagen aus dem Hinterhalt überfallen und rief ihn nun als blutigen Anfänger in seine Nachfolge. Der »Bann der Schlange« war gebrochen.

## Prozess der Veränderung

Saulus gehörte zur Gemeinschaft der Pharisäer, einer Partei, die jahrhundertelang die religiöse Elite bildete. Als Jesus kam und sie mit einer neuen Sichtweise der Dinge konfrontierte, erkannten sie das in der Mehrzahl nicht als Chance eines geistlichen Aufbruchs. Saulus war das beste Beispiel für ihren Starrsinn. Um den wahren Glauben zu retten, begann er die verhasste Sekte der Nazarener zu bekämpfen.

Seine Erfahrung auf der Straße nach Damaskus aber erschütterte Saulus so tief, dass sein gesamtes altes Weltbild in tausend Stücke brach. Eine neue Gesinnung nahm in seiner Seele Gestalt an. Aus einem gesetzesorientierten wurde ein an Christus orientierter Mensch.

Von diesem Augenblick an änderten sich auch die Gewichtsverhältnisse in seinem Innern. Die Voraussetzung dafür ist immer eine echte innere Verwandlung. Bei Paulus war es nicht nur ein Moment, sondern ein längerer *Prozess der Bekehrung.*

*Bekehrung* und *Prozess der Bekehrung* sind Schlüsselworte bei der Suche nach echter Veränderung. Saulus war nach seiner dramatischen Begegnung mit Gott nie wieder derselbe. Jahre später schrieb er an die Gemeinde in Korinth über die Erfahrung der Verwandlung: »Dabei werden wir selbst in sein Bild verwandelt und bekommen mehr und mehr Anteil an seiner Herrlichkeit. Das bewirkt der Herr durch seinen Geist.« (2. Korinther 3,18; Gute Nachricht Bibel)

In den folgenden zehn Jahren durchlebte er einen Prozess der Umgestaltung seines Herzens, oft verbunden mit Schmerz und Kampf. Dabei trug jede seiner Erfahrungen – und manche waren überaus schmerzvoll – dazu bei, das Gewicht unterhalb der »Wasserlinie« zu verstärken, bis er stabil und stark genug war, um allen Stürmen zu widerstehen. Seine Energie, die ihn früher dazu getrieben hatte, sich in die alttestamentlichen Schriften zu vertiefen und an der Spitze seiner Partei mitzumischen, drängte ihn nun, im gesamten Römischen Reich das Evangelium zu predigen, Gemeinden zu gründen, Gemeindeleiter zu unterweisen – und damit den Grundstein zu legen für eine Bewegung, die bis heute existiert.

Als evangelikale Christen stellen wir häufig den Augenblick der Bekehrung sehr in den Mittelpunkt. Wir sind so sehr auf diesen Augenblick fixiert, dass der lebenslange Prozess, der danach einsetzt, oft nicht berücksichtigt wird.

Paulus sah sich selbst in einem Stadium ständiger Umwandlung, Erneuerung und Veränderung. Selbst als alter Mann, als er körperliche Beschwerden hatte, schrieb er noch: »Nicht dass ich es schon erreicht hätte oder dass ich schon vollendet wäre. Aber ich strebe danach es zu ergreifen, weil auch ich von Christus Jesus ergriffen worden bin.« (Philipper 3,12)

Der »Bann der Schlange« wurde bei Saulus in dem Augenblick gebrochen, als Jesus auf der Straße von Damaskus laut rufend in sein Leben trat. Doch Paulus war sich später immer bewusst, dass die Schlange nicht kampflos aufgeben, sondern gern ihren alten Platz zurückerobern wollte. Deshalb war für ihn jeder Tag eine neue Herausforderung zum Kampf.

# 7. Wie will ich leben, wenn ich alt bin?

## *Kennzeichen geistlicher Reife*

*Vieles wurde uns genommen, doch vieles bleibt bestehen:*
*Bar jeder Kraft, die in alten Zeiten*
*Himmel und Erde bewegte, sind wir, was wir sind,*
*eins im gleichen Strom heldenhafter Herzen.*
*Wenn auch geschwächt durch Schicksal und Zeit,*
*doch stark im Willen,*
*zu kämpfen, zu suchen, zu finden und niemals aufzugeben.*

Tennyson, Ulysses

Im Alten Testament begegnet uns ein Mann namens Kaleb, der in der über vierzigjährigen Geschichte der Israeliten auf ihrem Weg ins Gelobte Land eine besondere Rolle spielt.

Zum ersten Mal wird er als einer der zwölf Kundschafter erwähnt, die Mose ins Land nach Kanaan schickte. Auch Josua – Moses Nachfolger – war mit von der Partie. Als die Kundschafter zurückkamen, berichteten sie Furcht erregende Dinge. Das Land sei zwar reich und fruchtbar, aber dort wohnten schreckliche Riesen, denen gegenüber sie sich wie Heuschrecken vorgekommen seien. Auf jeden Fall sei es unmöglich, das Land zu erobern.

Kaleb und Josua teilten diese Ansicht nicht. Sie bestritten zwar nicht, dass seine Bewohner überdurchschnittlich groß und stark schienen. Doch sie wussten: Der Herr hatte sie im Laufe ihrer langen Wanderung schon vor ganz anderen Gefahren bewahrt, also würde er es auch diesmal tun. Er hatte ihnen dieses Land verheißen und er würde an ihrer Seite kämpfen.

Aber das Volk hörte nicht auf sie und schloss sich der Meinung der Mehrheit an. Als Folge davon mussten sie vierzig Jahre lang durch die Wüste irren, bis die ganze Generation der Kleingläubigen ausgestorben war. Alle, mit Ausnahme von Josua und Kaleb.

In diesen vierzig Jahren hören wir wenig von Kaleb. Doch offensichtlich hatte sich seine Einstellung in dieser Zeit nicht geändert, denn danach war er noch immer der unerschrockene Mann, der im festen Glauben auf die Zusage Gottes bereit war, in das Land der Riesen zu ziehen.

Vier Jahrzehnte später sammelte sich also die nächste Generation – unter Josuas Kommando – am Jordan, unweit von Jericho, zu einem neuen Vorstoß. Ihr Feldzug war erfolgreich. Sie überquerten den Fluss und hatten bald einen großen Teil des Landes Kanaan eingenommen. Eine Ausnahme bildete das Bergland, das Gebiet, in dem die Anakiter wohnten, ein sagenumwobener Volksstamm, der für seine besondere Kraft und Körpergröße bekannt war. Allein diese Riesen und das zerklüftete Bergland, in dem sie lebten, hätte ausgereicht, um selbst den Mutigsten in die Flucht zu schlagen, doch Kaleb ließ sich nicht einschüchtern. Dabei war er damals schon Mitte achtzig! Die Bibel erzählt:

»Kaleb sprach zu Josua: Du weißt, was der Herr zu Mose, dem Mann Gottes, sagte meinet- und deinetwegen in Kadesch-Barnea. Ich war vierzig Jahre alt, als mich Mose . . . aussandte von Kadesch-Barnea, um das Land zu erkunden, und ich ihm Bericht gab nach bestem Wissen. Aber meine Brüder, die mit mir hinaufgezogen waren, machten dem Volk das Herz verzagt; ich aber folgte dem Herrn, meinem Gott, treulich. Da schwor Mose an jenem Tage und sprach: Das Land, das dein Fuß betreten hat, soll dein und deiner Nachkommen Erbteil sein für immer, weil du dem Herrn, meinem Gott, treulich gefolgt bist.

Und nun siehe, der Herr hat mich am Leben gelassen, wie er mir zugesagt hat. Es sind nun fünfundvierzig Jahre her, dass der Herr dies zu Mose sagte, als Israel in der Wüste umherzog. Und nun siehe, ich bin heute fünfundachtzig Jahre alt und bin noch heute so stark, wie ich war an dem Tage, da mich Mose aussandte. Wie meine

Kraft damals war, so ist sie noch jetzt, zu kämpfen und aus- und einzuziehen. So gib mir nun dies Gebirge, von dem der Herr geredet hat an jenem Tage; denn du hast's gehört am selben Tage, dass dort die Anakiter wohnen und große und feste Städte sind. Vielleicht wird der Herr mit mir sein, damit ich sie vertreibe, wie der Herr zugesagt hat.

Da segnete ihn Josua und gab Kaleb . . . Hebron zum Erbteil. Daher wurde Hebron das Erbteil Kalebs, . . . bis auf diesen Tag, weil er dem Herrn, dem Gott Israels, treulich gefolgt war.« (Josua 14,6-14)

Dreimal wird hier das Wort *treulich* verwendet, um einen Menschen zu beschreiben, der aus der Tiefe seiner Seele lebte und seinem Gott vertraute. Man spürt, dass Kaleb sein Leben nach Gottes Verheißungen ausgerichtet hatte. Seine Beharrlichkeit, seine Begeisterung und sein unbeirrbarer Glaube als alter Mann kamen nicht von ungefähr. Sie wurden in der unsichtbaren Dimension unterhalb der »Wasserlinie« geboren.

Wenn man seine Geschichte verfolgt, entdeckt man seine erstaunlichen Eigenschaften:

- Was immer er tat, er tat es von ganzem Herzen.
- Er war ein Mann mit festen Überzeugungen und lebte nach ihnen.
- Er liebte Herausforderungen und stellte sich ihnen ohne Ausflüchte.
- Sein Vertrauen zu Gott war grenzenlos. Er vertraute darauf, dass der Gott seiner Jugend ihn auch im Alter nicht verlassen würde.
- Er machte nie ängstlich einen Rückzieher, sondern ging anderen mit gutem Beispiel voran.

Wie viele solche Menschen kennen Sie? Ich stelle diese Frage deshalb, weil es so wichtig ist, sich an Vorbildern zu orientieren, wenn wir lernen wollen, aus der Tiefe des Herzens zu leben. Denn wir schöpfen aus dem Erfahrungsschatz derer, die uns als »Wolke von Zeugen« umgeben.

Als ich die fünfzig überschritten hatte, war dies (wie bereits in einem der früheren Kapitel angedeutet) ein persönliches »störendes Moment«. Ich begann, mich mit der Frage auseinander zu setzen: *Wie will ich leben, wenn ich alt bin?*

Ich meine damit nicht, wo ich meinen Lebensabend verbringen möchte (ich wohne gern in Neuengland) oder ob ich mit meiner Rente über die Runden komme (was ich natürlich sehr hoffe). Es geht mir vielmehr darum: Wie wird meine Persönlichkeit sein, welche Ansichten, welche Lebenseinstellung werde ich entwickeln?

Was mich dazu trieb, mir diese Frage überhaupt zu stellen, war die nüchterne Beobachtung, dass das Alter für die meisten Menschen einen negativen Beigeschmack hat, weil die besten Zeiten dann angeblich endgültig vorüber sind. Wenn dem so ist, kann ich dann ab einem gewissen Alter noch erwarten, dass ich von den Jüngeren zu einem Fußballspiel mitgenommen werde?

Solche bedrohlichen Gedanken kreisten in meinem Kopf. Mir war klar, dass ich, außer im Fall meines vorzeitigen Ablebens, in nicht allzu ferner Zukunft zum alten Eisen gehören würde, so wie alle Männer meiner Generation. Bleibt uns, anstatt mitten im Leben zu stehen, bald nur noch die Rolle eines Beobachters?

Kaleb scheint hier eine Ausnahme zu machen. Bei ihm hat man nicht nur das Gefühl, dass man ihn jederzeit zu einem Fußballspiel mitnehmen könnte, sondern dass man ihm überallhin folgen möchte, um in seiner Gesellschaft zu sein und durch die Ausstrahlung seiner Persönlichkeit gestärkt zu werden.

Wenn wir die Bibel aufschlagen, stoßen wir immer wieder auf Menschen, die Autorität hatten, weil sie mit Gott lebten. Von Henoch heißt es, er »war seinen Weg mit Gott gegangen« (1. Mose 5,22). Von Mose wird gesagt: »Kein anderer hat Israel mit so starker Hand geführt und vor den Augen des ganzen Volkes solche mächtigen und Schrecken erregenden Taten vollbracht wie er« (5. Mose 34,12; Gute Nachricht Bibel).

Etliche Menschen der Bibel übten auch in fortgeschrittenem

Alter einen starken Einfluss aus. Nehmen wir noch einmal Josua als Beispiel: »Israel diente dem Herrn, solange Josua lebte . . .« (Josua 24,31). Andere zeichneten sich durch eine Treue aus, die von Gott belohnt wurde. Der alte Simeon, der in Jesus den Messias erkannte, »war fromm und gottesfürchtig und wartete auf den Trost Israels, und der Heilige Geist war mit ihm« (Lukas 2,25). Und Paulus schätzte sich folgendermaßen ein: »Ich habe den guten Kampf gekämpft, . . . ich habe Glauben gehalten« (2. Timotheus 4,6-7).

Ich habe den Eindruck, dass die letzten Lebensjahre dieser Männer mit zu ihren besten gehörten. Manchmal verspüre ich den starken Wunsch, sie persönlich kennen zu lernen.

*Wie will ich leben, wenn ich alt bin? Wie möchte ich einmal sein?* Ich möchte ein Mann sein, dessen Gesellschaft man sucht, weil er in seinem Alter zu einer Reife gelangt ist, die sein Handeln bestimmt und seine Persönlichkeit geformt hat. Ich nahm ein Blatt Papier und schrieb alle Männer über siebzig auf, die ich näher kannte. Dabei stellte ich fest, dass ich zwar ziemlich viele alte Männer kenne, meine Liste der »nachahmenswerten« jedoch erschreckend kurz ausfiel.

Bereits beim Schreiben strich ich aus verschiedenen Gründen viele Namen wieder durch. Einige, so schien mir, waren mit den Jahren immer egozentrischer geworden und interessierten sich kaum noch für das Leben oder die Überzeugungen ihrer Mitmenschen. Andere hatten eine regelrechte Abneigung gegenüber der Jugend entwickelt und machten alles schlecht, was die jungen Leute dachten und leisteten. Viele Ältere lebten anscheinend in der Vergangenheit und hatten kein Interesse mehr an der Zukunft der heranwachsenden Generationen. Oder ihr Leben war geprägt von Verbitterung, Bosheit, Reizbarkeit oder einem Hang zum Klagen und zur übermäßigen Kritik – Eigenschaften, die vielleicht schon immer da waren, doch nun im Alter verstärkt zu Tage traten.

Am Schluss blieben nur ganz wenige übrig. Ich konnte sie an den Fingern einer Hand abzählen. Natürlich wäre die Liste länger geworden, hätte ich auch Frauen eingeschlossen, doch als Mann wollte ich mich lieber auf mein eigenes Geschlecht beschränken.

Meine Kandidaten auf der Liste waren sehr unterschiedliche Charaktere. Wenn sie sich treffen würden, wären sie sich nicht unbedingt alle sympathisch. Was war es, das sie gemeinsam hatten? Ich kam darauf, dass sie alle »treulich« (wie Kaleb), von ganzem Herzen und aus der Tiefe der Seele lebten. Wie sah das bei ihnen aus?

## Dankbarkeit

Da war zunächst einmal ihre *Dankbarkeit.* Was diese Männer verbindet, ist ihre dankbare Gesinnung, die sich in ihren Gesprächen widerspiegelt, in ihren Briefen und in ihren Reaktionen auf alles, was sie erleben. Sie schätzen, was man für sie oder für andere tut, und sparen nicht mit anerkennenden Worten.

Dankbarkeit ist im Zentrum einer gesunden Seele. Paulus wies im Römerbrief darauf hin, dass man eine dekadente Gesellschaft am ehesten an ihrer Undankbarkeit erkennt (siehe Römer 1,21). Wenn eine Gesellschaft krank oder eine Beziehung zerrüttet ist, tut es vielleicht Not, sich einmal mit dem Thema Dankbarkeit zu beschäftigen.

Und es scheint, als würden wir die Dankbarkeit im Alter vielfach mit Füßen treten, ja automatisch durch eine gewisse Anspruchshaltung ersetzen. Der Geist der Dankbarkeit stellt sich nicht von selbst ein. Die meisten von uns müssen ihn sich erarbeiten, und das erfordert Disziplin.

Vor vielen Jahren war ein guter Freund (einer der Männer auf meiner Liste) für einige Tage bei uns zu Gast. Als internationaler Redner war er viel unterwegs und genoss es, einmal nicht im Hotel übernachten zu müssen. Da unser Haus damals von bescheidener Größe war, baten wir unseren Sohn Mark, sein Zimmer für unseren Gast zur Verfügung zu stellen.

Wenige Tage, nachdem er wieder abgereist war, war ein Brief für Mark in der Post. Unser Freund bedankte sich noch einmal persönlich bei ihm, dass er ihm sein Zimmer abgetreten hatte. Dieser Brief hing noch viele Jahre an der Pinnwand unseres Sohnes. Im Laufe der Zeit wurde mir klar, dass diese Art, auch für scheinbare Kleinigkeiten seinen Dank auszudrücken, charakteristisch für diesen Mann war.

Dankbarkeit bedeutet, ein Auge für die Dinge zu haben, die man viel zu leicht übersieht. Jene alten Männer, an die ich denke, haben dieses Auge, und sie danken ohne Unterlass: Sie danken Gott für ihre Gesundheit und für neue Perspektiven; sie danken ihren Frauen für ihre Liebe; sie danken ihren Freunden für ihre Ermutigung und Gemeinschaft; sie danken den jungen Menschen, die zu ihnen kommen, um mit ihnen zu sprechen oder sie um Rat zu fragen.

## Interesse an der jungen Generation

Eine zweite Gemeinsamkeit dieser Männer ist *ihr lebendiges Interesse an allem, was die junge Generation leistet.* Sie freuen sich über alles, was jüngere Menschen erreichen, und äußern sich anerkennend über ihre Arbeit.

Dies ist durchaus nicht selbstverständlich und kann manchmal ziemlich schwer fallen. Zu groß ist die Versuchung, neidisch zu werden, so dass angesichts des Erfolgs der jungen Leute das Lob nicht so recht über die Lippen kommen will. Unweigerlich drängt sich der Gedanke auf: *Warum habe ich das nicht auch gekonnt?,* wenn die Älteren daran erinnert werden, dass ein Generationswechsel stattfindet und nunmehr die Jüngeren die Leiter und Entscheidungsträger sind.

Die alten Männer auf meiner Liste dagegen haben darüber Frieden gefunden. Sie sind nicht neidisch auf die Jugend, sondern versuchen, den jungen Leuten Mut zu machen und sie zu unterstützen.

## Geistig beweglich bleiben

Beim weiteren Nachdenken über die Gemeinsamkeiten dieser Männer stellte ich fest, dass *sie alle darauf achten, geistig frisch zu bleiben.* Anders als viele andere, haben sie nicht aufgehört zu denken, ihren Verstand zu trainieren, immer wieder Neues zu lernen. Sie sind wie Kaleb, der darauf brannte, das Bergland der Riesen zu erobern. Sie sind offen für alles Neue und genießen es, immer wieder etwas dazuzulernen. Sie lesen, und zwar ein breites Spektrum von Büchern und Zeitschriften. Sie halten sich auf dem Laufenden, was Theologie, Zeitgeschehen, Politik, Technik und kulturelles Leben betrifft. Sie sind sprachlich gewandt, bilden sich ihre Meinung über neue Strömungen und Theorien und versäumen es nicht, ihren Standpunkt in Diskussionen zu vertreten. Sie haben keine antiquierten Ansichten von vor fünfzig Jahren, sondern ein modernes Weltbild. Sie fürchten die Veränderung nicht, sie heißen sie willkommen.

Einer von ihnen hat gerade ein Stück von Shakespeare zu Ende gelesen, der nächste in der Sonntagsausgabe der *New York Times* ein neu erschienenes Buch rezensiert. Ein anderer ist bekannt für sein Engagement in der Öffentlichkeitsarbeit und ist gerade Ehrenmitglied der Football-Nationalliga geworden.

Ihnen gemeinsam ist ein Charakterzug, eine besondere Gabe, die ich mir zum Vorbild nehmen möchte: Sie sind *»Makro-Denker«* – Menschen, die gelernt haben, Ereignisse nicht losgelöst voneinander, sondern in einem breiteren Zusammenhang zu sehen. Sie behalten den Überblick und geraten nicht in Panik, wenn plötzliche Katastrophen Schlagzeilen machen und jüngere Leute den drohenden Weltuntergang heraufbeschwören. Wer in großen Zusammenhängen denkt, berücksichtigt den unaufhaltsamen Fluss der Geschichte und das stetige, beinahe unmerkliche Wirken Gottes.

Während diese Männer offen für Veränderungen sind, wehren sie sich aber gegen Veränderung um jeden Preis. Sie spüren den Unterschied zwischen notwendigen Veränderungen und solchen, die aus einer Laune heraus geboren oder von einer gegenwärtigen Modeströmung diktiert werden.

Auch Kaleb war ein Makro-Denker. Jahrelang hatte er erlebt, wie Gott sein Volk leitet und beschützt, und er »folgte ihm treulich«. Das Bergland und die Anakiter konnten weniger gefestigte Leute zwar einschüchtern, nicht aber Kaleb. Er hatte erfahren, dass der Gott Israels sein Volk nicht im Stich lässt, und diese Erfahrung war in seiner Seele so fest verwurzelt, dass ihm die Eroberung des Berglandes eine der leichteren Übungen schien.

## Aktiv bleiben und anderen das Leben erleichtern

*Als alter Mensch möchte ich immer aktiv bleiben.* Das heißt nicht, dass ich bis an mein Lebensende arbeiten will. Aber mich zur Ruhe setzen – niemals. Ich kann mir nichts Langweiligeres vorstellen. Die alten Männer, die ich mir zum Vorbild nehmen möchte, haben sich schon vor langer Zeit darüber Gedanken gemacht, was sie einmal erreichen möchten. Man könnte es auch Lebensziel oder Berufung nennen. Und ihr Lebensziel basiert auf dem Prinzip, lieber zu geben als zu nehmen.

Ein Freund, den ich sehr schätze, besuchte mich eines Tages, und wir kamen ins Gespräch über unsere Zukunft als Pensionäre, wenn wir unsere Arbeit beenden und uns anderen Beschäftigungen widmen könnten.

»Es gibt zwei Dinge, die ich gern täte, wenn ich einmal mehr Zeit habe«, sagte er. »Als Erstes würde ich mir einen Lieferwagen kaufen und ihn als fahrbare Werkstatt ausrüsten. Damit könnte ich zu älteren Leuten im Ort fahren, die einen Handwerker brauchen. Die Handwerksbetriebe verlangen oft selbst für kleine Reparaturen horrende Summen. Das würde ich ihnen gern ersparen und meine Hilfe anbieten. Außerdem können sich so wertvolle Gelegenheiten bieten, über den Glauben ins Gespräch zu kommen.

Das Zweite klingt ein bisschen verrückt, aber jedes Mal, wenn ich in dem Wald in unserer Nähe spazieren gehe, denke ich daran, wie gern ich einen Teil meiner Zeit opfern würde, um die Wege in Ordnung zu halten. Ich glaube, es würde mich mit einem tiefen Frieden erfüllen, meinen Beitrag dazu zu leisten, dass sich auch andere Menschen an Gottes Schöpfung freuen können.«

Dieser Freund denkt nicht daran, sich zur Ruhe zu setzen. Sein Schwerpunkt der Arbeit wird sich einfach eines Tages von einer einkommensorientierten zu einer werteorientierten Beschäftigung verlagern. Seine beiden Ideen sind charakteristisch für seine ganze Lebenseinstellung.

Ich erinnere mich noch gut, wie er vor zwanzig Jahren – ich war Pastor einer wachsenden Gemeinde, er Mitglied des Gemeinderats – bei Versammlungen die Protokolle schrieb. Wer diese Protokolle gelesen hat, dem werden sie für immer im Gedächtnis bleiben. Die Handschrift war gestochen scharf und leserlich, die Tagesordnungspunkte waren klar und übersichtlich gegliedert, und der ganze Bericht war mit feinem Humor gewürzt, so dass er nicht nur informativ, sondern auch erfrischend zu lesen war.

An einem Wochenende zog sich der Gemeinderat zu einer Klausurtagung zurück. Am ersten Abend saßen wir noch lange zusammen am Kamin, und es entspannen sich sehr persönliche Gespräche. Wir redeten über Dinge, die uns wichtig waren, und über unsere Träume und Hoffnungen.

Dann ergriff mein Freund das Wort. Was er sagte, hat mich so beeindruckt, dass ich seine Worte nie vergessen habe: »Ich glaube, ich bin das, was man einen Diener nennt. Ich arbeite gern im Hintergrund, halte gern Menschen den Rücken frei. In meinem Beruf ist es oft so, dass ich anderen bei ihren Projekten zuarbeite, ohne dass etwas von ihrem Ruhm auf mich abfiele. Ich gönne ihnen ihren Erfolg von ganzem Herzen, denn ich brauche dieses Gefühl nicht. Das macht es wiederum leichter für sie, mir zu vertrauen.«

Seine Worte überraschten mich. Dieser Freund war ein begabter, überaus qualifizierter Ingenieur und hatte bei bedeutenden Projekten mitgearbeitet. Doch beeindruckender als seine technische Sachkenntnis und seine berufliche Karriere war seine Einstellung zu seinem Beruf.

Dabei fällt mir noch eine Begebenheit ein. Unsere Gemeinde befand sich gerade in den Vorbereitungen für ein Musical, das an mehreren Abenden in der Adventszeit aufgeführt werden sollte. Diese weihnachtlichen Aufführungen erfreuen sich großer Beliebtheit und ziehen jedes Jahr Tausende von Besuchern an. Seit über zwölf Jahren hilft dieser Freund schon beim Bühnenbau und der Montage der Kulissen.

Während einer Vorstellung ging ich hinter die Bühne, wo mein Freund mit zwei jüngeren Männern saß, alle in ihrer schwarzen Bühnenarbeiter-Kleidung. Sie warteten auf die nächste Umbaupause.

»Das Stück ist fantastisch!«, sagte ich. »Habt ihr es überhaupt schon einmal ganz gesehen?«

»Nein«, antwortete mein Freund. »Wir hatten noch keine Gelegenheit dazu. Hinter den Kulissen ist es, als säße man auf der Rückseite eines Fernsehers; man hört Musik und Dialoge und versucht sich vorzustellen, was die Zuschauer wohl gerade sehen.« Er sagte es humorvoll und ohne Vorwurf und traf den Nagel auf den Kopf: Es geht nicht ohne Menschen, die im Hintergrund treu ihre Arbeit tun. Sie tragen ganz wesentlich zum Gelingen einer Sache bei.

## Empfindsamkeit und Mitgefühl

Wenn ich einmal alt bin, wünsche ich mir eine Eigenschaft, die heute sehr selten geworden ist (doch die Männer auf meiner Liste haben sie). Ich kann sie nur mit diesen beiden Worten ausdrücken: *Empfindsamkeit und Mitgefühl.*

In einer Gesprächsrunde für Männer fragte ich einmal: »Welche männliche Persönlichkeit hat auf euer Leben den größten Einfluss ausgeübt?« Die meisten nannten ihren Großvater. Dies erstaunte mich zunächst, doch als sie über ihre Großväter sprachen, wurde deutlich, dass die Thematik bei allen eine ähnliche war.

Der Großvater war immer eine Vertrauensperson, großzügig und liebevoll, in Krisenzeiten manchmal sogar so etwas wie ein Verbündeter gegen die Eltern. Väter und Mütter sind oft zu sehr mit ihren eigenen Problemen beschäftigt und haben zudem den Anspruch, alles müsse immer schön ordentlich und perfekt sein. Großväter (und Großmütter natürlich auch!) können die Dinge mit einer ganz anderen Gelassenheit betrachten.

»Mein Großvater war Farmer«, begann einer der Männer zu erzählen. »Er besaß Trecker und jede Menge andere Landmaschinen, und in den Sommerferien brachte er mir bei, wie man damit fährt. Eines Tages – ich war vielleicht gerade zwölf – sagte er draußen auf dem Feld zu mir: ›Lauf schnell zur Scheune und hol den Trecker hierher.‹ Stolz und aufgeregt rannte ich los. In der Scheune kletterte ich auf den Trecker, startete und wollte ihn rückwärts herausfahren. Doch ich schlug das Lenkrad zu stark ein und rammte das Tor. Danach traute ich mich weder vorwärts noch rückwärts, aus Angst, den Schaden noch größer zu machen. Verzweifelt malte ich mir aus, dass mein Großvater furchtbar schimpfen und sagen würde, ich sei eben doch noch zu klein für so etwas.

Ich ging zurück aufs Feld und sagte kleinlaut: ›Großpapa, du musst kommen und mir helfen. Der Trecker ist in der Tür stecken geblieben.‹ Er sah mich einen Augenblick schweigend an und strich sich gedankenvoll über den Bart. Dann sagte er ruhig: ›Junge, mir scheint, wenn du es fertig gebracht hast, dass er dort stecken bleibt, bist du auch der Einzige, der ihn da wieder rausholen kann.‹ Nie habe ich meinen Großvater mehr geliebt als in diesem Moment.«

Wir lachten. Doch er fuhr fort: »Mein Vater hätte wahrscheinlich geschimpft: ›Kann man dich eigentlich zu überhaupt nichts gebrauchen? Wie oft muss man dir noch sagen, dass du aufpassen sollst! Am besten macht man gleich alles selber!‹ Nicht so mein Großvater. Er spürte instinktiv, wie wichtig es für ein Kind ist, seine Würde zu behalten, selbst wenn das eine Beule im Schutzblech seines Treckers bedeutete.«

Güte, Geduld, Nachsicht und ein weites Herz haben. Zu verstehen, dass es wichtigere Dinge im Leben gibt als Perfektion, Termine oder materielle Werte. Was zählt, ist der Mensch. Großväter scheinen dieses Geheimnis begriffen zu haben.

## Tiefe Liebe zu seiner Frau

Es gibt noch eine weitere Eigenschaft dieser älteren Männer, die mir als Vorbild dienen: *Sie sind noch immer von einer tiefen, innigen Liebe zu ihren Frauen erfüllt.* Manche scheinen noch genauso verliebt wie früher, selbst nach vierzig oder fünfzig Ehejahren. Man merkt es an ihren Blicken, die zärtlich auf ihren Frauen ruhen, einer liebevollen Berührung oder an der Wortwahl in ihren Gesprächen.

Ich spreche von Männern, die ein Leben lang um das Wohl ihrer Frauen besorgt sind, denen es ein Anliegen ist, dass sich ihre Frauen entfalten und dass es ihnen gut geht. Sie besprechen wichtige Entscheidungen gemeinsam, tauschen sich auf geistlicher Ebene aus und können miteinander ausgelassen und fröhlich sein. Hört man sie über ihre Frauen reden, dann kommt nie etwas anderes als Lob, Dankbarkeit und gütiger Humor über ihre Lippen. Aus jedem ihrer Worte spricht die Liebe und Achtung für den Menschen, der die größte Wegstrecke des Lebens mit ihnen gegangen ist. Wer seine Ehe so zu leben versteht, für den wird die Beziehung im Alter immer bereichernder werden.

Gail und ich treffen uns regelmäßig mit einem befreundeten alten Ehepaar. Jedes Mal sind wir berührt, wie liebevoll die beiden miteinander umgehen, wie sie sich in die Augen sehen und wie oft seine Hand im Gespräch die ihre sucht.

»Gab es bei euch in den sechzig Jahren eurer Ehe jemals Unstimmigkeiten?«, fragte Gail eines Tages.

»Aber natürlich!«, lautete die Antwort. »Heute Vormittag zum Beispiel, wir waren mit dem Auto unterwegs, hat E. (Name der Ehefrau) ein Stoppschild übersehen. Ich saß neben ihr auf dem Beifahrersitz und sagte: ›E., ich muss dir nachher etwas sagen.‹ – Wisst ihr, ich habe vor vielen Jahren gelernt, dass meine Frau sehr sensibel ist, was Kritik betrifft. Ihr Vater konnte manchmal sehr grob sein und hat sie als Kind oft mit seinen Worten verletzt. Deshalb achte ich darauf, was ich sage, um nicht in dieser alten Wunde zu rühren, und halte mich mit meiner Kritik so lange zurück, bis ich weiß, dass sie mich nicht missversteht.«

Ich fragte skeptisch: »Willst du damit sagen, dass etwas, was über sechzig Jahre zurückliegt, noch immer verwundet sein kann?«

»So ist es«, erwiderte der alte Mann. »Es gibt Dinge aus der Vergangenheit, die man nie vergisst. Selbst, wenn man noch so lange verheiratet ist, kann man sie nicht unter den Teppich kehren. Und im Alter müssen wir genauso behutsam mit unseren Gefühlen umgehen wie als jung Verheiratete. Deshalb habe ich später, als wir mit einer Kanne Tee unbeschwert zusammen auf der Veranda sitzen und den Sonnenuntergang genießen, zu meiner Frau gesagt: ›E., ich liebe dich sehr, aber heute Morgen beim Autofahren, da hast du mir einen ganz schönen Schrecken eingejagt.‹«

## Auf Einfluss verzichten

Eine der schmerzlichsten Begleiterscheinungen des Alters ist vermutlich, zu erleben, wie Einfluss und Kontrolle schwinden – zwei Dinge, die in unserem Leben einen hohen Stellenwert haben.

Alte Menschen erleben den Verlust der Kontrolle über ihren

Körper und den Verlust ihres Einflusses am Arbeitsplatz oder in der Gemeinde. Verbittert blicken sie in eine Zukunft, die ihnen schwarz und düster erscheint. Der einzige Ausweg scheint die Flucht in die Vergangenheit.

*Wirklich weise alte Menschen versuchen nicht, an solchen äußeren Zeichen der Macht festzuhalten.* Sie wollen nicht mehr unbedingt an vorderster Front kämpfen. Sie achten auf ihre Gesundheit, doch sie sind nicht überrascht – und die Welt bricht für sie deshalb nicht zusammen –, wenn ihr Körper nicht mehr so reibungslos funktioniert wie in jungen Jahren.

## Die Kraft des Gebets

*Menschen, die aus der Tiefe der Seele leben, entdecken stattdessen eine innere Kraft: die Kraft der Fürbitte und der Weisheit.* Diese älteren Männer sind großartige Beter. Sie haben begriffen, dass es nichts Wichtigeres gibt als den »direkten Draht« zu Gott.

Simeon, der alte Mann im Tempel, hatte dies erkannt. Er »war fromm und gottesfürchtig . . . und der Heilige Geist war mit ihm.« (Lukas 2,25)

Wir wissen nicht viel über Simeon, außer dass er, als Maria und Josef ihren Sohn Jesus in den Tempel brachten, erkannte: Dies war ein besonderes Kind. Wie mag diese Begegnung verlaufen sein, als Simeon den kleinen Jesus auf den Arm nahm und ihn segnete – der alte Mann und das neu geborene Kind? Simeon war vielleicht – außer Maria selbst – der Erste, der die Bedeutung dieses Kindes in ihrer ganzen Tragweite erfasste. Er konnte voraussehen, welchen Auftrag Jesus als Messias haben würde und wie die Menschen ihm begegnen würden.

»Dieser ist dazu bestimmt, dass in Israel viele durch ihn zu Fall kommen und viele aufgerichtet werden, und er wird ein Zeichen sein, dem widersprochen wird. Dadurch sollen die Gedanken vieler

Menschen offenbar werden. Dir selbst aber wird ein Schwert durch die Seele dringen.« (Lukas 2,34-35)

Simeon sah, was anderen verborgen blieb: Dass Jesus die Welt völlig umkrempeln würde, dass viele Menschen sich gegen ihn stellen, aber auch viele Buße tun und ihm nachfolgen würden, und dass sein Tod am Kreuz Maria das Herz brechen würde. Dieser alte Mann, der vom Geist Gottes erfüllt war, sah, was andere nicht wahrnehmen konnten, da sie viel zu sehr in der Betriebsamkeit ihres eigenen Lebens gefangen waren.

Vieles an diesen Männern, die ich als Vorbild vor Augen habe, erinnert mich an Simeon. Sie haben den Jüngeren in vielem den Vortritt gelassen. Sie sind frei von jedem Druck, sich zu profilieren. Sie brauchen nicht mehr in jedem Gremium zu sitzen, nicht bei jeder Gelegenheit an erster Stelle zu stehen. Sie haben sich zum Teil so zurückgenommen, dass sie ausdrücklich um ihre Stellungnahme gebeten werden. Und bevor sie mit Menschen reden, suchen sie das Gespräch mit ihrem himmlischen Vater.

Vor einigen Jahren starb ein alter Mann, den ich sehr verehrte. Ein oder zwei Jahre vor seinem Tod frühstückten wir zusammen. Er war damals Anfang achtzig. Er erzählte mir, dass er vor kurzem nach Boston gefahren war, um dort einige Besorgungen zu machen.

»Auf der Autobahn hielt ich an einer Raststätte an, weil ich das Bedürfnis hatte, zu beten«, sagte er.

»Hatte das einen bestimmten Grund?«, fragte ich.

»Nun, während der Fahrt fiel mir ein, dass mich mein Weg in Boston genau durch die Combat Zone (damals Bostons berüchtigter Rotlichtbezirk) führen würde. Ich wusste, dass ich an einigen einschlägigen Sexshops und Massagesalons vorbeigehen musste, und ich brauchte die Hilfe des Herrn, mich vor der Versuchung zu bewahren, hineinzugehen.«

»Moment mal«, sagte ich, leicht irritiert, »ich will dir ja nicht zu nahe treten, aber du bist schließlich über achtzig. Willst du damit sagen, dass du in deinem Alter noch mit sexuellen Versuchungen zu kämpfen hast? Ich dachte, dass man irgendwann ...«

»Junger Mann«, unterbrach er mich, »dass ich 82 Jahre alt bin, heißt noch lange nicht, dass ich nicht mehr aus Fleisch und Blut wäre. So etwas hat mit dem Alter nichts zu tun. Deshalb ist das Gebet so wichtig.«

Was ich mir wünsche, ist, dass ich im Alter einmal das ganze Ausmaß der biblischen Worte »Ohne mich könnt ihr nichts tun« verstehen werde. Wirklich weise Menschen haben dies akzeptiert und sind damit versöhnt. Sie sehen die jüngeren Leute, die bestrebt sind, Macht und Einfluss auf Menschen auszuüben, und sie lächeln. Denn sie haben gelernt, dass niemand aus sich selbst Frucht bringen kann. Deshalb können sie Macht und Einfluss getrost den Jüngeren überlassen, während sie sich in Gottes Gegenwart ausruhen.

## Keine Angst vor dem Tod

Und eine letzte Besonderheit der großartigen Persönlichkeiten auf meiner Liste ist: *Diese Männer haben keine Angst vor dem Tod.* Der Gedanke an das Sterben beschäftigt sie auch, genauso wie mich. Ich glaube, jedem von uns wird es bei diesem Thema unbehaglich. Manchmal werden sogar Witze darüber gemacht: Es gibt hundert verschiedene Arten zu sterben, sagt man; nur zwei davon sind angenehm. Die restlichen 98 sollte man lieber vermeiden.

Aber vor dem Tod als solchem haben diese Männer keine Angst. Sie können den Zwiespalt des Apostels Paulus verstehen, der über das Sterben schrieb:

»Denn für mich ist Christus das Leben und Sterben Gewinn. Wenn ich aber weiterleben soll, bedeutet das für mich furchtbare Arbeit. Was soll ich wählen? Ich weiß es nicht. Es zieht mich nach beiden Seiten: Ich sehne mich danach, aufzubrechen und bei Christus zu sein – um wie viel besser wäre das! Aber euretwegen ist es notwendiger, dass ich am Leben bleibe.« (Philipper 1,21-24)

Die Männer, von denen ich spreche, haben nicht etwa mit dem Leben abgeschlossen. Im Gegenteil, sie genießen es in vollen Zügen, wünschen sich, dass es noch lange so weitergeht – solange sie aktiv sein, Menschen eine Stütze und ein Vorbild sein, Licht sein können für Gott.

So wie Kaleb. Wenig Äußerlichkeiten sind von ihm bekannt – wir wissen nicht, wie er aussah, welchen Beruf er gelernt hatte, wie groß seine Familie war und ob er einen ausgeprägten Sinn für Humor hatte oder nicht. Doch wir wissen etwas Entscheidendes über Kalebs Seele. Was immer er tat, das tat er von ganzem Herzen. Und er war mit 85 Jahren noch beherzt genug, um den Kampf gegen die Anakiter aufzunehmen. Wenn ich einmal alt bin, möchte ich so sein wie Kaleb.

# 8. Geprägt von unserem Auftrag

## *Die Seele braucht Richtung und Ziel*

> *Wir wissen nicht, wohin wir uns bewegen;*
> *wir haben unser Lebensziel vergessen,*
> *unsere Pläne hinter uns gelassen. Die*
> *Menschheit schreitet mit Riesenschritten*
> *voran – um nirgends anzukommen.*
>
> Jaques Ellul

Ein Mann aus unserer Gemeinde war Direktor einer Versicherungsgesellschaft. Oft waren wir in seinem Büro zum Frühstück oder Mittagessen zu Gast. Unsere Gespräche, die sich um Persönliches, um Gemeindefragen oder Themen aus seinem Arbeitsbereich drehten, waren immer sehr anregend.

Ich wusste, dass die Arbeit seiner Firma sehr breit gefächert war, und fragte ihn eines Tages, ob er das Ziel des Unternehmens in einem Satz definieren könne. Er sagte: »Ja, natürlich. Du fragst nach unserem Auftrag. Alle unsere Mitarbeiter kennen ihn. Der Auftrag unserer Firma ist . . .«

Was folgte, war eine klare, prägnante Definition, so ausgefeilt, dass sie zuvor sorgfältig formuliert, oft zitiert oder auswendig gelernt worden sein musste, dass er sie als feste Überzeugung präsentieren konnte. Und er fügte hinzu: »Meine Aufgabe als leitender Direktor ist es, gegenüber unserem Vorstand zu gewährleisten, dass unser Auftrag so gut wie möglich ausgeführt wird.« Und ich glaubte ihm. Die Entschlossenheit in seinem Blick ließ keinen Zweifel daran, dass er es auch wirklich so meinte.

Ein paar Stunden später besuchte ich einen leitenden Mitarbeiter in derselben Firma. Ich lenkte unser Gespräch auf die Ziele und

Aufgaben des Unternehmens und war verblüfft, dass er als Antwort genau dieselben Worte wählte, die ich zuvor gehört hatte. Auf meine Frage erhielt ich noch von einem dritten Angestellten die gleiche Antwort.

Ich habe zwar nicht Betriebswirtschaft studiert, doch ich begriff, dass hier vermutlich der Schlüssel zur erfolgreichen Unternehmensführung lag. Eine große Firma braucht so etwas wie einen gemeinsamen Nenner. Etwas, das ihren vielen Mitarbeitern plausibel macht, warum das Unternehmen jeden Tag seine Tore öffnet, welche Ziele es hat und wie jeder Einzelne dazu beitragen kann, diese Ziele zu verwirklichen.

Ist der Auftrag eines Betriebes für die Angestellten undurchsichtig und verschwommen, dann weiß niemand so genau, wofür er eigentlich arbeitet. Die Mitarbeiter sind wenig motiviert, die Arbeit zu wenig strukturiert. Auf meinem Heimweg dachte ich noch einmal über die gewonnene Erkenntnis nach: Menschen, die sich zusammentun (nicht nur im Geschäftsleben, sondern auch in der Ehe, Familie, in Gemeinden oder in der Politik), brauchen ein gemeinsames Ziel, einen Auftrag, der sie verbindet, der in ihre Herzen geschrieben ist und mit dem sie sich identifizieren können.

Jenes Gespräch liegt schon lange zurück, lange bevor eine Unmenge von Management-Ratgebern genau diese Erkenntnis vermittelten. Stephen Coveys hervorragendes Buch *Die sieben Wege zur Effektivität* führt dieses Prinzip noch einen Schritt weiter, indem er die Strategie erfolgreicher Unternehmen auf die persönliche Ebene überträgt und jedem Menschen nahe legt, seine Ziele im Leben – seine »Mission« oder Berufung – für sich zu definieren.

Denn wessen Ziele zu vage oder zu kleingläubig sind, der läuft Gefahr, von den Zielen anderer bestimmt zu werden.

In seinem Buch *Mr. Bridge* beschreibt der Romanautor Evan Connell einen Augenblick im Leben eines Anwalts aus Kansas City im Jahr 1930. Der Protagonist verkörpert, rein äußerlich gesehen, den Inbegriff des Erfolgs: Er ist wohlhabend, lebt in scheinbar glücklichen Familienverhältnissen und genießt in der Stadt ein hohes Ansehen. Doch dies ist sein Leben – um noch einmal unseren Begriff zu gebrauchen – oberhalb der »Wasserlinie«. Innerlich ist Mr Bridge ein Mensch voller Unsicherheiten.

Hellwach starrt er aus dem Fenster in die schwarze Nacht, in der ein heftiger Sturm tobt, und denkt über sein Leben nach:

»Ein totes Blatt wurde vom Wind gegen die Fensterscheibe gepresst, dort klebte es auf Augenhöhe, bis es fortgerissen wurde in die Dunkelheit, und ein Gefühl tiefster Verzweiflung überfiel ihn, denn alles, was er getan hatte, war sinnlos. Alles, woran er glaubte und was er zu beweisen versucht hatte, schien äußerst dürftig, sein ganzes Leben war vertan.« Die menschliche Seele braucht ein Ziel, etwas, das ihr Halt gibt und nach dem sie sich immer wieder ausrichten kann, damit sie sich nicht im Nebel verliert. Etwas, das mit unserem Auftrag zusammenhängt.

> »Männer über vierzig
> stehen nachts auf,
> betrachten die Lichter der Großstadt
> und fragen sich,
> welche Weiche sie falsch gestellt haben
> und warum das Leben so lang ist.«
>
> (Ed Sissman)

Ein *Lebensauftrag* ist also eine Zielsetzung, die dem menschlichen Leben Sinn und Richtung gibt. Sie ist das Fundament unserer Pläne, Entscheidungen und Werte im Leben.

## Den eigenen Auftrag erkennen

Eine Beobachtung aus dem Berufsleben kann uns helfen:

»Berufsanfänger sind oft brillante, hochmotivierte Menschen, voller Energie und beflügelt von dem Wunsch, etwas Besonderes zu leisten. Doch mit wenigen Ausnahmen lässt ihr Einsatz nach einigen Jahren merklich nach, und sie widmen sich lieber verstärkt ihren Freizeitbeschäftigungen. Sie verlieren ihre Motivation, ihr Bewusstsein für den Auftrag der Firma und die Begeisterung, die sie zu Anfang ihrer Karriere erfüllte. Es bleibt nur wenig von ihrem Eifer und nichts von ihrem anfänglichen Feuer ...

Erschreckend wenige Menschen arbeiten an ihrer persönlichen Entwicklung. Gefragt, was sie sich von ihrem Leben erhoffen, sprechen die meisten zuerst davon, was sie nicht wollen ... Wer dagegen gewillt ist, etwas für seine persönliche Entwicklung zu tun, der muss sich zuerst darüber klar werden, worauf es wirklich ankommt, nämlich darauf, unser Leben in den Dienst unserer höchsten Ziele zu stellen.« (Peter Senge)

Was mich an den Männern und Frauen der Bibel immer wieder fasziniert, ist ihre Bereitschaft, für ihren Auftrag zu leben. So heißt es zum Beispiel von dem alttestamentlichen Propheten Esra: »Denn Esra war von ganzem Herzen darauf aus, das Gesetz des Herrn zu erforschen und danach zu handeln und Gebote und Rechte in Israel zu lehren« (Esra 7,10). Studium der Schrift, Gehorsam und Lehre – dieser Auftrag bestimmte sein Leben.

Moses Mission begann sich bereits im ersten Drittel seines Lebens abzuzeichnen, als er sah, wie sehr sein Volk unter den Ägyptern zu leiden hatte, und er auf Befreiung sann. Sein erster Versuch schlug erbärmlich fehl: Im Affekt tötete er einen ägyptischen Aufseher. Seine Hoffnung war, sein mutiges Engagement für den hebräischen Sklaven könne ihm die Sympathie seines Volkes einbringen. Diese Hoffnung erfüllte sich nicht, und Mose musste um sein Leben fliehen.

Erst vierzig Jahre später bestärkte ihn Gott in seinem Auftrag, sein Volk in die Freiheit zu führen – diesmal allerdings nach Seinen Spielregeln und nicht so, wie Mose sich das vorgestellt hatte. Mose erwies sich bei der Erfüllung seiner Mission als treuer Diener: Er führte die Israeliten aus Ägypten, unterwies sie im Gesetz Gottes und brachte sie ins Gelobte Land.

Auch Paulus hatte eine Mission. Sie kommt an vielen Stellen des Neuen Testaments zum Ausdruck. So formuliert er im Kolosserbrief: »Christus verkündigen wir und ermahnen alle Menschen und lehren alle Menschen in aller Weisheit, damit wir einen jeden Menschen in Christus vollkommen machen« (Kolosser 1,28). Und im Galaterbrief: ». . . bei euch . . ., für die ich von neuem Geburtswehen erleide, bis Christus in euch Gestalt annimmt« (Galater 4,19).

In die heutige Zeit übertragen, könnte Paulus etwa sagen: »Ich erzähle ihnen von Jesus und versuche sie dafür zu gewinnen, ihn als ihren Herrn und Erlöser anzunehmen. Außerdem verbringe ich viel Zeit mit ihnen. Es ist mir ein Anliegen, Jesus nicht nur mit Worten zu bezeugen, sondern mit meinem ganzen Leben. Zum Schluss ermutige ich sie, sich mit anderen Jüngern Jesu zusammenzutun und Gemeinden zu gründen, damit sie im Glauben wachsen können.«

Jesus Christus hatte einen Auftrag. Einen Auftrag, von dem er sich nicht abbringen ließ, weder von seinen engsten Freunden noch von seinen schärfsten Kritikern.

Der Evangelist Lukas schildert eine Begebenheit, als Jesus auf seinem Weg nach Jerusalem in die Nähe der Stadt Jericho kam. Es sind nur noch wenige Tage bis zu seiner Kreuzigung, doch niemand weiß es. Seine Freunde nehmen an, dass sie in Jerusalem mit Jesus das Passafest feiern werden und sich dort vielleicht eine Erweckung oder andere Demonstration seiner Macht ereignen würde.

Während sie noch durch die Menge gehen, ertönt vom Straßenrand eine Stimme: »Jesus, Sohn Davids, hab Erbarmen mit mir!« (Lukas 18,38)

Die Leute in der Nähe dieses Mannes versuchen, ihn zum Schweigen zu bringen. Denn er ist arm, ein Bettler, und er ist blind. Jesus Christus wird sicherlich keine Zeit damit verschwenden, sich um ihn zu kümmern.

Doch Jesus nimmt sich Zeit. Er bleibt stehen, lässt den Bettler zu sich bringen und fragt ihn, was er für ihn tun kann. Er möchte wieder sehen können, lautet die Antwort. Und Jesus schenkt dem Blinden das Augenlicht. Was erfahren wir dabei von seinem Auftrag?

Jesus kommt nicht sehr weit, als die nächste Unterbrechung folgt. Da sitzt ein Mann in einem Baum, weil er unbedingt sehen will, wer dieser Jesus ist. Der Mann ist ziemlich klein, die Menschenmenge hätte ihm sonst die Sicht versperrt. Und Zachäus, ein hoher Zollbeamter, der für die römische Besatzungsmacht arbeitet und viel Geld in die eigene Tasche abgezweigt hat, ist bei den Leuten nicht sonderlich beliebt. Niemand nimmt Notiz von der Gestalt auf dem Baum . . . außer Jesus. Der hält an, fordert ihn auf herabzusteigen und knüpft ein Gespräch mit ihm an. Ein Gespräch, über das sich die Leute maßlos ärgern – niemand würde sich als guter Jude freiwillig mit einem sündigen Zöllner abgeben. Und dann ist Jesus sogar in seinem Haus zu Gast!

Er sagt Worte, die viele Leute damals in Rage gebracht und die ihnen noch lange in den Ohren geklungen haben mögen: »Heute ist diesem Hause Heil widerfahren, denn auch er ist Abrahams Sohn. Denn der Menschensohn ist gekommen, zu suchen und selig zu machen, was verloren ist« (Lukas 19,9-10). Zachäus verkündet daraufhin in aller Öffentlichkeit, seine betrügerischen Praktiken der Vergangenheit täten ihm Leid, alles, was er den Leuten zu viel abgenommen hat, wolle er vierfach zurückgeben.

Nun wissen wir also, warum Jesus sich dem Blinden am Straßenrand zuwandte und warum er so viel Zeit mit einem Zolleinnehmer verbrachte, der aus Neugier auf einen Baum geklettert war. Weil sie Verlorene waren. Und es war der Auftrag Jesu, solchen Menschen nachzugehen. Menschen, die um ihre Verlorenheit wussten und die bereit waren, sich von ihm finden zu lassen.

Und als Jesus eine Woche später aus freien Stücken ans Kreuz ging, erfüllte er seinen Auftrag selbst im Tod.

Als Jesus im Gebet mit seinem Vater rang, bat er, er möge diesen Kelch an ihm vorübergehen lassen. Worum ging es bei diesem Gebet? Um seinen Auftrag. Können wir den Gedanken zulassen, dass

Jesus erleichtert gewesen wäre, wenn ihm dieser schwere Weg ans Kreuz erspart geblieben wäre? Doch diese Zeit der Zwiesprache mit seinem himmlischen Vater bewirkte, dass er seinem Auftrag – mit all seinen Konsequenzen – treu bleiben konnte: ». . . nicht wie ich will, sondern wie du willst!«

Obwohl von uns nichts Vergleichbares gefordert wird, können wir unserem Aufrag nicht wie von selbst treu bleiben. In unserer gefallenen Welt mit ihren Zerstreuungen und Verlockungen geraten wir innerlich allzu leicht ins Wanken. Nur im starken Bund mit dem Schöpfer erfahren wir Schritt für Schritt, wie wir nach seinem Willen leben sollen.

Vor einigen Jahren beschäftigte ich mich intensiv mit der Frage nach meinem Auftrag. Ich steckte in einer Krise, weil ich unsicher über meine Zukunft war, und musste ausgerechnet da unzählige Entscheidungen treffen. Das war an sich nichts Schlimmes, handelte es sich doch meistens um durchaus erfreuliche Dinge – viele Organisationen, zu denen ich Kontakt aufnehmen, viele Menschen, die sich mit mir treffen und mich kennen lernen wollten. Aber zu viele Leute versuchten, mich für ihre Sache zu überzeugen, und jeder von ihnen schien einen Plan für mein Leben zu haben: Komm zu uns, geh hier- oder dorthin, setz dich hier- oder dafür ein, unterstütze das, spende für jenes . . .

Die Zukunft schien wenig greifbar, meine Selbstsicherheit war auf dem Nullpunkt. Alles schien mir zu entgleiten.

E. Stanley Jones schreibt: »Der Mensch braucht nichts so nötig wie etwas, um das Leben zu bündeln zu einem absoluten Sinn und Ziel. Dies ist für den modernen Menschen in Ost und West gleichermaßen notwendig, da das Leben sonst nur bruchstückhaft bleiben kann. Er braucht eine absolute Form, eine Leitlinie, an der er sich bei den täglichen Relativismen entlanghangeln, ein Leuchtsignal, nach dem er sich ausrichten kann. Er wird in alle Richtungen gezerrt, gelotst und geködert, bedrängt und bearbeitet. Er wird von Relativismus zu Relativismus getrieben. Er ist verwirrt und verunsichert – das intelligenteste und dennoch verwirrteste Wesen, das je existierte. Er weiß alles über das Leben, außer, wie man es lebt.«

Meine Gedanken wanderten zurück zu jenem Versicherungsunternehmen, in dem sämtliche Mitarbeiter den Auftrag der Firma verinnerlicht hatten. Und ich dachte an die Sitzungen, in denen wir über die Zielsetzung unserer Gemeinde diskutiert hatten: Was ist eigentlich *mein* Auftrag? Eine gute Frage. Mein eigenes verunsichertes Inneres konnte hier weder Halt noch Orientierung bieten.

Wozu hatte mich mein Schöpfer berufen? Konnte ich diesen Ruf auf eine kurze, prägnante Definition reduzieren, so wie die Ziele eines Unternehmens? Konnte ich diesen Satz so formulieren, dass ich ihn auswendig lernen und dann konkret umsetzen könnte, so dass er selbst die einfachsten Bereiche meines Lebens mit Sinn füllte? Und könnte ich diesen persönlichen Auftrag stark genug verinnerlichen, dass er mich durch gute und schwere Zeiten tragen würde?

Jesus suchte im Gespräch mit seinem Vater immer wieder die klare Bestätigung seines Auftrags. Auch im Garten Gethsemane. Was war seine Berufung? Die Verlorenen zu suchen und zu retten? Etwa durch das Kreuz?

Oder Paulus. Warum nahm er diese zahlreichen Reisen voller Entbehrungen, Hunger, Kälte, Angst, Schiffbruch und Verfolgung auf sich? Wie ertrug er Schwäche, Krankheit, Niedergeschlagenheit und Einsamkeit in römischen Gefängnissen? Er war erfüllt von seinem Auftrag.

In allen Jahrhunderten gab es Männer und Frauen, die ihren Auftrag erkannten und ihm folgten. Das prägt das ganze Leben, innerlich und äußerlich. »Es liegt ein tiefer Friede darin, wenn die eigene Identität in etwas aufgehen kann, das größer und wichtiger ist als das Ego.« (Kingman Brewster)

Malcolm Muggeridge schrieb einmal über seinen Auftrag: »In mir ist eine unaussprechliche Sehnsucht, mich in der Zeit, wie sie mir auf Erden verbleibt, an Christus festzuklammern und meine ganze Überzeugungskraft zu nutzen, damit auch andere erkennen, dass sie auf jeden Fall an ihm festhalten müssen; sich an ihm festbinden müssen, so wie sich früher die Seeleute am Mast festbanden, wenn schwerer Sturm aufkam und sich die Wellen haushoch türmten. Denn ohne Zweifel liegen Stürme und raue See vor uns.« (Christ and Media, S. 43)

Samuel Shoemaker, der beim Aufbau der Bewegung der »Anonymen Alkoholiker« eine entscheidende Rolle spielte, schrieb:

»Ich stehe an der Tür,
weder zu weit drinnen noch zu weit draußen.
Diese Tür ist die wichtigste der ganzen Welt –
die Tür, durch die Menschen zu Gott gelangen.
Ich kann nicht hindurchgehen und drinnen bleiben,
wenn so viele andere draußen stehen und mich anflehen,
ihnen die Tür zu zeigen.
. . . Das Großartigste auf der Welt
ist es, wenn Menschen diese Tür finden – die Tür zu Gott.
Das Wichtigste, was jeder Mensch tun kann,
ist, diese blinden, suchenden Hände zu ergreifen
und sie auf die Türklinke zu legen,
die sich nur dem öffnet, der sie selbst betätigt.
– Also stehe ich an der Tür und warte
auf die Suchenden.
Und wenn ich noch lange ein Türsteher sein muss . . .
ich will nicht weichen von meinem Platz.«

## Was zu meinem Auftrag gehört

Als ich versuchte, meinen persönlichen Auftrag in Worte zu fassen, fragte ich mich, welche Gesichtspunkte unbedingt enthalten sein sollten, und kam zu folgendem Schluss:

*Ein Leben, das die Herrlichkeit Gottes widerspiegelt*

Als Erstes gehört zu meinem Auftrag ein Leben der Heiligung, das die Ehre und Herrlichkeit Gottes widerspiegelt. Wenn der Schöpfer in unserem Innern Wohnung nehmen soll, brauchen wir die enge Verbindung zu ihm. Wir bleiben in dieser Verbindung, indem wir über ihn und sein Wort nachsinnen.

Aus den Psalmen erfahren wir, dass die ganze Schöpfung einen Auftrag hat: Gott zu loben und seine Herrlichkeit zu bezeugen. Hier ist die gesamte Schöpfung gemeint, einschließlich des Menschen. Doch der Mensch entzog sich seinem Auftrag durch seinen Ungehorsam. Seitdem ist die Weltgeschichte von seiner Auflehnung gegen Gott geprägt; statt Gott zu verherrlichen, versucht der Mensch, Gott gleich zu sein, und verherrlicht sich selbst.

Wir haben unsere Erde so ausgebeutet, unsere Umwelt so zerstört, dass es immer schwieriger wird, in ihr Spuren der einstigen Schönheit der Schöpfung zu entdecken. Zum Glück gibt es Menschen, die sich dessen bewusst sind und sich dafür einsetzen, diese Schönheit zu erhalten. Wann immer sich Christen für den Naturschutz engagieren, tun sie es aus der Sehnsucht heraus, die Schöpfung wieder mit ihrer ursprünglichen Bestimmung in Einklang zu bringen: ein Spiegel der Herrlichkeit Gottes zu sein.

Dieser Auftrag gilt für jeden Menschen, der nach dem Willen Gottes leben will. Wir bezeugen die Herrlichkeit Gottes, indem wir unser Leben auf Christus ausrichten und ihm immer ähnlicher werden. Wie die Sterne zur Ehre Gottes leuchten, so sollen wir durch unser Leben der Nachfolge leuchten. Wenn uns die Gegenwart des lebendigen Gottes erfüllt, werden wir uns mehr und mehr in sein Bild verwandeln.

*Der Einsatz für Gerechtigkeit und Wohl meiner Mitmenschen*

Als Zweites gehört zu meinem Auftrag der Einsatz für Gerechtigkeit und für das Wohl meiner Mitmenschen. Wer die Bibel liest, wird feststellen, dass sich der Ruf nach Gerechtigkeit wie ein roter

Faden durch sämtliche Generationen des Alten und Neuen Testaments zieht. Auch zu meinem Auftrag gehört, meine Gaben und Fähigkeiten zum Wohl meiner Mitmenschen einzusetzen. Menschen zu dienen hält mich davon ab, in den Trott der Gewohnheit zu verfallen. Es hilft mir, ein Leben als »Gebender« zu führen.

*Von der Erlösung erzählen*

Als Drittes gehört zu meinem Auftrag, von der Erlösungstat Jesu Christi zu erzählen und von seiner Macht, Menschen von den Fesseln des Bösen zu befreien. Ich meine damit das, was man in unserer christlichen Tradition »Evangelisation« nennt – die Verkündigung der guten Nachricht des Evangeliums.

Das gehört zum Wichtigsten bei unserem Auftrag als Nachfolger Jesu. Jesus lehrte die Jünger, dass Nachfolge bedeutet, ihn zu bezeugen und andere Menschen zu Jüngern zu machen. Leider wird das heutzutage oft darauf reduziert, dass wir missionarische Veranstaltungen und Schulungen durchführen und dem Irrtum erliegen, persönlich von Jesus zu erzählen sei entweder ein freiwilliges Unterfangen oder läge in der Verantwortung von »Profis«.

In den Jahren, als Gail und ich in New York wohnten, knüpften wir zahlreiche Freundschaften, mehr als zu irgendeiner anderen Zeit unseres Lebens. Wir machten die Erfahrung, dass New York keine kalte Stadt ist, wenn man ihr mit Warmherzigkeit begegnet. Die Stadt hat zweifellos ihre Probleme – doch es ist nicht schwierig, Kontakte zu Menschen aus unterschiedlichsten Kulturen aufzubauen.

Unsere Wohnung lag auf Roosevelt Island, einer lang gestreckten Insel in der Mitte des East River. Da wir jeden Morgen mit dem Shuttle-Bus in die Stadt fuhren, entwickelten sich bald herzliche Beziehungen zu einigen Busfahrern und -fahrerinnen. Manche von ihnen waren Christen, und hin und wieder luden wir sie zum Frühstück ein. Dabei entspann sich eines Tages folgende Unterhaltung:

»Du musst einen interessanten Job haben, Gordon«, sagte einer unserer Gäste. »Du kommst viel in der Welt herum, lernst viele interessante Leute kennen und machst einen rundum glücklichen Eindruck.«

»Ja, das stimmt«, antwortete ich. »Ich könnte mir nichts Besseres vorstellen.«

»Na ja, dein Job ist auch wesentlich besser als unserer. Du kannst Menschen helfen. Wir tun den ganzen Tag nichts anderes, als diese blöden Busse immer wieder dieselbe Strecke zu fahren. Was für ein Leben!«

Ich dachte eine Zeit lang darüber nach. Inzwischen wandte sich das Gespräch einem anderen Thema zu. Doch in meinem Kopf nahm eine Idee Gestalt an. »Mir ist gerade etwas eingefallen«, sagte ich.

»Was denn?«

»Wisst ihr, ich glaube, für Gott ist jede Arbeit wertvoll. Und er möchte uns gebrauchen. Deshalb mein Vorschlag: Bevor ihr morgen zu eurer Tour aufbrecht, schließt die Türen, seht auf die leeren Sitze und sagt laut: ›Im Namen Jesu erkläre ich diesen Bus für die nächsten acht Stunden zu seinem Heiligtum. Alle Menschen, die heute in diesen Bus einsteigen, sollen durch mich – bewusst oder unbewusst – Gottes Liebe erfahren.‹«

Die Busfahrer schauten mich zuerst an, als sei ich nicht ganz richtig im Kopf. Ein Bus als Heiligtum?

Nach einer Weile sagte einer von ihnen: »Ich kann es ja mal probieren.« Andere stimmten zu: »Ich auch.« – »Warum eigentlich nicht?«

In den nächsten Wochen, in denen wir mit dem Bus unterwegs waren, gingen wir jedes Mal, wenn einer unserer Freunde am Steuer saß, zu ihm und fragten ihn leise: »Fährst du heute einen Bus oder ein Heiligtum?«

Und gewöhnlich erwiderten sie mit einem breiten Grinsen: »Ein Heiligtum natürlich.«

Einige Monate später traf ich einen von ihnen frühmorgens.

»Weißt du, dass du mein Leben verändert hast?«, sagte er.

»Wie meinst du das?«

»Du weißt schon, durch diese Sache mit dem Heiligtum. Ich hab's ausprobiert. Und es funktioniert. Seit ich meinen Bus jeden Tag zu einem Heiligtum Gottes erkläre, habe ich eine ganz neue Einstellung zu meiner Arbeit bekommen. Neulich, zum Beispiel, da regte sich so ein Typ furchtbar auf, weil ich ihn nicht außerhalb einer Haltestelle rauslassen wollte. Er beschimpfte mich aufs Übelste. Früher wäre ich wahrscheinlich aufgestanden und hätte ihm eine runtergehauen. Aber nicht in einem Heiligtum.«

»Was hast du dann gemacht?«

»Ich ließ ihn an der nächsten Haltestelle heraus und sagte höflich: ›Tschüss und schönen Tag noch!‹ Die Dame hinter mir meinte: ›Charlie, wie kannst du zu so einem unverschämten Menschen noch freundlich sein?‹ Ich lachte nur und dachte bei mir, wenn man in einem Heiligtum durch die Gegend fährt, ist das gar nicht so schwer.«

Inzwischen habe ich diese Geschichte ziemlich oft erzählt. Viele Menschen kamen im Laufe der Zeit auf mich zu und erzählten mir von ihren persönlichen Erfahrungen mit dieser Methode. Ein Pilot bei Delta Airlines fliegt von nun an in einem Heiligtum über den Atlantik statt in einer Boeing 747. Ein Chirurg operiert seitdem in einem Heiligtum anstatt in einem Operationssaal. Ein erster Schritt zu einem Leben, das nach unserem Auftrag fragt.

Und wer seinen Auftrag erkennt, ist bereit zu einem Leben aus dem Herzen.

*Mitverantwortung für die Schöpfung*

Als Viertes gehört zu unserem Auftrag eine Mitverantwortung für ein »natürliches Gleichgewicht der Schöpfung«. Gott gab seinen Menschen bei der Schöpfung den Auftrag, die Erde *zu bebauen und zu bewahren.*

Die Bibel beschreibt nicht genauer, wie sie diesen Auftrag aufnahmen, außer dass sie den Tieren Namen gaben (was eine viel größere Bedeutung hat, als wir denken).

Dieser Auftrag – einst an die erste Generation von Menschen gerichtet – gilt bis heute. Ich befürchte, dass die Gesellschaft, in die ich hineingeboren wurde, diesem Auftrag nur wenig Beachtung schenkt. Mich lässt er die Welt mit anderen Augen sehen. Für mich ist Gottes Schöpfung und unsere Umwelt etwas, wofür wir Menschen nach wie vor Verantwortung tragen.

Als unsere beiden Kinder im Grundschulalter waren, nahmen wir sie zu einer Kanutour durch die kanadische Wildnis mit. Tagelang paddelten wir mit Boot und Campingausrüstung durch ein einzigartiges Fluss- und Seensystem in einer scheinbar unberührten Natur. Einmal schlugen wir auf einer kleinen Insel unser Lager auf. Dort, auf unserer »eigenen« Insel, gefiel es uns so gut, dass es uns Leid tat, am nächsten Morgen die Zelte abzubrechen. Also blieben wir.

Doch bald stellten wir fest, dass vor uns schon andere Leute der Insel einen Besuch abgestattet und ihre Spuren hinterlassen hatten: Plastikflaschen, Bierdosen und anderer Abfall lagen herum.

»Ich habe eine Idee«, sagte Gail eines Morgens. »Wir teilen die Insel unter uns auf. Jeder nimmt einen Müllsack (wir hatten genügend dabei) und sammelt auf seinem Stück den Abfall ein. Dann können wir die Insel Gott zurückgeben, schön und unberührt, wie er sie geschaffen hat.«

Wir schwärmten mit unseren Müllsäcken aus, und kurze Zeit später war die Insel – sie war wirklich sehr klein – frei von den Überresten menschlicher Zivilisation und erstrahlte in ihrer ursprünglichen Schönheit. Wir banden die Säcke gut zu, beschwerten sie mit großen Steinen und versenkten sie an der tiefsten Stelle des Sees. Ich höre die Umweltschützer unter Ihnen aufschreien, aber wir wussten uns nicht anders zu helfen, denn im Boot war zu wenig Platz, um den Müll bis nach Hause mitzutransportieren.

Nachdem wir unsere Insel von den »Sünden« unserer Vorgänger befreit hatten, hielten wir dort unsere Familienandacht und gaben sie Gott zurück. Es war ein feierlicher Moment, den ich nie vergessen werde. Eine einfache Handlung, aber sie symbolisiert, wozu wir alle berufen sind: Gottes Schöpfung zu bewahren, damit sie wieder ein Zeugnis seiner Herrlichkeit sein kann.

*Hingabe an Gott*

Schließlich gehört zu meinem Auftrag die Treue zu Gott und die Hingabe an ihn. »Mit ungeteiltem Herzen zu Gott halten« ist ein Ausdruck, mit dem die Liebe zu Gott im Alten Testament beschrieben wird. Wer jemandem seine ungeteilte Liebe schenkt, hat nur den einen Wunsch: dem Geliebten nahe zu sein, zu ihm zu gehören, ihm zu gefallen und ihn zu ehren. Eng verknüpft mit *Hingabe* ist das Versprechen der Treue, eines Bundes, den man nicht bricht. Wer in Jesus den Retter findet, der die Sünden vergibt und neues Leben schenkt, bekommt eine Sehnsucht danach, zu Gott zu gehören, ihn und seinen Sohn Jesus Christus mit ungeteiltem Herzen zu lieben.

Ich schrieb auf, was nach meiner Erkenntnis zu meinem Auftrag gehörte, und überarbeitete die Zeilen immer wieder. Nach einigen Monaten zeigte ich sie meiner Frau.

Die heutige Fassung lautet:

◇ Es ist mein Lebensauftrag, mich meinem Schöpfer und seinem Ziel ganz zur Verfügung zu stellen und ein treuer Nachfolger seines Sohnes Jesus Christus zu sein.

◇ Es ist mein Auftrag, auf mein inneres Gleichgewicht und meine seelische Kraft zu achten, so dass meine Worte und Taten aus einer inneren Kraft kommen und nicht von äußeren Umständen diktiert werden.

◇ Es ist mein Auftrag, anderen Menschen im Namen Jesu zu dienen und die Saat der Hoffnung, Weisheit, Ermutigung, Barmherzigkeit, Freundschaft und des Glaubens auszusäen.

## Voraussetzungen dafür, dass ich meinen Auftrag erfüllen kann

- ◇ *Die enge Verbundenheit und Zwiesprache* durch Anbetung, Lobpreis und Offenheit für alles, was er mir sagen will. Ich will ihm gehorsam sein, seine Gebote halten, ein Leben in Reinheit und Heiligung führen und sein Reich verkündigen (siehe Psalm 1,1-2 und 19,1+15).
- ◇ *Ein Leben in der Nachfolge Jesu.* Ich möchte Jesus mit meinem ganzen Leben ehren, in meinen Überzeugungen, Entscheidungen, in Anwendung meiner Gaben und Stärken und in meinen Leistungen. Ich möchte Jesus immer mehr sehen und verstehen und seinem Wesen immer ähnlicher werden.
- ◇ *Ein geisterfülltes Leben.* Ich möchte mich täglich mit der Kraft des Heiligen Geistes füllen lassen, so dass Menschen und Situationen auf meinem Weg von seiner Wahrheit und der befreienden Kraft des Reiches Gottes berührt werden.
- ◇ *Lernen, mit dem Herzen zu sehen* und die herrlichen, wortlosen Botschaften der Schöpfung wahrzunehmen. Von Menschen in der Geschichte zu lernen, die Gott mit ganzem Herzen suchten.
- ◇ *Mein Leben und meine Ziele* nach biblischen Maßstäben auszurichten.

»Du aber, mein Sohn . . ., erkenne den Gott deines Vaters; diene ihm mit ungeteiltem Herzen und williger Seele; denn der Herr erforscht alle Herzen und kennt jedes Sinnen der Gedanken. Wenn du ihn suchst, lässt er sich von dir finden. Wenn du ihn aber verlässt, verwirft er dich auf ewig!« (1. Chronik 28,9)

Jeden Tag während meiner morgendlichen Zeit der Stille lese ich diese Definition und bitte Gott, mir Gnade und Kraft zu schenken, meinen Auftrag zu erfüllen. Ich weiß, die Worte sind hochtrabend; die Ziele scheinen zu hoch gesteckt. Aber das ist gerade das Gute an einem Auftrag.

Da er ruhig ein paar Nummern zu groß sein darf, weitet er unsere Perspektive. Und er gibt klar die Richtung vor, in die wir gehen sollen.

Es gibt viele Zielsetzungen im Leben, die dem Wunsch entspringen, materiellen Besitz anzuhäufen oder Macht und Ansehen zu erlangen. Doch unser Auftrag als Christen ist es, sich mit dem zu beschäftigen, wovon wir Menschen leben können, was unterhalb der »Wasserlinie« liegt. Und wir werden uns auf ein großes Ziel konzentrieren: auf ein Leben, das Gott segnet.

# 9. Die innere Schönheit

## *Was lagern wir in unserem »Seelen-Archiv«?*

*Er lehrte mich, . . . dass nur der Mensch seine Straße bis zu Ende geht, der seinen Blick fest auf Gott gerichtet hat, der aus Gottes Gegenwart Kraft und Freude schöpft und mit reinem Herzen und in ungeteilter Liebe nach Gottes Willen lebt.*

George Young

»Sie ist ein Mensch von großer innerer Schönheit«, hörte ich jemanden sagen.

Bei der Bezeichnung *schön* denken wir normalerweise an äußerliche Attribute. An einen attraktiv aussehenden Menschen, an eine Landschaft, ein Kunstwerk oder andere Dinge, die wir mit unseren Sinnen wahrnehmen können, zum Beispiel Musik.

Im Gegensatz zur äußeren Schönheit spielen bei den inneren Qualitäten eines Menschen weder Körpergröße und Augenfarbe noch berufliche Position, Lebensstil, Nationalität, Alter, Geschlecht, körperliche Fitness, Leistung oder Intellekt eine Rolle. Für die innere Schönheit spielen zum Beispiel seelische Ausgeglichenheit und ein tiefer Friede mit Gott eine Rolle. Alte Menschen können sie haben. Sie setzt zweifelsohne eine gewisse Reife voraus, die junge Menschen oft noch nicht haben. Doch es gibt auch Ausnahmen.

Gerade Kinder können diese Schönheit haben. Vielleicht ist das der Grund, weshalb Jesus sich zu Kindern hingezogen fühlte und sie sich zu ihm. Er sagte, dass niemand in das Reich Gottes kommt, der es nicht aufnimmt wie ein Kind. Kinderseelen tragen noch viel Unschuld in sich. Sie sind noch offen, ehrlich, optimistisch, gutgläubig und voller Vertrauen.

Bei »innerer Schönheit« muss ich auch an einen jungen Mann aus Südafrika denken. Im Gegensatz zur kindlichen Seele, die durch ihre Unschuld »schön« ist, wurde seine Seele durch Leiden geläutert.

Dieser Mann bekleidete in seinem Land eine hohe Stellung im Kongress. Ich traf ihn nur ein einziges Mal, doch ich werde unsere Begegnung nie vergessen. In den wenigen Stunden unseres Zusammenseins sprachen wir zuerst über die politische Entwicklung in Südafrika und auf dem ganzen Kontinent. Was mich beeindruckte, war seine Gabe, die Geschichte unseres Jahrhunderts in einem breiten Zusammenhang zu sehen und zu beschreiben, wie mächtige politische Strömungen wie Winde über die Völker hinwegfegen.

Als wir auf sein eigenes Volk und den Kampf gegen die Apartheid zu sprechen kamen, bemerkte ich auch hier ein tiefes Verständnis der Zusammenhänge und der Umstände, die sich ändern mussten, um ein friedliches Zusammenleben von Schwarzen und Weißen zu ermöglichen. Aus seinen Worten sprachen sowohl Trauer als auch Entschlossenheit, Ärger wie Optimismus.

Während ich ihm zuhörte, wurde mir klar: Dieser Mann wäre ohne Zögern bereit, für die Sache der Gerechtigkeit in seinem Land sein Leben einzusetzen. Als er von seinem Glauben an Jesus Christus sprach, spürte ich sein tiefes Vertrauen, Güte und Barmherzigkeit, Mitgefühl und Vergebung. Nie zuvor hatte ich einen solchen Menschen getroffen.

Als wir einmal einige Zeit schwiegen, fragte ich ihn: »Wo haben Sie studiert?« Ich war auf Harvard oder Oxford gefasst, oder dass er an der Sorbonne oder irgendeiner anderen berühmten Universität seinen Doktor gemacht hatte. Er lächelte und sagte leise: *»Ich habe das Leben studiert – auf Robben Island.«*

Er sagte dies vollkommen ruhig. In seiner Antwort lag weder Scham noch der Triumph eines verdeckten Heldentums.

Robben Island war eine südafrikanische Gefängnis-Insel, auf der während der Apartheid schwarze Führungskräfte gefangen saßen.

Nelson Mandela war mehr als zwanzig Jahre lang der berühmteste Gefangene auf Robben Island.

»Zusammen mit Nelson Mandela?«, fragte ich und bemühte mich, mir meine Bestürzung nicht anmerken zu lassen.

»Fünf Jahre lang. Er war mein Zellennachbar.«

»Verzeihen Sie meine Neugier«, sagte ich, »aber ich würde gern an Ihren Erfahrungen teilhaben. Macht es Ihnen etwas aus, darüber zu sprechen?«

»Nein, ganz im Gegenteil.« Wieder dieses Lächeln. »Immer wieder verhaftete die Regierung junge schwarze Führungskräfte und brachte sie hinter Schloss und Riegel. Das Bequemste war, sie nach Robben Island abzuschieben. Doch uns kam dies nur zugute. Denn dort lernten wir alles Wichtige für unser Leben – von Mandela und den anderen.«

»Woran erinnern Sie sich am deutlichsten, wenn Sie an diese Zeit zurückdenken?«

»Am deutlichsten? Dass ich gelernt habe zu vergeben. Als wir nach Robben Island kamen, waren wir voller Wut und Hass, bereit, jeden Weißen zu töten, der uns über den Weg lief. Im Gefängnis verloren wir unseren Namen, unsere Identität. Für die Aufseher mit ihren Gewehren im Anschlag waren wir nichts als Nummern. Jeden Morgen wurden wir durch das Tor hinaus zum Steinbruch getrieben, abends denselben Weg zurück. Tagsüber waren wir fremdbestimmt.

Doch die Abende und Nächte gehörten uns. Dann setzten wir uns zu den alten Männern und hörten ihnen zu. Sie erzählten aus ihrem Leben, von ihren Träumen für die Zukunft Südafrikas. Sie brachten uns ihre Stammessprachen bei. Nelson Mandela lehrte uns – und das war das Wichtigste –, dass wir zum Scheitern verurteilt wären, solange wir unseren Feind hassten. Hasst seine Politik, sagte er, hasst das Böse, das ihr zugrunde liegt; hasst die Gesetze, die euch ins Gefängnis gebracht haben. Aber hasst nie den Menschen. Denn dieser Hass wird euch kraftlos machen.«

»Und Sie haben aufgehört zu hassen?«, fragte ich.

»Nicht sofort. Es dauerte etwa fünf Jahre, bis ich vergeben konnte ... fünf Jahre der Unterweisung durch jene alten Männer. Aber als ich endlich so weit war, wurde ich ein anderer Mensch. Ich wusste, dass ich vergeben hatte, als ich zum Abendmahl gehen und den Aufseher bitten konnte, seine Waffe niederzulegen und mit mir zum Altar zu kommen, um Brot und Wein in Empfang zu nehmen. Das ist die Antwort auf Ihre Frage – das war meine Lebensschule.«

Nachdem wir uns verabschiedet hatten, ertappte ich mich dabei, wie ich auf der Straße laut vor mich hin sagte: »Ich wünschte, ich wäre so wie dieser Mann. Ich hätte gern seine Klugheit, seine Klarheit darüber, worauf es im Leben ankommt, seine Kraft zur Vergebung und seine heitere Gelassenheit.« Dabei war er fünfzehn Jahre jünger als ich.

Gleichzeitig wusste ich: All diese Eigenschaften, die ich an ihm so bewunderte, hatten sich nur entwickeln können, weil er Jahre auf Robben Island zugebracht hatte. Hätte ich da etwa mit ihm tauschen mögen? Er hat einen hohen Preis bezahlt: Fünf Jahre Gefängnis, harte Zwangsarbeit, ein Leben als Nummer, all seiner Rechte beraubt, abgeschnitten von der Außenwelt, der Willkür der Aufseher ausgeliefert.

Doch in diesem Elend, ohne jegliche Hoffnung auf Hilfe von außen, wurde seine Seele stark und besann sich auf ihre ursprüngliche Bestimmung: ein »Ort« zu sein, an dem Gott wohnen kann. Dort war seine innere Schönheit gewachsen.

Paulus, dem diese Art von Leiden nicht fremd war, schrieb: »Nicht allein aber das, sondern wir rühmen uns auch der Bedrängnisse, weil wir wissen, dass Bedrängnis Geduld bringt, Geduld aber Bewährung, Bewährung aber Hoffnung« (Römer 5,3-4). Genau das war mir in der Persönlichkeit dieses Afrikaners begegnet.

Ich denke an ein anderes Gespräch, das ebenfalls bei meinem Aufenthalt in Südafrika stattfand, mit einem schwarzen Pastor ungefähr in meinem Alter. Ich hatte eine Predigt gehalten und hinterher alle, die Gebet um geistliche Erneuerung und Kraft brauchten, eingeladen, nach vorn zu kommen. Dieser Pastor kam, umarmte mich und fing an zu weinen.

Als er sich wieder gefangen hatte, sagte er: »Ich bin so voller Hass. Ich hasse die Weißen seit 35 Jahren. Mein Herz ist randvoll mit Bitterkeit, die alles blockiert. Ich liebe meine Frau nicht mehr so, wie sie es verdient hätte, ich kann nicht mehr richtig predigen, bekomme kaum noch ein Gebet zustande. Ich möchte endlich davon frei werden.«

Wir redeten lange miteinander. Er erzählte von einem Erlebnis, das er hatte, als er sechzehn Jahre alt war. Er war mit seinen Eltern im Auto unterwegs. Bei einer Raststätte machten sie Halt, um zu tanken. Währenddessen suchte er die Toilette auf. Kaum war er drin, kam ein Weißer hinter ihm her und herrschte ihn an: »Was hast du hier zu suchen?«

Er verteidigte sich: »Neben dem Schild ›Männer‹ steht kein einziger Hinweis, der mir verbietet, diese Toilette zu benutzen.« Bei der Erinnerung an die folgende Szene lief ein Zittern durch seinen Körper und unter Tränen erzählte er: »Der weiße Mann packte mich am Kragen und warf mich brutal aus der Tür. Dabei schrie er: ›Du bist kein Mann, du bist ein Tier!‹ Diese Worte wurde ich nie wieder los. Mein ganzes Leben lang hat mich dieser Satz verfolgt: ›Du bist ein Tier!‹«

Die Seele dieses Mannes war 35 Jahre lang verdunkelt. Anstatt wie ein helles, offenes Zimmer, in dem Gott Wohnung nehmen kann, war sie wie ein kalter, feuchter Kellerraum ohne Licht.

Wir müssen an der Reinigung unserer Seele arbeiten, sie regelmäßig »instand halten«. Das hängt mit Umkehr zusammen.

Jesus sprach gleich zu Anfang, zu Beginn seines öffentlichen Wirkens, von *Umkehr.* Dieses Wort sollte auf der Liste wichtiger biblischer Themen ganz oben stehen.

Zur Umkehr oder Buße gehört, dass wir unsere Seele für Gott öffnen und beim Namen nennen, was wir in den tieferen Schichten unseres Inneren finden – selbst für »gute Menschen« nicht immer ein erfreuliches Unterfangen. Dadurch kann viel Unangenehmes ans Tageslicht kommen, so als ob wir die Tür zu einem Kellergeschoss aufschließen, in dem sich der Unrat vergangener Jahre stapelt. Kein Wunder, dass die meisten Menschen den bequemen Weg gehen und die Seele lieber hinter Schloss und Riegel verborgen halten.

Umkehr bedeutet, zu dem Müll aus der Vergangenheit zu stehen, damit aufzuräumen und zu neuen Ufern aufzubrechen. Alten Gewohnheiten und Ansichten den Rücken zu kehren und sich Neuem zuzuwenden. Ich bin überzeugt, Umkehr schließt Demut vor Gott ein – eine ergebene, vertrauensvolle Haltung ihm gegenüber, aus der das Gebet der alten geistlichen Lehrer hervorbricht: *Hab Erbarmen mit mir, denn ich habe gesündigt.*

Je länger ich über die Seele nachdenke, desto mehr scheint sie mir wie ein riesiges »Archiv«, in dem Ereignisse und Meinungen der Vergangenheit aufbewahrt sind. Hier lagern Motive und Überzeugungen, die es schonungslos aufzudecken gilt. Beim Durchforsten dieses Archivs werden auch zahlreiche Fragen auftauchen. Unbequeme Fragen, die manchmal wehtun.

Um Kain dazu zu bringen, der Finsternis in seiner Seele ins Auge zu sehen, fragte ihn Gott: »Warum ergrimmst du? Und warum senkst du deinen Blick?« (1. Mose 4,6)

Gott fragte den Propheten Elia, der enttäuscht und niedergeschlagen in die Wüste geflohen war: »Was machst du hier, Elia?« (1. Könige 19,9) – Jesus fragte Judas im Garten: »Mein Freund, dazu bist du gekommen?« (Matthäus 26,50) – Er fragte Simon Petrus, nachdem sie gegessen hatten: »Hast du mich lieber, als mich diese haben?« (Johannes 21,15) – Und Saulus von Tarsus auf der Straße nach Damaskus: »Saul, Saul, was verfolgst du mich?« (Apostelgeschichte 9,4) – Lauter Fragen mit Aufforderungscharakter. Schau dich an! Schau in dein Innerstes! Tauche ab unter die »Wasserlinie«! Was du dort findest, ist es, das dein Denken und Handeln bestimmt. Solche existentiellen Fragen lassen sich in der Gegenwart

Gottes nicht ausweichend beantworten, nicht durch Gummiparagraphen verbiegen.

Es folgen einige Fragen, die ich hilfreich finde, wenn ich in der Zwiesprache mit Jesus mein Inneres erforschen will.

## Wem möchte ich gefallen?

Diese Frage bezieht sich darauf, nach wessen Meinung ich mich im Leben richte. Wir wurden geschaffen, um Gott zu gefallen und nicht den Menschen. Der Mensch kommt seiner Bestimmung am besten nach, wenn er sich darauf ausrichtet, Gott zu loben und ihm Freude zu machen. »Lobe den Herrn, meine Seele, und was in mir ist, seinen heiligen Namen! Lobe den Herrn, meine Seele, und vergiss nicht, was er dir Gutes getan hat.« (Psalm 103,1-2)

Doch das Böse, das in unserem Innern lauert, will uns dazu bringen, uns mit weniger zufrieden zu geben und andere Quellen der Freude und Bestätigung zu suchen. Wir wenden enorme Energien auf, um durch Ersatzgötter Anerkennung zu gewinnen. Der Alleinunterhalter sucht seine Anerkennung beim Publikum, der Workaholic mit dem geringen Selbstwertgefühl in seiner Arbeit, der Berufssportler in der Goldmedaille oder einem höher bezahlten Vertrag.

Wir mögen diese Veranlagungen nicht teilen, doch niemand ist dagegen gefeit, auf vergleichbare Weise Bestätigung zu suchen. Wir möchten, dass die Leute uns sympathisch finden; wir brauchen das Gefühl, wertvoll zu sein, weil wir etwas Bestimmtes darstellen oder leisten.

Wir sind dazu geschaffen, die Anerkennung Gottes zu suchen. Jede andere Anerkennung ist nichts als ein müder Abglanz davon. Werden wir an unserer ursprünglichen Bestimmung – »lobe den Herrn, meine Seele« – gehindert, werden wir uns Ersatz suchen. Und das Ergebnis ist in der Regel deprimierend.

Wer die Anerkennung woanders sucht als bei Gott, ist innerlich verkrümmt. Daran, unseren Mitmenschen gefallen zu wollen, ist an sich nichts Schlechtes. Doch an erster Stelle sollte immer der Wunsch stehen, Gott zu gefallen.

Bei meinen Vorträgen spreche ich oft über dieses menschliche Grundbedürfnis nach Anerkennung, das vor allem bei Männern sehr ausgeprägt scheint. Dann zitiere ich gern die Worte, die der himmlische Vater zu seinem Sohn Jesus sagte: »Du bist mein geliebter Sohn, an dir habe ich Gefallen gefunden« (Markus 1,11). Später sagt er von Jesus in Gegenwart von Petrus, Johannes und Jakobus: »Dieser ist mein auserwählter Sohn, auf ihn sollt ihr hören!« (Lukas 9,35)

Bei dieser Gelegenheit stelle ich meinen Zuhörern die Frage: »Ist jemand unter Ihnen, der nicht alles darum gäbe, von seinem Vater diese Worte zu hören: ›Du bist mein Sohn. Ich liebe dich. Du bist meine ganze Freude‹? Und ihn sagen zu hören: ›Mein Sohn weiß, wovon er spricht: *Hört auf ihn.* ‹?« Danach wird es meistens ganz still im Raum; man sieht zustimmend nickende Köpfe und in manchen Augen ein verräterisches Glitzern. Viele Menschen wissen, was es bedeutet, ohne die Liebe und Anerkennung eines Vaters (oder einer Mutter oder besonderen Bezugsperson) aufgewachsen zu sein.

## Welchen Bedürfnissen und Schwächen gebe ich nach? Welche Gefühle lasse ich zu?

Eine Thematik, zu der jedes Jahr Dutzende von Büchern geschrieben werden. Ein ganzer Industriezweig lebt davon, Menschen zu helfen, sich über ihre unterschwelligen Ängste, Wünsche und Gefühle klar zu werden. Bei uns in den USA bezahlen viele Leute gutes Geld dafür, um ein- bis zweimal in der Woche ihren Therapeuten aufzusuchen, der die Abgründe ihrer Seele auslotet. Hin und wieder mit Erfolg. Aber ich bezweifle, dass vielen damit wirklich geholfen werden kann.

Mit der zunehmenden Psychologisierung des Menschen wurde die »Opfermentalität« geboren: Mein verkorkstes Seelenleben ist einzig und allein die Folge des Unrechts, das andere mir angetan haben. Manchmal habe ich den Eindruck, einige therapeutische Ansätze zielen fast ausschließlich darauf ab, ihre Patienten zu überzeugen, dass andere an ihren Problemen schuld seien, nach dem Motto: Macht die anderen verantwortlich! Lasst euren Ärger an ihnen aus! Zerrt sie vor Gericht! Daraus folgt logischerweise, dass »die anderen« (wer immer das sein mag) sich ebenfalls einen Sündenbock suchen müssen. So etwa wie bei einem umgekehrten Staffellauf: Wir versuchen, die Schuld und Verantwortung an jemanden hinter uns weiterzugeben.

Aber ist den Menschen damit geholfen, die eigene Opfermentalität zu hätscheln? Vielleicht gibt es eine Alternative: *demjenigen, der mir Unrecht getan hat, zu vergeben* und mich von meiner egozentrischen Haltung zu lösen.

Wenn wir unsere Verletzungen, Schwächen und Gefühle (seien es Bitterkeit, Angst oder Wut) beim Namen nennen und uns dafür entscheiden, sie mit Jesu Hilfe hinter uns zu lassen, erwacht unsere Seele zu neuem Leben. Und wir entscheiden uns für neue Verhaltensmuster und eine neue Einstellung zum Leben, auch wenn die ersten Schritte in die neue Richtung zaghaft und schmerzlich sind.

Ich möchte dazu Mut machen, sich selbst mit einer gesunden Härte zu begegnen und sich energisch zu sagen: »Jetzt reicht's! Ich werde mir von meinen Altlasten nicht länger das Leben schwer machen lassen! Sie gehören der Vergangenheit an. Es ist Zeit, die Vergangenheit hinter sich zu lassen und in die Zukunft zu blicken.«

Samuel Logan Brengle war ein großer Evangelist der Heilsarmee und eine Persönlichkeit von großer geistlicher Tiefe. Er besaß eine bemerkenswerte geistliche Disziplin, obwohl er viele Jahre lang gegen Depressionen zu kämpfen hatte, als Folge einer Kopfverletzung, die ihm ein Obdachloser mit einem Ziegelstein beigebracht hatte.

Sein Biograph zitiert ein Gebet aus Brengles Tagebuch: »O Herr, bewahre mich davor, geistig und geistlich lau und abgestumpft zu werden. Hilf mir, die körperliche, geistige und geistliche Spannkraft eines Athleten zu bewahren, eines Mannes, der sich täglich selbst verleugnet und sein Kreuz auf sich nimmt, um Dir nachzufolgen. Schenke mir gutes Gelingen bei meiner Arbeit, aber bewahre mich vor Stolz. Erlöse mich von der Selbstzufriedenheit, von der Wohlstand und Erfolg so oft begleitet werden. Bewahre mich vor einem Geist der Trägheit oder Maßlosigkeit, wenn körperlicher Verfall und Gebrechen mir das Leben schwer machen.«

Als Kommentar zu dem Gebet heißt es weiter in der Biographie: »So betete er jeden Tag, jede Stunde und hielt seine Disziplin aufrecht, selbst als sich sein Zustand mehr und mehr verschlechterte.« Seine stetige Hinwendung zu Gott bewahrte ihn davor, nur noch um sich und sein Leiden zu kreisen.

Auch Josef im Alten Testament ging auf eine besondere Weise mit seinem Leiden um. Er war der Liebling seines Vaters und seine Brüder hassten ihn dafür. Ohne Skrupel verkauften sie ihn als Sklaven nach Ägypten. Dort wurde er zu Unrecht verdächtigt, die Frau seines Herrn verführt zu haben. Er wurde ins Gefängnis geworfen und von denen vergessen, die sich für ihn einsetzen wollten. Josef hätte eigentlich allen Grund gehabt, das Handtuch zu werfen, in eine tiefe Depression zu versinken und zu sterben.

Er hätte allen Grund gehabt, sich als Opfer zu bemitleiden. Allen Grund, eine lange Liste der unerfüllten Wünsche, der Widrigkeiten des Lebens und seiner Gefühle wie Angst, Wut und Enttäuschung zu machen und darüber zu verzweifeln. Was gab ihm die Kraft, nicht vor Selbstmitleid zu zerfließen und darauf zu verzichten, die anderen für sein persönliches Unrecht anzuklagen?

Die Bibel bietet uns hier keine psychologische Analyse. Sie enthüllt uns jedoch etwas über Josefs Inneres, als er eines Tages wieder seinen Brüdern gegenübersteht und das geschieht, was er vor vielen Jahren in einem Traum gesehen hat. Die Brüder verneigen sich vor ihm, und nun weinen sie vor Angst, dass Josef sich für ihre verbrecherische Tat in der Vergangenheit rächen könnte. Damals war er ihnen ausgeliefert gewesen, nun ist es umgekehrt.

Doch Josef sagt: »Fürchtet euch nicht! Stehe ich denn an Gottes Stelle? Ihr habt Böses gegen mich im Sinn gehabt, Gott aber hatte dabei Gutes im Sinn, um zu erreichen, was heute geschieht . . . viel Volk am Leben zu erhalten. Nun also fürchtet euch nicht! Ich will für euch und eure Kinder sorgen.« (1. Mose 50,19-21)

Vers 20 schließt mit den Worten: »So tröstete er sie und redete ihnen freundlich zu.«

Später geht Jesus noch weiter. Als er am Kreuz hängt, blickt er auf die hasserfüllte Menschenmenge und sagt: *»Vater, vergib ihnen, denn sie wissen nicht, was sie tun«* (Lukas 23,34).

Heute würden manche Therapeuten zu Josef und Jesus sagen: »Lasst eure Wut an denen aus, die euch Schlimmes angetan haben. Schreit sie an, zahlt es ihnen heim! Nur so könnt ihr euer seelisches Gleichgewicht wieder finden.« Doch die Bibel zeigt uns eine Alternative (die obendrein preisgünstiger ist). Sie rät uns, unsere Gefühle und Ängste nicht das letzte Wort haben zu lassen, sondern Vergebung zu üben und Erbarmen zu zeigen.

Wer das nicht kann, verliert – um noch einmal Michael Plants Schicksal als Bild zu verwenden – sein Gewicht unterhalb der Wasserlinie. Einer der Charaktere in Shakespeares *König Richard III.* ist aufgrund einer körperlichen Missbildung ungewöhnlich hässlich und rechtfertigt seine bösen Taten durch sein unglückliches Schicksal.

»Ich, um dies schöne Ebenmaß verkürzt,
Von der Natur um Bildung falsch betrogen,
Entstellt, verwahrlost, vor der Zeit gesandt
In diese Welt des Atmens, halb kaum fertig
Gemacht, und zwar so lahm und ungeziemend,
Dass Hunde bellen, hink' ich wo vorbei:

Ich nun, . . .
Weiß keine Lust, die Zeit mir zu vertreiben, . . .
Und darum, *weil ich nicht als ein Verliebter*
Kann kürzen diese fein beredeten Tage,
Bin ich gewillt, ein Bösewicht zu werden
Und feind den eitlen Freuden dieser Tage.«
(König Richard III. I,1; Hervorhebung G. MacDonald)

Dies sind die Worte eines Mannes, der seine ganze innere Stabilität verloren hat und nun als scheinbar seelenloses Wesen wie ein Boot ohne Kiel durchs Leben treibt.

## Mit wem oder womit vergleiche ich mich?

Wenn wir uns ständig mit anderen vergleichen, fressen zerstörerische Kräfte wie Eifersucht, Missgunst und Neid an unserer Seele.

Oscar Wilde erzählte folgende Geschichte: »Der Teufel reiste einmal durch die Libysche Wüste und stieß auf eine Schar von Plagegeistern, die mit einem heiligen Einsiedler ihr Unwesen trieben. Doch der heilige Mann schüttelte mit Leichtigkeit ihre böswilligen Anfechtungen ab. Der Teufel sah ihrem vergeblichen Treiben eine Weile zu und trat dann vor, um ihnen eine Lektion zu erteilen. ›Was ihr tut, ist stümperhaft‹, sagte er. ›Lasst mich das machen.‹ Dann ging er zu dem heiligen Mann und flüsterte ihm ins Ohr: ›Dein Bruder ist soeben zum Bischof von Alexandria ernannt worden.‹ Das zuvor heitere Gesicht des Einsiedlers verfinsterte sich und zeigte auf einmal Spuren von Missgunst und Eifersucht. ›Das‹, sagte der Teufel zu seinen Kobolden, ›ist die Methode, die ich euch empfehle.‹«

Wenn ich es mir richtig überlege, gab es nie jemanden, mit dem ich wirklich – mit allen Konsequenzen – hätte tauschen wollen. Das bedeutet nicht, dass ich nie dem Impuls nachgeben würde, mich mit anderen zu vergleichen, dem Wunsch besser zu sein als sie (oder geistlicher; eine besonders komplizierte Art der Anfechtung). Doch immer, wenn ich zuließ, dass solche Gefühle in meinem Inneren Wurzeln schlugen, habe ich es früher oder später schwer bereut.

Als ich das bekannte Buch *The Training of the Twelve* von A. B. Bruce (»Das Training der zwölf«) las, stieß ich auf eine bemerkenswerte Erkenntnis über das menschliche Verhalten. Bruce bezieht sich auf den griechischen Politiker und Feldherrn Alkibiades, der in jungen Jahren ein Schüler von Sokrates war. Später wandte er sich gegen ihn und lieferte durch Verrat sogar seine Heimatstadt den feindlichen Truppen aus. Über Sokrates sagte Alkibiades:

»Allein diesem Mann gegenüber empfinde ich etwas, was mir niemand zutrauen würde: ein Gefühl der Beschämung. Denn ich weiß um meine Unfähigkeit, ihm zu widersprechen und etwas abzulehnen, was er mich tun heißt; und wenn ich fortgehe, fühle ich mich überwältigt von dem Wunsch nach der Anerkennung der Leute. Daher fliehe ich vor ihm und meide ihn, wo immer es geht. Doch wenn ich ihn sehe, dann schäme ich mich dessen, und oft wäre ich froh, würde er nicht länger unter den Lebenden weilen; dennoch weiß ich allzu gut, sollte dies eintreffen, es würde mich noch mehr bekümmern.«

Ein großer Seelsorger sagte einmal über sein Verhältnis zu einem bekannten Prediger: »Ich bete täglich für ihn. Denn das ist die einzige Möglichkeit, meine Gefühle (von Eifersucht) in den Griff zu bekommen.«

Chesterton schreibt in seinem Buch »Franziskus. Der Heilige von Assisi«: »Sobald ihm (Franz von Assisi) nur eine Anhängerschaft gesichert ist, vergleicht er sich nicht mit diesen Anhängern, denen gegenüber er vielleicht wie ein Meister erscheint. Er vergleicht sich mehr und mehr mit seinem Meister, dem gegenüber er nur wie ein Diener erscheint.« Dadurch wurde er unabhängig von der Meinung von Menschen.

## Welche Belohnung erwarte ich?

Diese Frage hat sich wahrscheinlich jeder Mensch schon gestellt. Auch Simon Petrus war sie nicht fremd. Eines Tages hatte er ein Gespräch zwischen Jesus und einem jungen Mann mit angehört, der wissen wollte, was er tun müsse, um Jünger zu werden und das ewige Leben zu bekommen. »Geh, verkauf alles, was du hast, und gib das Geld den Armen«, antwortete Jesus, »und *dann* komm und folge mir nach!« (Siehe Markus 10,21.)

Petrus sagte daraufhin empört zu Jesus: »Und was ist mit uns? Du weißt, *wir* haben für dich alles stehen und liegen lassen, um dir zu folgen. Was haben wir davon?«

Oft erwarten wir unbewusst eine »Gegenleistung« dafür, dass wir Jesus nachfolgen: etwa ein sorgenfreies Leben voller Liebe und Anerkennung, eine glückliche Ehe, dass unsere Kinder nicht vom rechten Weg abkommen, dass Gott unsere Arbeit segnet und uns vor Arbeitslosigkeit bewahrt.

Wir können unsere Motive nur so lange leugnen, wie es uns gut geht. Trifft uns ein Schicksalsschlag, sind wir von Gott enttäuscht, weil er uns angeblich im Stich gelassen hat. Wir machen quasi Gott für unsere Probleme verantwortlich und vergessen, dass wir die Erwartungshaltung hatten, er würde uns automatisch für unsere Treue belohnen.

Jesus illustriert dieses Verhaltensmuster durch die Geschichte von den verlorenen Söhnen. Der jüngere der beiden Brüder, der von zu Hause weggeht, ist, wie wir alle wissen, ein treuloser Schuft. Der ältere Sohn dagegen, der bei seinem Vater bleibt, scheint uns der weitaus edlere Charakter zu sein. Er ist »der Gute«, der seinem Vater zur Seite steht und ihm in Haus und Hof hilft, während sich sein Bruder aus dem Staub gemacht hat.

Doch das Wesen und die Motive des älteren Sohnes treten zutage, als der jüngere eines Tages zurückkommt. Der Vater begrüßt ihn überschwänglich, doch der ältere Bruder reagiert neidisch und eifersüchtig.

Er nimmt den Vater beiseite und sagt ärgerlich: »All die Jahre habe ich wie ein Sklave für dich geschuftet und habe alles getan, was du von mir verlangt hast! Und was habe ich dafür bekommen? Mir hast du nie auch nur einen Ziegenbock gegeben, um mit meinen Freunden zu feiern. Doch für meinen Bruder, der in Saus und Braus gelebt und sein ganzes Geld verjubelt hat, für den schlachtest du das Mastkalb!«

Sein Vater antwortete: »Du bist immer bei mir gewesen. Und was ich habe, gehört auch dir.« Das war – und ist – die Belohnung. Der ältere Sohn war dafür blind gewesen. Und in seinem Zornausbruch zeigt sich seine berechnende Art, ein wenig schmeichelhafter Charakterzug. In unserem berechnenden Denken übersehen wir Gottes Reichtum, an dem er uns Anteil gibt.

## Welche Schuld versuche ich zu verbergen?

Eine Seele voller »Müll« wuchert wie ein Krebsgeschwür; es vergiftet und zerstört den Menschen.

Es gab Zeiten, in denen ich mich intensiv mit den entsetzlichen Auswirkungen beschäftigte, die ein Verheimlichen bestimmter Dinge mit sich bringt – ein Problem, unter dem ich selbst in einer bestimmten Lebensphase sehr litt. Da gab es Betrug und Unaufrichtigkeiten, die immer mehr Raum einnahmen und zum Nährboden für noch schwerer wiegende, schlimmere Dinge wurden.

Vielleicht ist dies die größte Gefahr, die an den Wurzeln unseres Glaubens nagt: dass wir nicht von falschen Wegen umkehren. Heimlichkeiten müssen aufgedeckt werden; der Schleier muss gelüftet werden.

Es ist notwendig, die »Archive« unserer Seele täglich zu sichten – und auch von Zeit zu Zeit zuzulassen, dass Glaubensgeschwister, denen wir vertrauen, uns dabei helfen.

In einem Psalm heißt es: »Erforsche mich, Gott, und erkenne mein Herz; prüfe mich und erkenne, wie ich's meine. Und sieh, ob ich auf bösem Wege bin . . . « (Psalm 139,23-24). Der Schreiber des Psalms ist David, der sich, wie wir wissen, bei mehreren Gelegenheiten der Täuschung und des Betrugs bediente. Als er auf seine Schuld hingewiesen wurde, zerbrach seine Selbstherrlichkeit. In der Zerbrochenheit öffnen sich Türen und Fenster des »Kellergeschosses« für die suchenden Augen Gottes, der Richter und Erlöser zugleich ist.

Die Anonymen Alkoholiker haben verstanden, dass es nicht weiterführt, wenn wir die Augen vor unserer Hilflosigkeit und Schuld verschließen. Ihr Zwölf-Punkte-Programm beginnt mit den Worten: »Wir geben zu, dass wir dem Alkohol gegenüber machtlos und den Anforderungen des Lebens nicht mehr gewachsen waren.«

Aus theologischer Sicht ist an manchen Aspekten des Zwölf-Punkte-Programms Kritik geübt worden, aber vielleicht wurde die Bedeutung dieses ersten Satzes nicht ernst genug genommen. Denn er enthält einen Kerngedanken der Buße! Der Alkoholiker sieht den Tatsachen ins Auge, sieht seinen Zustand der Machtlosigkeit und Hilfsbedürftigkeit. Die Türen zum »Archiv« stehen weit offen.

Unsere Seele kann sich öffnen, wenn wir uns ehrlich einige Fragen beantworten und umkehren. Dann strömt das Licht der Gnade und Barmherzigkeit Gottes hinein. Dann bläst ein frischer Wind den Unrat der Vergangenheit fort. Und etwas Neues wird geboren – ein neuer Anfang und ein Mensch von großer innerer Schönheit.

# 10. Ich will mit dir sein

## *Theologie für den Alltag*

*Gott wird weder besser dadurch, dass du ihn lobst,*
*noch schlechter, wenn du ihn verhöhnst;*
*du aber wirst besser durch das Lob*
*und schlechter durch den Spott.*
*Gott ist ein guter Gott, und er bleibt immer gleich.*

nach Augustinus

Zu meinen schönsten Erinnerungen als Vater zweier großartiger Kinder gehören die Abende, an denen es meine Aufgabe war (besser gesagt, ich das Vergnügen hatte), sie zu Bett zu bringen. Unsere Tochter Kristy war ein sehr sensibles Kind. Sie hatte ein starkes Bedürfnis nach Sicherheit und festen Ordnungen, was sich besonders in ihrem abendlichen Ritual zur Schlafenszeit ausdrückte.

Nachdem sie ins Bett gekrabbelt war, mussten Laken und Bettdecke bis knapp unters Kinn hochgezogen werden, vom Fuß- bis zum Kopfende möglichst faltenfrei. Sie bestand darauf, dass die Jalousien bis exakt 10 Zentimeter über dem Fenstersims heruntergelassen wurden.

Aufgereiht in ihrem Zimmer saßen siebzehn Stofftiere, und jeden Abend durfte ein anderes Tier (Tiger, Bär oder Hund oder . . .) mit zu ihr ins Bett. Dabei ging sie immer schön der Reihe nach. Es konnte nicht das fünfte, neunte oder vierzehnte Stofftier sein, denn »das wäre unfair gegenüber den anderen, Papa. So kommt jeder mal dran«. Gelegentlich versuchte ich, ein Tier »außer der Reihe« zu ihr ins Bett zu schmuggeln, aber sie merkte es jedes Mal.

Dann, nach dem Beten, gab ich ihr einen Kuss, sagte ihr Gute Nacht und ging zur Tür. Die Tür musste immer leicht geöffnet bleiben, aber nicht zu weit, nur gerade so viel, dass sie das Flurlicht noch sehen konnte. Wenn ich dann aus dem Zimmer schlüpfte, ergab sich jedes Mal – fast wörtlich – folgender Dialog:

»Wo bist du jetzt, Papa?«

»Unten im Wohnzimmer, bei Mama.«

»Bleibst du dort so lange, bis ich schlafe?«

»Ganz bestimmt. Ruf mich, wenn du noch etwas brauchst.«

»Okay. Aber geh nicht ins Bett, bevor ich eingeschlafen bin.«

»Worauf du dich verlassen kannst, mein Schatz. Ich hab' dich lieb! Und nun schlaf schön.«

»Du auch, Papa. Ich hab' dich auch lieb.«

*Wo bist du, Papa?* Für ein Kind, das sich sicher fühlt, wenn Vater oder Mutter in Rufweite sind, eine entscheidende Frage. Auch unser himmlischer Vater sagt uns, dass er in uns wohnen und immer bei uns sein will.

Als Mose das Volk Israel in die Freiheit führte, hatte er seine Augenblicke des Zweifels, in denen er sich – ähnlich wie meine Tochter Kristy bei mir – der Gegenwart Gottes versichern musste. »Wer bin ich denn!«, sagte er. »Wie kann ich zum Pharao gehen und das Volk Israel aus Ägypten herausführen?«

Und Gott antwortete: »Ich will mit dir sein« (2. Mose 3,12). Immer wieder, im Alten wie im Neuen Testament, gab Gott Männern und Frauen sein Versprechen: »Ich werde mit euch sein.« Er lässt uns nicht allein, wenn die Stürme des Lebens das Meer aufwühlen und unser Boot aus dem Gleichgewicht bringen.

Stellen wir uns einmal vor, wie es war, als Jesus auf der Erde wirkte. Er zog von Ort zu Ort, von Mensch zu Mensch, von einer Bedürftigkeit zur nächsten. Aus allem, was er tat, sprach der Gleichmut eines Menschen, der seine Kräfte nicht verschwendet, ein In-Sich-Ruhen und eine klare Zielsetzung. Wie machte er das?

Es war das Ergebnis der vielen Stunden, die er fernab von Lärm und Zerstreuung mit seinem Vater verbrachte. »Er fuhr allein mit einem Boot in eine einsame Gegend«, schrieben die Evangelisten, oder: »Er ging an eine einsame Stätte.« Nur selten erfahren wir, wie sich diese Begegnungen mit dem Vater gestalteten. Das große Fürbittegebet Jesu für seine Jünger im Johannesevangelium, Kapitel 17, ist vielleicht ein Anhaltspunkt. »Wie du, Vater, in mir bist und ich in dir, so sollen auch sie in uns sein, damit die Welt glaube, dass du mich gesandt hast«, heißt es in Vers 21.

Unser kleiner, menschlicher Verstand reicht nicht aus, um die Beziehung zwischen Vater und Sohn zu erfassen. Es muss sich um eine Ebene der Kommunikation gehandelt haben, die Lichtjahre von allem entfernt ist, was wir uns vorstellen können.

Doch auch wenn sich der Inhalt ihrer Gespräche unserer Kenntnis entzieht, wissen wir, *dass* diese Zwiegespräche stattgefunden haben. Diese Augenblicke gaben Jesus Kraft, hielten ihn im Gleichgewicht. Nach diesen Begegnungen mit seinem Vater traf er wichtige Entscheidungen oder ging in die Orte, die er nach Gottes Willen besuchen sollte.

Offensichtlich waren es diese Stunden in der Gegenwart Gottes, in denen Jesus erfrischt und in seinem Auftrag bestätigt wurde, in denen er konkrete Weisung erhielt und in denen seine Beziehung zum Vater gefestigt wurde. Ist es nicht erstaunlich, dass Jesus dies genauso nötig hatte wie wir?

Wenn diese Zeiten der persönlichen Stille mit Gott für Jesus, den Sohn Gottes, eine so große Rolle spielten, sollten sie dann bei uns nicht erst recht einen festen Platz im Terminkalender haben?

Das »Gewicht«, das dabei unter der »Wasserlinie« wächst, hängt davon ab, wie wir diese Gebetszeiten verbringen. Besteht unser Gebet vorwiegend aus dem »Abspulen« einer Liste unserer Wünsche und Anliegen, wird auch in unserem Innern nicht viel passieren.

Wer will, dass sein Leben vom Segen Gottes getragen wird, sollte versuchen, Gott immer besser kennen zu lernen: sein Wesen, seine mächtigen Taten, seine Ziele, seinen Willen für unser Leben. Dies ist es, was wir mit *Theologie* bezeichnen – »die Lehre oder das Studium von Gott«.

Die meisten Menschen schrecken vor dem Wort *Theologie* zurück, weil sie dabei an eine Ansammlung von trockenem, kompliziertem Wissen denken. Doch die Theologie beschäftigt sich mit den wichtigsten Fragen des Lebens. Wir bewegen uns unweigerlich auf theologischem Grund, wenn »störende Momente« unser Leben durchkreuzen und wir uns Fragen stellen wie: Was soll ich tun? Was hat das für einen Sinn? Wozu bin ich da? Wo ist Gott? Wie steht er zu mir? Das ist Theologie!

Ein Ehepaar, das ich sehr schätze, verlor einen Sohn bei einem rätselhaften Ski-Unfall. Er war ein optimistischer junger Mann gewesen, der Stolz seiner Eltern, und auch die Geschwister hatten ihren Bruder sehr geliebt. Nun war er tot. Es schien alles so sinnlos.

Ich sagte zu dem vor Schmerz und Trauer gebeugten Vater: »Vielleicht will Gott gerade in diesen furchtbaren Tagen auf besondere Art zu Ihnen sprechen. Trauern Sie, so lange es nötig ist, aber lassen Sie nicht zu, dass Ihre Trauer Sie hart und verbittert macht. Lassen Sie sich von Gott in die Arme schließen und seine Worte ins Ohr flüstern. Denn er kann Großes vollbringen – gerade in dieser Zeit des Leids.«

Jahre später erinnerte er mich an meine Worte. »Sie hatten damals Recht«, sagte er, »Gott hat zu mir gesprochen. In jener Zeit habe ich mein Leben in Jesu Hände gelegt und ihn als meinen Herrn und Erlöser angenommen. Der Verlust meines Sohnes war unermesslich. Aber mitten in meiner Trauer begegnete mir Jesus Christus, und er hat mein Leben für immer verändert.«

Vor ein paar Tagen sprach ich wieder mit diesem Ehepaar. Seit dem schrecklichen Unfall des Sohnes sind zehn Jahre vergangen. »Sein Tod hat unsere ganze Familie verändert«, sagten sie. »Wenn wir andere Familien sehen, die ähnlich schmerzliche Erfahrungen gemacht haben, fällt uns vor allem ihre Wut und Verbitterung auf. – Wir vermissen unseren Sohn sehr, aber durch seinen Tod hat er uns zu Jesus geführt.«

Solche Wunder geschehen, wenn sich die Seele öffnet, Fragen zulässt und offen ist für die leise Stimme Gottes. Er will uns viele theologische Erkenntnisse, Geheimnisse und Gedanken enthüllen.

Vor einiger Zeit habe ich versucht, diese Gedanken schriftlich festzuhalten, und sie, nach den sieben Wochentagen gegliedert, in sieben Themenbereiche unterteilt. Es ist meine persönliche Liturgie. Dabei bleibe ich so lange bei einem Thema, bis ich begriffen habe, was Gott mir dazu sagen will. Und ich stelle fest: Jede Woche entdecke ich Neues von diesem wunderbaren Gott, der sich uns durch die Bibel offenbart.

## Sonntag: Ein Tag der Schöpfung und der Auferstehung

Am Sonntagmorgen vertiefe ich mich in die Botschaft, dass *Gott der Urheber des Lebens und der Schöpfer des Himmels und der Erde ist.*

Auf den ersten Seiten meines Gebetstagebuches steht diese »persönliche Liturgie der Anbetung«:

> Gott ist mein Schöpfer: So, wie er mich geschaffen hat, bin ich gut. Das Böse in mir stammt nicht von Gott. Sein sind Himmel und Erde, sie sind – mit Ausnahme dessen, was der Mensch zerstört hat – Zeugen seiner Herrlichkeit. HEUTE IST EIN TAG DER SCHÖPFUNG UND DER AUFERSTEHUNG.

> »So spricht Gott, der Herr,
> der den Himmel erschaffen und ausgespannt hat,
> der die Erde gemacht hat und alles, was auf ihr wächst,
> der den Menschen auf der Erde den Atem verleiht
> und allen, die auf ihr leben, den Geist:
> Ich, der Herr, habe dich aus Gerechtigkeit gerufen,
> ich fasse dich an der Hand . . .« (Jesaja 42,5-6)

Die Heilige Schrift beginnt mit den Worten: *»Im Anfang«*, etwas, worauf die Verfasser der Bibel immer wieder zurückkommen, wenn sie die Frage stellen: *Wo bist du? – Ich bin mit dir,* sagt Gott. Wir versichern uns seiner Gegenwart, öffnen unsere Seele für ihn und erinnern uns daran, dass der heilige Gott, der in uns wohnt, die Welt erschaffen hat.

Gott *schuf* nicht nur alles, sondern er ist dabei, unaufhörlich Leben zu schaffen und zu erhalten – ein fortlaufender Schöpfungsprozess. Jedes Kind, das geboren wird, ist ein Schöpfungswunder, ein neuer Mensch, dem Gott seinen Lebensatem eingehaucht hat.

Schöpfung ist immer zielgerichtet. Gott hat alles so geschaffen, dass wir darin seine Herrlichkeit erkennen können. Wer zum Beispiel Mozart hört – so wie ich gerade beim Schreiben dieser Worte –, ahnt vielleicht etwas von Gottes Herrlichkeit im Werk dieses großen Komponisten. Vielleicht standen Sie in Amsterdam schon einmal ergriffen vor Rembrandts *Nachtwache* und staunten – so wie ich – über die Genialität dieses begnadeten Malers. Kürzlich las ich einen Roman des jüdisch-amerikanischen Schriftstellers Chaim Potok und war hingerissen von seiner Gabe, dem Leser das Gefühl zu vermitteln, als sei er selbst mitten im Geschehen. Auch das sind Beispiele für die einzigartige Aufgabe der Schöpfung: die Herrlichkeit Gottes, seine Majestät und unbändige Schöpfungskraft zu bezeugen.

Jeden Sonntag denke ich an diesen großen Anfang, an den Prozess, in dem die Welt und alles Leben aus dem Nichts entstand, allein durch Gottes Wort. Am Anfang war und ist das Wort; Dinge entstanden und entstehen nach dem Willen des Schöpfers. Meere und alles, was in ihnen lebt, Berge und Täler, das Weltall mit Sternen, Quasaren und allem, was die Astronomen dort so finden. Alles ist Gottes Schöpfung.

Paulus schrieb über den einen Schöpfer, den wir loben und ehren sollen. David drückte in den Psalmen sein Erstaunen darüber aus, dass ein mächtiger Gott, der die ganze Welt erschaffen hat, sich überhaupt für den Menschen interessiert. Der Prophet Jesaja schrieb, dass die Schöpfung jubeln und singen werde und die Bäume vor Freude in die Hände klatschen werden. Ein herrliches Bild! Welch ein Schatz verbirgt sich in diesen biblischen Bildern! Wir können ihn entdecken, wenn wir Gott, den Schöpfer aller Dinge, an einem Sonntagmorgen loben und anbeten.

Nachdem ich so in der Stille vor Gott, dem Schöpfer, war, bin ich erfüllt von dem Gedanken, dass alles in seinen Händen steht. Mein Körper, meine Gaben, meine Lebenskraft, mein materieller Besitz, meine Zeit – all dies gehört nicht mir, sondern Gott. Zu behaupten, dass mir etwas »gehört«, wäre ein arroganter Trugschluss. Ich bin lediglich der Verwalter der Gaben, die er mir anvertraut hat. Alles, über das ich zu verfügen meine (da es mir als mein »Lohn« zustehe), ist in Wirklichkeit Gottes Eigentum – des Gottes, der im Himmel wohnt und in der Seele eines jeden Menschen, der sich demütig seiner Gegenwart öffnet.

## Montag: Ein Tag der Ehre

*Am Montag sinne ich über die Herrschaft Gottes nach.* In meiner Liturgie heißt es:

> Der Herr ist mein König: Ich bin ein Diener in seinem Reich. In Ehrfurcht und Anbetung stehe ich heute vor seinem Thron. Sein Reich beginnt in mir und in allen, deren Knie sich vor ihm beugen. HEUTE IST EIN TAG SEINER EHRE.
>
> »Schlagt froh in die Hände, alle Völker,
> und jauchzet Gott mit fröhlichem Schall!
> Denn der Herr, der Allerhöchste, ist heilig,
> ein großer König über die ganze Erde.« (Psalm 47,1-2)

Wer so vor das Angesicht Gottes tritt, spürt, wie sein Leben und sein Terminplan von der Gegenwart Gottes durchdrungen werden. Seine unerschütterliche Königsherrschaft besteht von Ewigkeit zu

Ewigkeit. Durch den Glauben an Jesus Christus sind wir Bürger und Diener in seinem Reich.

Jemand, der sein Leben lang weltweit das Evangelium verkündigt hat, beschrieb vor einigen Jahren, wie ihm auf einer Reise durch den Iran von einem französischen Diplomaten die Weiterfahrt verweigert wurde.

»Ich denke, das hätte mich zum Schweigen bringen sollen, doch innerlich straffte ich die Schultern und sagte zu mir selbst: ›Als französischer Diplomat ist er ein Vertreter des wackligen französischen Königreichs, das in dreißig Jahren etwa 26 verschiedene Regenten hatte. Wenn er Diplomat ist, dann bin ich Botschafter des unerschütterlichen Königreichs Gottes, das von einem König regiert wird, der seit der Erschaffung der Welt bis zum Ende der Zeiten derselbe sein wird.‹«

Zu einem späteren Zeitpunkt befand er sich mit demselben Diplomaten zusammen auf einem Schiff auf dem Kaspischen Meer. Dort ereignete sich Folgendes:

»Unterwegs . . . passierte es, dass sich der Diplomat, durch ein heimtückisches Schloss, in der Toilette eingesperrt hatte. Ich hörte seine verzweifelten Hilferufe: ›Bitte, Sir, befreien Sie mich!‹ Und der Botschafter der Gottesherrschaft befreite den Diplomaten.«

Der Evangelist zog daraus den Schluss: »Ist das die Aufgabe von uns Botschaftern des Reiches Gottes? Die Diplomaten dieser Welt zu befreien, die sich in allerlei Notlagen im Leben gebracht haben und die klug genug sind, um Hilfe zu rufen? Dann sollten wir voll Demut sagen: ›Bruder, es gibt nur einen rechten Weg im Leben – der, der zum Königreich Gottes führt.‹«

Das ist es, was ich am Montagmorgen verinnerlichen möchte. Dass ich – mit jeder Faser meines Herzens und in jedem Lebensbereich – Gott dienen und gewiss sein kann, Botschafter seines Reiches zu sein. Allein diesem König will ich dienen und tun, was ihm Freude macht. Das ist die beste Theologie – ein Leben im Dienst des Herrn.

## Dienstag: Ein Tag meiner Verantwortlichkeit vor Gott

Am Dienstag gibt es »schwere Kost« für meine Seele. Das Thema, mit dem ich mich heute beschäftige, ist weniger erfreulich, aber auch nicht weniger wichtig. *Heute geht es um die Erkenntnis, dass Gott mein Richter ist:*

> Gott ist mein Richter. Vor ihm werde ich durch meine Sünde schuldig und zu Recht verurteilt. HEUTE IST DER TAG MEINER VERANTWORTLICHKEIT VOR GOTT.
>
> »Ich weiß, Herr, dass der Mensch seinen Weg
> nicht zu bestimmen vermag,
> dass keiner beim Gehen seinen Schritt lenken kann.
> Herr, züchtige mich, doch mit rechtem Maß,
> nicht in deinem Zorn, sonst machst du mich allzu elend.«
> (Jeremia 10,23-24)

Wie gesagt, nicht gerade erbauliche Gedanken. Doch sie sind notwendig. Ohne diese Augenblicke, in denen uns das Böse, das wir getan haben, von Herzen Leid tut, ohne Momente der Beschämung und Reue, verlieren alle »erfreulicheren« Aspekte der Theologie an Bedeutung.

Gott ist ein richtender Gott, und er muss es sein. Es gibt Zeiten, da spüren wir das Feuer seines heiligen Zorns, seinen Abscheu gegenüber der Sünde. Paulus schrieb: »Denn Gottes Zorn wird vom Himmel her offenbart über alles gottlose Wesen und alle Ungerechtigkeit der Menschen . . . « (Römer 1,18). Paulus ließ seine Leser nicht so leicht davonkommen. Eine Botschaft der Gnade und Liebe darf nicht dazu benutzt werden, um die scheußliche Tatsache zu verbergen, dass (mit Paulus' Worten) »in meinem Fleisch nichts Gutes wohnt« (Römer 7,18).

Heutzutage sind Predigten über Gottes Gericht selten geworden, denn dieses Thema ist weder sonderlich beliebt noch scheint es besonders ermutigend. Deshalb neigen wir dazu, es aus unserer Theologie auszuklammern oder hintenanzustellen. Allerdings tun wir uns damit keinen Gefallen.

In einer Zeit, als die Menschen noch eher bereit waren, sich mit Gottes Gericht auseinander zu setzen, im 18. Jahrhundert, schrieb ein bekannter Prediger der Kirche von England:

»Vor zehn Jahren hoffte ich, dieser Zeit voraus zu sein, was auch zunächst auf viel versprechende Weise so schien; doch eine genauere Betrachtung der Niederträchtigkeit meines Herzens und meiner Unfähigkeit, den geistlichen Anforderungen der Gesetze Gottes zu entsprechen, zwang mich täglich zu dem Aufschrei: ›Ich elender Mensch! Gott sei mir Sünder gnädig!‹ Nun . . . wünsche (ich) mir, nichts zu sein, damit Christus alles sein kann. Ich krieche die Leiter der Selbstgefälligkeit hinunter, bis zum Abscheu vor mir selbst; und je mehr ich mich verabscheue, desto mehr hasse ich die Sünde, die der Grund für meinen Abscheu ist.« (John Berridge)

Lassen Sie sich von Berridge nicht aus der Fassung bringen. Beinahe reflexartig denken wir bei solchen Worten, der Verfasser könne wohl nicht anders, als sich in hausgemachten Schuldgefühlen zu suhlen oder er wolle uns ein schlechtes Gewissen einreden. Leben wir nicht heute in einer Zeit, in der man positive Dinge äußert und Selbstbewusstsein an den Tag legt? In der wir einander nicht oft genug sagen können, dass wir wertvoll sind, dass wir geliebt, dass wir Opfer sind, auf keinen Fall Täter?

Wer ein Leben mit Gott führt, der schwelgt keineswegs in seiner Schuld und hat gewöhnlich durchaus ein gesundes Selbstwertgefühl. Doch er besitzt eine Ehrlichkeit sich selbst gegenüber, die vielen unbequem ist. Er weiß genau, dass seine Sünden Gott bedrücken und verletzen und dass er sich damit letztendlich selbst schadet. Er fürchtet den Gott, der in seiner Heiligkeit und Gerechtigkeit nicht anders handeln kann, als ihn schuldig zu sprechen.

Berridge führt diesen Gedanken noch weiter aus: »Je mehr das Herz gereinigt wird, desto mehr werden wir seines übrig gebliebenen Schmutzes gewahr; genauso, wie wir uns über einen einzigen Fleck auf einem neuen Mantel mehr ärgern als über hundert Flecken auf einem alten. Je verderbter die Menschen, desto weniger schämen sie sich ihrer bösen Taten; und je heiliger die Menschen, desto mehr lernen sie, sich selbst zu verabscheuen.«

Deshalb ist es mir wichtig geworden, wenigstens einmal in der Woche in die Gegenwart Gottes als meinem Richter zu treten, der mich für meine Schuld zur Verantwortung zieht. Das fällt mir nicht immer leicht – aber desto mehr freue ich mich auf den Mittwoch.

## Mittwoch: Ein Tag der Erlösung

Der Schwerpunkt dieses Tages ist für mich: *Gott ist mein Retter, mein Erlöser.* Meine tägliche Liturgie lautet heute:

> Gott ist mein Retter. Durch das Sühneopfer seines Sohnes wurde die göttliche Gerechtigkeit erfüllt. Er hat mich von meiner Schuld erlöst und als sein Kind angenommen. HEUTE IST EIN TAG DER ERLÖSUNG.
>
> Gott spricht:
> »Ist mein Arm nun so kurz geworden,
> dass er nicht mehr erlösen kann?
> Oder ist bei mir keine Kraft mehr, zu erretten?« (Jesaja 50,2)
>
> Jesaja kündigt an:
> »Die Erlösten des Herrn werden wiederkommen
> und nach Zion kommen mit Jauchzen;
> ewige Freude wird über ihrem Haupte sein;
> Freude und Wonne werden sie ergreifen,
> und Schmerz und Seufzen wird entfliehen.« (Jesaja 35,10)

Der Mittwoch ist ein wunderbarer Tag für meine Seele. Während ich über Gott als Retter nachdenke, entweicht alle Schwere des gestrigen Tages.

In unserer Kindheit erzählte man uns oft folgende Geschichte als Beispiel für die Liebe Gottes: Ein Richter kam eines Tages in die Lage, dass im Gerichtssaal sein eigener Sohn vor ihm stand, angeklagt wegen eines schweren Verkehrsdelikts. Es gab genügend Beweise, so dass seine Schuld offensichtlich war. Der Vater konnte nicht anders, als mit richterlicher Strenge das Urteil zu sprechen: »Schuldig!« Denn als Richter konnte er nicht einfach aus familiären Gründen für mildernde Umstände plädieren. Er war dem Gesetz verpflichtet und dafür verantwortlich, dass Gerechtigkeit geschah. Der Sohn wurde zu einer saftigen Geldstrafe verurteilt.

Doch damit ist die Geschichte noch nicht zu Ende. Als die Verhandlung vorüber war und der Angeklagte hinausgeführt wurde, stand der Richter auf, legte seine Robe ab und ging zu seinem Sohn. Nun war er nicht mehr Richter, sondern nur noch ein liebender Vater. Sein Arm lag mitfühlend auf der Schulter des Sohnes. Er begleitete seinen Sohn zur Zahlstelle, wo die Strafe beglichen werden musste; ja, er griff sogar selbst zum Portemonnaie, um die Strafe des Sohnes zu bezahlen.

Hier handeln zwei Personen in einer: Der Richter und der Retter. Beide Forderungen werden gleichermaßen erfüllt: die der Gerechtigkeit und die der Liebe. Und beides durch dieselbe Person.

Das griechische Wort für Erlösung (*apolytrosis*) schließt den Gedanken des Freikaufens eines Sklaven ein. Und mittwochs geht es mir oft so, dass ich mich auf dem Sklavenmarkt sitzen sehe. Dann betritt Jesus die Szene und kauft mich frei von der Schuld, die sein Vater so streng verurteilt hat.

Eine wunderbare Theologie. Sie tröstet die betrübte Seele und füllt sie mit Freude.

In unserer Welt bekommt man, wie es heißt, nichts umsonst – außer der Erlösung. Und das gilt für alle, die unter dem Kreuz niederknien und bereit sind, dieses Geschenk in Empfang zu nehmen. Jeden Mittwoch wird mir dies aufs Neue deutlich. Und meine Seele wird erquickt, befreit von der Last des Gerichts. Und gleichzeitig wächst mein inneres Fundament wie ein Segelboot durch das Gewicht unterhalb der »Wasserlinie«, das es stabilisiert und ihm »Seetüchtigkeit« verleiht.

## Donnerstag: Ein Tag der Fürsorge Gottes

Donnerstags rufe ich mir in Erinnerung, dass *der Herr mein Hirte ist,* wie es in dem schönen Psalm Davids heißt. Bei David kam dieser Vergleich nicht von ungefähr, denn er war selbst Hirte gewesen. Er wusste, was es bedeutet, Schafe zu guten Weidegründen zu führen, für sie zu sorgen, ihre Wunden zu pflegen und sie gegen wilde Tiere zu verteidigen. Er wusste, wie schreckhaft und verängstigt ein Schaf sein kann, das von der Herde getrennt ist. Er wusste, wie es war, nachts zu wachen, wenn Raubtiere in der Gegend gesichtet worden waren. Sein Vater hatte ihm die Verantwortung für die Herden der Familie übertragen, und David nahm seine Aufgabe sehr ernst. Er war bereit, seine Schafe nach Kräften zu verteidigen, wenn nötig, sogar gegen Löwen oder Bären zu kämpfen.

»David sagte zu Saul: Dein Knecht hat für seinen Vater die Schafe gehütet. Wenn ein Löwe oder ein Bär kam und ein Schaf aus der Herde wegschleppte, lief ich hinter ihm her, schlug auf ihn ein und riss das Tier aus seinem Maul. Und wenn er sich dann gegen mich aufrichtete, packte ich ihn an der Mähne und schlug das Tier tot.« (1. Samuel 17,34-35)

David gebrauchte das Bild vom Hirten, um Gott zu beschreiben, der zugleich Schöpfer, Herr, Richter und Erlöser ist. In der damaligen Zeit wusste noch jeder, welche Aufgaben ein Hirte hat. – In meiner Gebetsliturgie steht heute Morgen:

> Gott ist mein Hirte. Durch seinen Heiligen Geist gibt er mir alles, was ich brauche. Er versorgt mich, beschützt mich, ernährt und leitet mich. HEUTE IST EIN TAG DER FÜRSORGE GOTTES.

»Ich will singen von der Gnade des Herrn ewiglich
und seine Treue verkünden mit meinem Munde für und für;
denn ich sage: Für ewig steht die Gnade fest;
du gibst deiner Treue sicheren Grund im Himmel.«
(Psalm 89,2-3)

Heute ist der Tag, an dem ich darüber nachsinne, dass Gott freundlich ist und voll liebender Fürsorge. Ich denke daran, wie er sich als treuer Hirte erwiesen hat. Wie ein Schaf seinem Hirten, so kann ich Gott vertrauen.

Von Kardinal Basil Hume, dem damaligen Oberhaupt der römisch-katholischen Kirche in England, wird folgende Geschichte erzählt: Als er noch ein Kind war, plünderte er gern die Keksdose in der Küche. Wenn seine Mutter ihn dabei ertappte, wies sie ihn mit strenger Stimme zurecht und erinnerte ihn daran, dass Gott alles sieht. Als Hume diese Begebenheit erzählte, sagte er zu seinen Zuhörern: »Heute denke ich eher, wenn ich eines Tages vor Gott stehen werde, wird er mich gütig anlächeln und fragen: ›Basil, warum hast du nicht öfter zugegriffen?‹«

Humes Gott ist ein freundlicher, fürsorglicher Gott, ein guter Hirte. Dieses Gottesbild ist genauso treffend wie das des Richters. Der Richter und der Gute Hirte – zwei Seiten des einen, heiligen Gottes.

## Freitag: Ein Tag der innigen Verbundenheit mit Gott

Am Freitag erinnert mich mein Gebetstagebuch daran, *dass Gott mein Vater ist:*

> Gott ist mein Vater, der mich zärtlich liebt. Er hat Erbarmen mit mir und er sucht die persönliche Beziehung zu mir, als Vater und als Freund. HEUTE IST EIN TAG DER INNIGEN VERBUNDENHEIT MIT GOTT.

»Wie sich ein Vater über Kinder erbarmt,
so erbarmt sich der Herr über die, die ihn fürchten.
Denn er weiß, was für ein Gebilde wir sind;
er gedenkt daran, dass wir Staub sind.« (Psalm 103,13-14)

Ich liebe den Gedanken, dass Gott mein Vater ist. Die Vaterrolle ist die wichtigste Rolle, die mir in meinem eigenen Leben je zuteil wurde. Ich habe die Freuden und Leiden eines Vaters kennen gelernt, die Erfolgserlebnisse und das Scheitern, die (vielen) schönen und (wenigen) schweren Seiten.

Ich saß bei Theateraufführungen in der Schulaula, um unsere Tochter auf der Bühne zu bewundern. Bei zahlreichen Fußballspielen stand ich am Rand des Spielfeldes und feuerte unseren Sohn an. Ich habe meine Kinder in den Arm genommen, um sie zu trösten, wenn sie weinten. Nie werde ich unsere vertrauten Gespräche vergessen, wenn wir über die Dinge redeten, die uns wichtig waren, die uns traurig machten oder über die wir uns freuten. Vater zu sein ist eines der größten Geschenke im Leben eines Mannes.

Wenn nun die Bibel sagt, dass Gott mein Vater ist, berührt das ganz besondere Saiten in meiner Seele. Ein Vater ist jemand, der mir nahe ist, der weiß, wie es mir geht, der mich an der Hand nimmt und mir den Weg zeigt.

Mein leiblicher Vater und ich hatten leider nicht die Möglichkeit, ein solches Vertrauensverhältnis aufzubauen. Aber als ich vor einigen Jahren eine schwere Krise durchmachte, da merkte ich, wie sehr ich ihn brauchte. Und er kam! Als wir uns dann als erwachsene Männer gegenüberstanden, spürte ich auf einmal eine Vertrautheit und innige Verbundenheit, die sich nicht erklären lässt, und wir umarmten uns und weinten. Seine Nähe in dem Augenblick war für mich vergleichbar mit der Nähe Gottes, der sagt: »Ich bin dein Vater.«

Daran denke ich freitags besonders: an die innige Verbundenheit Gottes mit mir.

## Samstag: Ein Tag der Hoffnung

Meine persönliche Liturgie endet mit dem Samstag. Dies ist der Tag, an dem ich meine Seele an die Ewigkeit erinnern möchte. Daran, *dass ich in Gott ewiges Leben habe.* – In meinem Tagebuch lese ich:

> Gott ist mein Leben. Durch sein Geschenk hat er mir ewiges Leben verheißen. Der Tod ist das Tor zu einem unbegreiflichen, hellen Licht. In der Ewigkeit werde ich die grenzenlose Weite und das Geheimnis der Herrlichkeit Gottes entdecken. Alle Trauer, Streitigkeiten, Zerbrochenheit und Schwächen werden der Vergangenheit angehören und für immer vergessen sein. Dann wird alles voll Jubel und Lobpreis sein. Dann werde ich Gottes Angesicht schauen, ihn so sehen, wie er wirklich ist. HEUTE IST EIN TAG DER HOFFNUNG.

> »Seht da, die Wohnung Gottes unter den Menschen! Er wird in ihrer Mitte wohnen, und sie werden sein Volk sein; und er, Gott, wird bei ihnen sein. Er wird alle Tränen von ihren Augen abwischen: Der Tod wird nicht mehr sein, keine Trauer, keine Klage, keine Mühsal. Denn was früher war, ist vergangen. Er, der auf dem Thron saß, sprach: Seht, ich mache alles neu!«
> (Offenbarung 21,3-5)

J., die Frau meines Nachbarn, war an Krebs erkrankt. Nun lag sie im Sterben. Ich saß mit dem Mann gemeinsam an ihrem Sterbebett. Ihre letzten Stunden waren sehr schwer. Sie war nicht mehr bei vollem Bewusstsein und warf sich ruhelos im Bett hin und her. Die Ärzte und Schwestern hatten getan, was sie konnten, doch in diesem letzten Stadium schienen sämtliche Medikamente nicht mehr zu wirken. Dem Pflegepersonal fiel es sichtlich schwer, die professionelle Selbstbeherrschung aufrecht zu erhalten, denn alle hatten zu der Patientin im Laufe ihrer langen Krankheit eine persönliche Beziehung entwickelt. Hilflos standen sie um das Krankenbett herum.

Ich fühlte mich innerlich gedrängt, etwas zu tun. Ich trat dicht an das Bett heran. Die umstehenden Schwestern wichen zurück, sichtlich dankbar, dass ein Pastor da war, der vielleicht irgendetwas Sinnvolles tun konnte.

Ich legte meine Hand auf J.s durch die Krankheit abgezehrte Schulter und drückte sie sanft zurück in das Kissen. »Ich bin es, J.«, sagte ich, »Pastor Mac. Kannst du mich hören?«

Sie sah mich aus weit aufgerissenen, angstvollen Augen an. »Ja, Pastor Mac«, antwortete sie.

»J., ich möchte dir etwas sagen. Bitte, hör mir gut zu, so gut du kannst. Bleib ganz ruhig liegen und versuche nicht zu sprechen. Hör einfach zu, ja?«

»Ja, Pastor Mac«, flüsterte sie, »ich höre zu.«

In meinem Inneren formten sich die vertrauten, schlichten und doch so kraftvollen Worte der Bibel: »Der Herr ist mein Hirte ... mir wird nichts mangeln ... Er weidet mich auf einer grünen Aue ... er führt mich zum frischen Wasser ... Er erquickt meine Seele ... Er führt mich auf rechter Straße um seines Namens willen ... Und ob ich schon wanderte im finstern Tal ... ja, selbst im finstersten, finstersten Tal ... fürchte ich kein Unglück ... habe ich keine Angst ... Hörst du mich, J. ... hab keine Angst ... denn Gott ist bei dir.«

Und ich fuhr fort: »J., wir kennen uns nun schon seit so vielen Jahren, und wir haben oft von diesem Augenblick gesprochen, wenn wir einmal heim zum Vater gehen werden. Nun gehst du zuerst. Unser Herr ist ein wunderbarer Hirte; er hat dich sehr lieb und er wird gut für dich sorgen. Du kannst dich ganz ruhig und getrost in seine Arme fallen lassen. Bei ihm wirst du geborgen sein.«

Ich sah, wie die Angst, die bange Unruhe, allmählich aus ihren Augen wich. Ihr Atem wurde ruhiger und der ganze Körper entspannte sich. Sie sah ihren Mann an und sagte mit leiser Stimme zu ihm: »Danke für alles; für deine Liebe und dass du so gut zu mir warst. Ich liebe dich.«

Dann sagte sie zu ihrer Tochter: »Mama wird dich immer lieb haben, mein Schatz. Du musst jetzt stark sein für Papa.« Und danach, an das Pflegepersonal gewandt: »Ich danke Ihnen für alles, was Sie für mich getan haben. Danke für Ihre Liebe und Fürsorge.«

Beinahe unmittelbar nach diesen Worten schloss J. ihre Augen und schlief ein. Einige Augenblicke später stand sie dem Guten Hirten von Angesicht zu Angesicht gegenüber. Sie hatte die Schwelle vom Tod zum ewigen Leben überquert.

Ich denke gern über den Gott der Auferstehung nach, der uns ewiges Leben versprochen hat, über seine wunderbaren Taten und die Jubelchöre im Himmel, die ihn preisen. Ich liebe den Gedanken, eines Tages meinen Großvater wieder zu sehen und Menschen der Bibel, wie Daniel, Paulus und Barnabas oder das gastfreundliche Ehepaar Priszilla und Aquila, persönlich kennen zu lernen. Ich freue mich darauf, mit dem Kirchenvater Augustinus Bekanntschaft zu schließen, mit Franz von Assisi und vielen, vielen anderen.

So meditiere ich jeden Samstag über das Geschenk des ewigen Lebens, über diese wunderbare Zukunft, die Gott uns verheißen hat. Diese Stille am Morgen prägt meinen Tag.

Der große englische Parlamentarier William Wilberforce stellte sich im Kampf für die Abschaffung der Sklaverei sein Leben lang gegen die wirtschaftlich Mächtigen des britischen Empires. Woher nahm er die Kraft?

Wilberforce schrieb: »Die Stille des Morgens, bevor sich das Gemüt erhitzt und der Geist durch die Lasten und Pflichten des Tages ermattet, ist eine unschätzbar wertvolle Zeit der Begegnung mit Gott und mit uns selbst.«

Und einer seiner Biographen, Garth Lean, ergänzte: »In seinem täglichen (politischen) Kampf waren es zunehmend diese morgendlichen Gebetszeiten (die er eisern einhielt, trotz kurzer Nächte und seiner angeschlagenen Gesundheit) und seine ruhigen Sonntage, die ihm angesichts seiner persönlichen und der politischen Situation Kraft und Zuversicht gaben.«

Theologie ist doch gar nicht so schlecht, nicht wahr? Dies ist die Theologie, die unserer Seele die nötige Stabilität unterhalb der »Wasserlinie« verleiht, so dass sie für die Stürme des Lebens gerüstet ist. Und ein solches Leben wird von Gott gesegnet sein.

Wenn unsere Tochter Kristy fragte: »Papa, wo bist du?«, und ich antwortete: »Unten im Wohnzimmer bei Mama«, dann schlief sie sicher und geborgen ein. Wenn ich Gott frage: »Wo bist du?«, dann weiß ich tief in meiner Seele die Antwort: Er ist mit mir.

# 11. Positive Überzeugungen gedeihen nur auf gutem Boden

## *Bewusste Entscheidungen*

*Gott gab ihm einen Charakter von großer Majestät.*

Mitglieder des Genfer Rates über Johann Calvin

Überzeugungen bilden sich nicht nur in unserem Kopf. Was unser Verstand hervorbringt, ist in der Regel das Ergebnis eines rationalen Prozesses und lässt sich mit Argumenten verteidigen. Unsere Überzeugungen dagegen sind Lebenseinstellungen, die auf dem Boden unseres Glaubens wachsen. Dabei spielen unter anderem unsere Entscheidungen und unser Alltagsleben eine wichtige Rolle.

Auch meine wöchentliche Liturgie trägt zur Bildung meiner Überzeugungen bei.

Ein Beispiel: »Gott ist wahrhaftig der Herr.« Ich habe mich dafür entschieden, ihm mit meinem Leben zu dienen (ob es mir gefällt oder nicht), und gehe mit allem, was er mir anvertraut hat, sorgfältig und verantwortungsvoll um. Diese Entscheidung wird zu einer festen Überzeugung und somit zur treibenden Kraft für mein tägliches Verhalten.

Ein biblisches Beispiel für diesen Prozess finden wir etwa in der Konfrontation von Petrus und Johannes mit den Priestern und Mitgliedern des Hohen Rates. Als man ihnen verbieten wollte, in Jerusalem das Evangelium zu verkündigen, entgegneten sie: »Ob es vor Gott recht ist, mehr auf euch zu hören als auf Gott, das entscheidet selbst. Wir können unmöglich schweigen über das, was wir gesehen und gehört haben. Wir können's ja nicht lassen, von dem zu reden, was wir gesehen und gehört haben.« (Apostelgeschichte 4,19-20)

Hier geht es den Aposteln um ihre Überzeugung. Aus ihnen spricht eine Entschlossenheit, die in ihrem Inneren gereift und dort tief verwurzelt ist. Sie gibt ihnen Kraft, mutig ihren Standpunkt zu vertreten.

Weder das Gesetz noch rohe Gewalt noch die öffentliche Meinung kann die Apostel zum Schweigen bringen. Alles, was sie tun und sagen, ist von dieser Überzeugung bestimmt.

Überzeugungen und Charakter hängen zusammen. *Charakter* bezeichnet die Gesamtheit der geistig-psychischen Eigenschaften und Einstellungen eines Menschen, seine Wesensart, die sich unter anderem in seinem alltäglichen Verhalten widerspiegelt. Aufgrund seines Charakters meinen wir voraussagen zu können, wie jemand in einer Situation handeln wird. Charakter ist in diesem Sinne das Ergebnis der Überzeugungen und Anlagen, die in unserer Seele verankert sind.

Ich bin lange genug auf der Welt, um mir von meinem eigenen Charakter ein Bild machen zu können. Ich weiß, dass ich meine Schwächen habe.

Gelegentlich hört man Leute übereinander reden: »Er/sie hat eine Charakterschwäche.«

Davon ist niemand ausgenommen. Wir alle sind schwach. Man braucht nur tief genug zu graben, um festzustellen, dass niemand fehlerlos ist. Auch ich nicht, so sehr ich dies auch bedauere. Allerdings kann unser Charakter im Laufe unseres Lebens an den richtigen oder falschen Stellen gestärkt werden.

Eine Erfahrung und die Entscheidung, die meine Frau und ich einmal trafen, haben meinen Charakter sicher an einer richtigen Stellen gestärkt.

Gail und ich waren jung verheiratet. Aus finanziellen Gründen mussten wir unser Haus möglichst schnell verkaufen, fanden aber leider keinen Käufer.

Da kam uns eine Immobilienmaklerin gerade recht, die behauptete, Christin zu sein, und uns anbot, die Sache für uns in die Hand zu nehmen. Mit einem Seufzer der Erleichterung unterschrieben wir die erforderlichen Papiere. Und zu unserer großen Freude teilte sie uns innerhalb weniger Wochen mit, sie habe einen Käufer gefunden.

Doch wir hatten das Kleingedruckte übersehen. Damit der Verkauf zustande kommen könne, so teilte man uns mit, müssten wir eine zweite Hypothek aufnehmen (in anderen Worten, dem Käufer unser Geld leihen) plus einige andere seltsame Vertragsbedingungen erfüllen. Jung und naiv, wie wir damals waren, unterschrieben wir alles, was man uns vorlegte. Die Maklerin versicherte uns, es bestünde für uns überhaupt kein Risiko, und da sie sich als Christin ausgab, genoss sie unser volles Vertrauen.

Nach etwa zwei Monaten gingen uns langsam die Augen auf. Die Zahlungen für die zweite Hypothek erfolgten nicht und – was noch schlimmer war – die Zahlungen für die erste Hypothek auch nicht. Das zuständige Geldinstitut war kurz davor, gerichtliche Schritte gegen Gail und mich einzuleiten, die unsere Kreditwürdigkeit wohl für immer ruinieren und uns riesige Summen kosten würden. (Die wir nicht hatten.)

Die Lage spitzte sich noch weiter zu, als wir erfuhren, dass die Familie, die unser Haus gekauft hatte, vollkommen zerrüttet war. Der Vater war von zu Hause ausgezogen, die Mutter lebte mit den Kindern von der Sozialhilfe. Uns blieb keine andere Wahl, als das Geld aufzutreiben, um die monatlichen Abzahlungen der Käufer selbst zu tragen. Damit bezahlten wir im Grunde dafür, dass diese Familie in unserem Haus wohnen konnte. Und das mit unseren mageren studentischen Einkünften.

Wir fragten einen Anwalt um Rat. Und erfuhren, die Sache sei ganz einfach: Wir brauchten die Familie nur zu verklagen und sie zur Räumung des Hauses zu zwingen. Aber konnten wir diese Leute mit Gewalt aus dem Haus vertreiben? Wollten wir das überhaupt? Konnten wir das mit unserem Glauben vereinbaren? Was sollten wir tun?

Mehr und mehr spürten wir, dass dies für uns als Nachfolger Christi kein Weg sein konnte, trotz unserer eigenen unsicheren finanziellen Verhältnisse und obwohl das Gesetz auf unserer Seite stand. Wir waren zwar beide erst Mitte zwanzig, doch alt genug, um zu wissen, dass wir kein Recht hatten, diese Familie, die schon genug Probleme hatte, vollends zu zerstören.

»Wie oft muss ich denn meinem Bruder, der an mir sündigt, vergeben? Genügt es siebenmal?«, fragte Petrus und fühlte sich wahrscheinlich besonders großzügig dabei, wenn er siebenmal vergab. Er lebte schließlich in einer Gesellschaft, in der galt: Auge um Auge und Zahn um Zahn.

Doch Jesus wies ihn mit seiner Antwort zurecht: »Ich sage dir: nicht siebenmal, sondern siebzigmal siebenmal« (Matthäus 18,22).

Was tat er damit? Er pflanzte eine Überzeugung in Petrus' Seele. Eine, die noch wachsen musste, die auf die Probe gestellt werden würde, die hin und wieder Schiffbruch erleiden würde. Aber die später, wenn es darauf ankam, gereift sein würde.

So ähnlich ging es damals Gail und mir. Jesus redete mit uns. Wollten wir unser Recht einklagen und eine verarmte Familie in den sicheren Untergang treiben? Oder waren wir bereit, eine andere Lösung zu finden? Wir entschieden uns für das Zweite.

Innerhalb von wenigen Monaten war die Sache ausgestanden. Allerdings brauchten Gail und ich Jahre, um diese finanziellen Löcher zu stopfen, aber ich kann nicht sagen, dass wir diese Entscheidung jemals bereut hätten. Sie hat uns vielmehr in unserem Glauben gestärkt. Wir sind nie wieder mit einer ähnlichen Situation konfrontiert worden, doch für uns beide ist seitdem klar, dass Menschen uns wichtiger sind als Geld. Und dass es möglich ist, nach seinen Überzeugungen zu leben.

Bei all dem wussten wir: Der Herr ist König und wir sind Diener in seinem Reich. Und wir wollen seine Interessen über unsere eigenen Interessen stellen. Allerdings muss ich zugeben, dass wir uns unserer Sache nicht immer hundertprozentig sicher waren. Wir waren – und sind – keine Übermenschen. Doch unsere Überzeugung ist eine feste Konstante in unserem Leben geworden, trotz aller Anfechtungen.

In unseren westlichen Ländern macht sich die Angst vor dem offensichtlichen Werteverlust breit. In Zeitungsartikeln, Radiosendungen und Talk-Shows melden sich Stimmen zu Wort, die voller Besorgnis sind über die zunehmende Gewaltbereitschaft unter Jugendlichen. Abtreibungen und Berichte über Kindesmissbrauch sind an der Tagesordnung. Wo sind unsere Werte geblieben?

Bisher schlugen sämtliche Versuche von Pädagogen, Psychologen, Therapeuten und staatlichen Hilfsprogrammen fehl, dem Verfall der Werte entgegenzuwirken und positive Verhaltensmuster zu fördern. Was uns, aus biblischer Perspektive betrachtet, nicht sonderlich überraschen dürfte.

Wer sein Leben nach biblischen Maßstäben ausrichtet, weiß: Das Verhalten eines Menschen beruht auf den Überzeugungen, die in seinem Inneren verankert sind. Nur wer seine Seele für Gott öffnet, wird seinen Nächsten lieben und respektieren und in seinem ganzen Denken und Tun Gott verherrlichen. Unsere säkularisierte Gesellschaft hat christliche Überzeugungen vor einigen Jahrzehnten verworfen. Nun ernten wir die zweifelhaften Früchte dieser Saat.

## Wie entstehen Überzeugungen?

Die Kindheit ist eine Zeit, in der wir noch leicht zu beeinflussen sind. Überzeugungen werden in der Regel zunächst durch Menschen vermittelt, die in unserem Leben eine entscheidende Rolle spielen. Dies sind gewöhnlich die Eltern oder andere Familienmitglieder und Personen, die uns nahe stehen. Wichtig für die frühe Bildung von Überzeugungen sind auch die Geschichten, Lieder oder Spiele in dieser Zeit.

Das Fundament unserer späteren Überzeugungen wird also schon in frühester Jugend gelegt – eine Saat, die gehegt und gepflegt werden muss, damit sie heranwachsen kann. Die beste Zeit dafür sind meiner Meinung nach die ersten sieben Lebensjahre. Später wird es schwieriger, auf dieses Wachstum Einfluss zu nehmen.

Nach meiner Erfahrung mit unseren Kindern gibt es keine bessere Methode, um die Saat auszustreuen, als die Musik. Großzügigkeit ist ein entscheidender Charakterzug unserer heute längst erwachsenen Kinder. Ich führe dies nicht zuletzt auf die *Lieder* zurück, die meine Frau ihnen in den ersten Lebensjahren und -monaten vorsang. »A Sharing Time Is a Happy Time« (deutsch etwa »Teilen macht Freude«) war eines der Lieder, das Gail ihnen beibrachte, ein lustiges Kinderlied, in dem es um das Teilen von Spielsachen und Büchern geht. Unsere Kinder sangen es gern, und ich bin sicher, sie kennen den Text noch heute auswendig. Ich glaube, es geht in unserer Familie allen so, dass wir noch heute jedes Mal, wenn unser Egoismus sich durchsetzen will, in der Ferne ein leises Glöckchen klingeln hören – das alte Kinderlied, das in unserer Seele weiterlebt.

Die meisten charakterbildenden Überzeugungen gehen auf unsere frühen Kindheitserfahrungen in den ersten fünf Lebensjahren zurück. Deshalb haben Mütter, Väter und andere Familienmitglieder eine so große Verantwortung.

In seinem Gedicht »Rugby Chapel« schreibt Matthew Arnold über seinen Vater, den er sehr verehrte:

> »Mögen auch auf den Pfaden der Welt
> Steine deine Füße verletzt,
> schwere Arbeit oder Niedergeschlagenheit
> deinen Geist angefochten haben:
> Wir bemerkten nichts davon – du warst uns gegenüber
> immer heiter, hilfsbereit und verlässlich!«

Was ein Kind in dieser entscheidenden Lebensphase hört und sieht, legt den Grundstock für seine späteren Überzeugungen und Verhaltensmuster. Kein Wunder, dass Jesus warnte: »Wer den Glauben dieser Kleinen zerstört, für den wäre es besser, wenn er mit einem Mühlstein um den Hals im Meer versenkt würde.«

Ich wage es hiermit, auch über die Frage zu spekulieren: Können wir Überzeugungen »erben«? Gibt es da Dinge, die bereits in unserem DNA-Code festgelegt sind? Meine persönliche Antwort lautet ja. Ich denke schon, dass wir die Erinnerungen und manche Eigenschaften unserer Vorfahren in uns tragen. Ihren Schmerz, ihren Kummer, ihre Empfindungen, ihre Träume. Vielleicht werden sie ein Teil unserer Erbmasse. Dies können familiäre Erfahrungen oder Überzeugungen sein, die von Generation zu Generation weitergegeben werden und die uns eine Kraftquelle sind – oder aber solche, von denen wir uns lösen müssen, da sie einen zerstörerischen Einfluss auf uns ausüben.

Unsere Überzeugungen werden auch durch die *Geschichten* gebildet, die wir hören. Kinder identifizieren sich mit ihren Helden, nehmen ihre Wesenszüge an.

Ich erinnere mich noch gut an eine großartige Geschichtenerzählerin meiner Kindheit, Elizabeth. Es sind beinahe fünfzig Jahre her, seit ich in den Sommerferien jeden Morgen hinunter zu ihrem Ferienhaus lief. Elizabeth verfügte über einen wahren Schatz an Geschichten aus aller Welt, und wir Kinder hingen gebannt an ihren Lippen.

Die Dramen der Geschichten halfen mir, mich auf die echten Dramen vorzubereiten, die im wirklichen Leben auf mich zukamen. Die Saat schlug Wurzeln in meiner Seele.

Wir gingen zum Kindergottesdienst und zur Kinderbibelwoche, und auch dort hörten wir Geschichten. Es gab zwar noch keine Videos, doch die Personen und Handlungen wurden mit Hilfe von Flanellbildern lebendig, auf denen sie immer wieder neu angeordnet werden konnten. In unserer Phantasie begannen die Figuren, sich zu bewegen und zu sprechen. So lernten wir sie alle kennen: Mose, David, Esther, Hanna, Jona, Petrus, Johannes und Paulus. Wunderbare Geschichten, die immer wieder erzählt wurden, bis sie in alle Ecken und Winkel unserer Kinderseele sickerten.

Und dann die *Bücher*! Ebenfalls ein Beispiel, wie Überzeugungen vermittelt werden können. Als Kind verschlang ich spannende Abenteuerromane, die von Jungen in meinem Alter handelten. Da gab es die harten Jungs und die nachgiebigen, die älteren und die jüngeren. Sie alle trugen zu meinem Erfahrungsschatz bei, weiteten meinen Horizont von der Welt und davon, wie man sich verhalten konnte, sollte man eines Tages in ähnliche Situationen geraten.

Mit zunehmendem Alter *werden Überzeugungen vermehrt durch Nachdenken und erkannte und akzeptierte Prinzipien erworben.* Hierbei handelt es sich normalerweise um Erkenntnisse, die aufgrund eines »störenden Moments« auftreten.

Ein Trainer schrieb in einem Brief an einen jungen Sportler: »Wenn du in einem Augenblick wie diesem aufgibst, dann wirst du wahrscheinlich für den Rest deines Lebens immer wieder aufgeben, sobald du in solche oder ähnliche Situationen gerätst.« Ein solches Prinzip wird zu einer Überzeugung, aus der man in schwierigen Zeiten Mut schöpfen kann, und man hört, wie eine innere Stimme sagt: »Ich habe es damals geschafft, also kann ich es auch diesmal schaffen.«

Ich weiß noch, wie sich einer meiner Professoren am Predigerseminar darüber äußerte, dass ich einige seiner Lehrveranstaltungen geschwänzt hatte, um einen Termin für eine Hausarbeit einzuhalten. Über diese Hausarbeit sagte er: »Eine gute Arbeit, wenn auch keine überragende, denn Sie haben Ihre täglichen Pflichten vernachlässigt, um ein anderes Ziel zu verfolgen.« Das ist ein weiterer Grundsatz, der zu einem Lebensprinzip werden kann: die Treue im Kleinen, im Alltäglichen.

Schließlich gewinnen wir unsere Überzeugungen aus dem wichtigsten Buch für Christen: der *Bibel.* Deshalb ist es für Menschen, die neu zum Glauben gekommen sind, so entscheidend, täglich in der Bibel zu lesen. Denken Sie an Esras Auftrag: »Denn Esra war von ganzem Herzen darauf aus, das Gesetz des Herrn zu erforschen und danach zu handeln und es als Satzung und Rechte in Israel zu lehren« (Esra 7,10).

Hier wird die Bibel selbst für uns zum Lehrer. Paulus schrieb: »Wir aber haben nicht den Geist der Welt empfangen, sondern den Geist, der aus Gott stammt, damit wir erkennen können, was uns von Gott geschenkt worden ist« (1. Korinther 2,12). Der Heilige Geist wird dem Gottes Geheimnisse offenbaren, der die Bibel mit suchendem Herzen liest. Eine Wahrheit, die größer ist als Worte, wird sich aus den Zeilen lösen und in das Innerste unserer Seele dringen, wo ihre Saat wachsen und zu einer festen Überzeugung werden kann:

»Denn lebendig ist das Wort Gottes, kraftvoll und schärfer als jedes zweischneidige Schwert; es dringt durch, bis zur Scheidung von Seele und Geist; von Gelenk und Bein; es richtet über die Regungen und Gedanken des Herzens« (Hebräer 4,12).

Die Bibel ist mehr als ein Buch. Sie enthält eine Wahrheit, die unsere Seele anzieht wie ein Magnet die Eisenspäne. Sie lehrt uns, dass Hass und Gewalt der Liebe weichen müssen, dass Vergebung stärker ist als Vergeltung, Großzügigkeit besser als Raffgier, Frieden schließen klüger als Säbelrasseln, und dass die Demut Arroganz und Stolz besiegt. All das vollzieht sich nicht automatisch, sondern muss in unserem Inneren reifen, bis diese Überzeugungen unser ganzes Denken und Handeln bestimmen.

Nicht zuletzt sind unsere Überzeugungen auch das Ergebnis der *Gemeinschaft* innerhalb einer bestimmten Lebensform. Paulus forderte die Christen in Korinth auf, auf die schwächeren Brüder Rücksicht zu nehmen (siehe 1. Korinther 8,9-11). Welchen Einfluss hat unsere Lebensweise auf andere? Werden durch unser Verhalten Menschen, die noch nicht so gefestigt im Glauben sind, entmutigt oder zur Sünde angestiftet, dann sollten wir zurückstecken und auf Dinge verzichten, die sie im Glauben durcheinander bringen könnten.

Eltern tun dies für ihre Kinder. Bei uns zu Hause gab es zum Beispiel feste Richtlinien zum Thema Alkohol. Ebenso unterzogen wir unser Konsumverhalten einer kritischen Betrachtung, denn unsere Kinder sollten lernen, ihr Geld einzuteilen. Sie sollten erleben, dass man auch ohne übermäßige Anhäufung materieller Güter glücklich sein kann. Es gab Situationen, in denen es für unsere Entscheidung den Ausschlag gab, was für unsere Kinder oder für Außenstehende, die uns als Vorbild betrachteten, das Beste war.

Manche unserer Überzeugungen gewinnen wir als *Folge unseres Versagens.* Manchmal reifen wir besonders, wenn wir eigene Schuld erkennen. Nach einer Verfehlung gibt es nur zwei Möglichkeiten. Entweder man verbittert, zieht keine Lehre daraus und gerät schlimmstenfalls immer tiefer in den Strudel des Scheiterns. Oder – die weitaus bessere Alternative – die Angst vor der Wiederholung und den Folgen der Sünde ist so groß, dass man alles daransetzt, um so etwas in Zukunft zu vermeiden. Die Seele schreit: »Nie wieder!«, eine feste Überzeugung entsteht.

Es kann furchtbar demütigend sein, wenn das eigene Versagen dem Tratsch und der Neugier der Leute preisgegeben wird. Doch selbst wenn das Geschehene nie ans Tageslicht kommt, sollten wir aus unserem Scheitern eine Lehre ziehen, denn auch noch so schmerzliche Erlebnisse können entscheidend zur Charakterbildung beitragen. Manchmal kann es hilfreich sein, sich dazu einige Fragen wie diese zu stellen:

- Was bedeutet »Versagen«?
- Welche persönliche Schwäche liegt meinem Versagen zugrunde?
- Was kann ich tun, um meinen Fehler wieder gutzumachen?
- Welche Überzeugungen gewinne ich daraus, damit so etwas nicht wieder vorkommt?

- Wie will ich das, was ich aus meinem Fehler gelernt habe, umsetzen, damit es auch anderen zugute kommt?

Schon immer ist der Mensch der große Unsicherheitsfaktor bei technischen Systemen und Konstruktionen gewesen, auf die wir uns oft so viel einbilden. Die Chinesische Mauer wurde unter Aufbietung ungeheurer menschlicher Arbeitskraft und hoher Kosten erbaut. Die Chinesen hofften, dass ihnen die Mauer die gewünschte Sicherheit vor feindlichen Angriffen bieten würde. Aber die Rechnung ging nicht auf. Nicht etwa, weil das Bauwerk an sich nicht standgehalten hätte, sondern weil die Grenzposten bestechlich waren. Es war menschliches Versagen. Was nicht standhielt, war der menschliche Charakter.

Viel schlimmer als zu versagen ist aber die Unfähigkeit, aus den eigenen Fehlern zu lernen. Denn unsere Seele ist so geschaffen, dass sie dazu in der Lage ist. Hier liegt die große Chance des Scheiterns. Petrus konnte zum Beispiel aus seinen Fehlern lernen.

In der Nacht, als Jesus verhaftet wurde, verließ Petrus der Mut. Dabei hatte er versprochen, seinem Herrn treu zur Seite zu stehen. Hatte lauthals verkündet, zu ihm zu halten. Und dann vergaß er sein Versprechen schon beim ersten Anzeichen von Gefahr!

Aber seine Größe bestand darin, dass er aus seinem Versagen eine Lehre zog. Und so wuchs er als Apostel, Gemeindegründer und Verfasser großartiger Briefe – weil Jesus ihn nicht aufgab, sondern ihm die Hand reichte und ihm einen Neubeginn ermöglichte.

Dachte Petrus an diese Augenblicke des Scheiterns, als er das Folgende schrieb?

»Darum setzt allen Eifer daran, mit eurem Glauben die Tugend zu verbinden, und in der Tugend die Erkenntnis, mit der Erkenntnis die Selbstbeherrschung, mit der Selbstbeherrschung die Ausdauer, mit der Ausdauer die Frömmigkeit, mit der Frömmigkeit die Brüderlichkeit und mit der Brüderlichkeit die Liebe. Wenn dies alles bei euch vorhanden ist und wächst, dann nimmt es euch die

Trägheit und Unfruchtbarkeit, so dass ihr Jesus Christus, unseren Herrn, immer tiefer erkennt. *Wem dies aber fehlt, der ist blind und kurzsichtig, er hat vergessen, dass er gereinigt worden ist von seinen früheren Sünden.«* (2. Petrus 1,5-9; Hervorhebung G. MacDonald)

Wenn wir aus unserem Versagen lernen, wird selbst eine verlorene Schlacht zum Auftakt eines großen persönlichen Sieges.

Überzeugungen werden gebildet, indem wir unser Ego einer *regelmäßigen Prüfung* unterziehen. Deshalb schrieb der Psalmist:

»Erforsche mich, Gott, und erkenne mein Herz;
prüfe mich und erkenne, wie ich's meine.
Und sieh, ob ich auf bösem Wege bin,
und leite mich auf ewigem Wege.« (Psalm 139,23-24)

Es gibt Unternehmen, die nach diesem Prinzip vorgehen, um ihre Angestellten auf Schwachstellen im Service aufmerksam zu machen. Ein Mann aus unserer Gemeinde ist Vizepräsident einer großen Hotelkette in unserer Gegend. Neulich traf ich ihn in der Eingangshalle eines anderen Hotels.

»Was in aller Welt machst du denn hier?«, fragte ich mit gespielter Empörung. »Weiß denn dein Chef, dass du dich bei der Konkurrenz herumtreibst?«

Er grinste, schaute verstohlen über die Schulter, um sich zu vergewissern, dass uns niemand zuhörte, und antwortete: »Das tue ich oft. Man muss schließlich am Ball bleiben. Von der Konkurrenz kann man eine Menge lernen.«

Wir setzten uns ins Foyer und unterhielten uns eine Weile. Dabei erfuhr ich von ihm etwas Interessantes. »Wir haben sogar einen Vertrag mit einer Firma, die inkognito Testpersonen in unsere Hotels schickt. Sie checken sich als normale Hotelgäste ein oder essen in unseren Restaurants. Dort provozieren sie ungewöhnliche Situationen, um zu testen, wie das Personal darauf reagiert. Sie geben zum Beispiel vor, ihren Zimmerschlüssel verloren zu haben oder beschweren sich im Restaurant über das Essen. Sie liefern ihre Wäsche mit dem Vermerk ›besonders eilig‹ in unserer hauseigenen

Wäscherei ab und so weiter. Danach bekommen wir von ihnen einen ausführlichen Bericht darüber, wie sich unser Personal verhalten hat.«

Ziemlich verblüfft sagte ich nur: »Das muss ich unbedingt eines Tages in eine Predigt einbauen.«

Was ich dann auch tat. Der Psalmist bittet Gott im Grunde um denselben Service, den dieses Unternehmen für die Hotelkette meines Freundes bot. Er sagt im Prinzip: »Stelle meine Seele auf die Probe, Herr, und sieh mir ins Herz! Prüfe meine innere Einstellung, meine Wünsche und Gedanken und halte mir einen Spiegel vor. Und selbst, wenn alles schief geht, will ich vertrauen, dass du mich nicht fallen lässt.«

Wir können sicher sein, dass eine solche kritische Betrachtung durch den liebenden Gott nicht ohne positive Folgen bleiben wird.

## Kann ein Charakter wieder heil werden?

Doch was ist, wenn diese Prüfung der Seele unsere schweren charakterlichen Defizite ans Tageslicht bringt? Besteht die Hoffnung, dass ein solcher Charakter wieder heil wird? Das ist, zugegeben, keine leichte Frage.

Doch die Antwort ist ein entschiedenes Ja! Was für Paulus, Petrus oder Jona galt, das gilt auch für Sie und mich. Auch uns bietet Gott die Chance, unseren Bund mit ihm immer wieder zu erneuern.

Auch der amerikanische Politiker, Schriftsteller und Naturforscher Benjamin Franklin glaubte an diese Möglichkeit. Er hatte eine Liste von dreizehn »Tugenden«, die er sein ganzes Leben lang bei sich trug. Man sagt, er habe sich täglich anhand dieser Aufzeichnungen einer selbstkritischen Prüfung unterzogen. Er schrieb:

»Ich hatte stets mein kleines Buch bei mir, und meine Nachwelt soll ruhig wissen, dass ich ihm, zusammen mit dem Segen Gottes, mein gleich bleibendes Lebensglück verdanke, und dies ist noch heute so, in meinem neunundsiebzigsten Lebensjahr.«

Hier einige Auszüge aus diesem Büchlein:

»*Schweigen:* Sage nur, was dir oder anderen nützlich ist; vermeide oberflächliches Geschwätz.

*Sparsamkeit:* Gib dein Geld nicht für unnötige Dinge aus; hüte dich vor Verschwendung.

*Ehrlichkeit:* Hüte dich vor Lügen und Betrug; deine Gedanken und Worte seien rein und gerecht.

*Demut:* Nimm dir Jesus . . . zum Vorbild.«

Benjamin Franklin war sich wohl bewusst, wie wichtig es ist, täglich sein Augenmerk auf positive Dinge zu richten. Seine vier »Tugenden« (und die übrigen neun, die hier nicht aufgeführt sind) lassen ahnen, was ihn zu einem der großen Politiker der amerikanischen Geschichte machte.

Vor längerer Zeit habe ich in meinem Gebetstagebuch meine »persönlichen Überzeugungen« formuliert und im Laufe der Jahre immer wieder überarbeitet, in einem Prozess, in dem Jesus an meinem Charakter schliff und feilte.

Ich fürchte, ich konnte mich nicht so kurz fassen wie Benjamin Franklin. So erstellte ich zum Beispiel gleich zwei Listen: eine für meine Ziele und Pläne und eine für Grundsätze, bei denen ich spürte, wie Gott mir auf die Sprünge helfen wollte.

## Ziele und Pläne (Fragen)

Diese Aufstellung umfasst sieben Bereiche, die Jesus mir damals besonders ans Herz legte:

1) Mein Körper: Wie gehe ich mit meiner Gesundheit um?
2) Meine Beziehungen: Was tue ich für meine Ehe und unser Familienleben? Wie pflege ich meine Freundschaften?

3) Meine geistigen Kapazitäten: Wie halte ich mich geistig frisch?

4) Mein Beruf: Wie übe ich meinen Dienst aus? Was motiviert mich dabei?

5) Meine finanzielle Situation: Wie gehe ich mit meinem Geld um?

6) Meine Freizeit: Wie und wo finde ich Erholung?

7) Meine geistlichen Reserven: Wie spreche ich mit Gott?

Beim Ordnen meiner Gedanken wurde mir klar: Entweder ich schaffte es, mein Leben *aktiv* und zur Freude Gottes zu gestalten, oder ich würde mehr und mehr in eine *passive* Haltung verfallen, in ein Leben, bei dem ich durch den Einfluss meiner Umwelt »gelebt« würde. Vor Letzterem warnte schon Paulus, dessen Worte J. B. Phillips so übertrug: *Lass dich nicht von der Welt in ihr Schema pressen!*

Von Gottes innerer Stimme geleitet, begann ich aufzuschreiben, was ich mit diesen sieben Bereichen verband. Dabei schloss ich ein Abkommen mit Gott und mit mir, mein Leben regelmäßig anhand von diesen Grundsätzen zu überprüfen.

Zu Punkt 1) schrieb ich zum Beispiel:

Es ist mein Ziel, meinen Körper gesund zu erhalten, durch Bewegung und Sport, ausgewogene Ernährung und indem ich auf mein Gewicht achte.

Bei Punkt 2) – die Beziehungen in meinem Leben – ergänzte ich:

Ich will nach dem Vorbild Christi die Liebe und innige Verbundenheit zu meiner Frau pflegen. Ich will immer dankbar sein für ihre Freundschaft und nach Kräften dazu beitragen, dass sie es an meiner Seite gut hat. Meinen Kindern will ich ein guter Vater und meinen Enkeln ein guter Großvater sein. Meinen engsten Freunden möchte ich ein treuer Freund sein und mit ihnen echte Gemeinschaft pflegen. Darüber hinaus möchte ich den Menschen in meinem Umfeld mit Wärme und Freundlichkeit begegnen, auch ein »Gebender« sein anstatt nur ein »Nehmender«. Ich möchte offen sein und bleiben für die Gedanken der jüngeren Generationen und jungen Menschen helfen, sich zu entwickeln. Ich möchte Gott mit meinem ganzen Wesen Ehre machen.

Zu Punkt 3) – meine geistigen Kapazitäten – schrieb ich in mein persönliches Tagebuch:

Es ist mein Ziel, meine Leistungskurve so gut es geht zu steigern, durch Lesen und das Auseinandersetzen mit Ideen großer Denker unserer Zeit. Ich möchte Fragen stellen, ein Suchender bleiben. Ich möchte dem Rat Fénelons folgen: »Wenn die Wahrheit stark und Gott allmächtig ist, dann brauchen seine Kinder sich nicht davor zu fürchten, dass die Freiheit der Gedanken sie ins Elend stürzen wird.«

Über Punkt 7) – die geistliche Dimension – schrieb ich:

Ich möchte vor Gott und in seinem Dienst ein auf ihn ausgerichtetes, heiliges, gehorsames Leben führen, das ihn verherrlicht. Mein Leben soll vom Heiligen Geist durchdrungen sein. Ich will so leben, dass Menschen sich dadurch zu Christus hingezogen fühlen. In meinem inneren und äußeren Leben soll es keine Widersprüchlichkeiten geben: keine Zersplitterung, keine Zwiespältigkeit, keine Verschleierung der Wahrheit.

In den Tagebuchaufzeichnungen des großen englischen Lexikographen Samuel Johnson heißt es:

»Ich hoffe, dass es mir gelingt, meine Zeit weise einzuteilen.
Keine Stunde ungenutzt verstreichen zu lassen.
Morgens früher aufzustehen.
Regelmäßig Tagebuch zu führen.
Ich hoffe, dass es mir gelingt, jedes Jahr einmal
die Bibel von vorn bis hinten durchzulesen.«

## Grundsätze eines christlichen Lebens

Meine zweite Liste enthält grundsätzliche Leitlinien, die für mich zu einem Leben in der Nachfolge Christi gehören. Hierbei handelt es sich um einfache, positive Aussagen zu Bereichen, von denen ich weiß, dass sie mir Schwierigkeiten bereiten, und in denen ich noch wachsen muss. Hier ein Auszug:

- Ich will die Tatsache annehmen, dass ich ohne Gott nichts tun kann und dass es das Beste für mich ist, wenn ich mich ganz seiner Kraft und Führung anvertraue.
- Ich möchte viel öfter die Stille suchen und mir mehr Zeit zum Nachdenken nehmen, damit ich mich nicht so sehr von der Welt um mich herum beeinflussen lasse, sondern Kraft aus dem Inneren, aus der Seele schöpfe. Ich will mich nicht mit weniger zufrieden geben als damit, ein selbstbestimmter (das heißt für mich, ein von Christus bestimmter) Mensch zu sein, der Entscheidungen trifft, die Jesu Zielen und seinem Auftrag entsprechen. Ich wünsche mir auch den Mut zum Neinsagen, wenn die Geschäftigkeit der Welt mich zu überrollen droht. »Wie selten ist eine Seele, die still genug ist, um das leise Reden Gottes zu hören« (Fénelon).
- Ich will mein Selbstwertgefühl aus der Liebe meines himmlischen Vaters schöpfen und nicht aus Leistung, materiellem Besitz oder der Anerkennung von Menschen. Ich möchte Selbstbetrug und unverdientes Lob als solches erkennen und dagegen angehen. Ich will alles, was ich bin und tue, mit geistlichem Maßstab messen. Ich möchte den Rat von Thomas von Kempen befolgen: Wenn du auf die innere Stimme Gottes lauschst, solltest du flüchtigen Worten nicht zu viel Gewicht beimessen . . . Dein Friede soll nicht von menschlichen Äußerungen abhängen.
- Ich will mich gegen die teuflische Anfechtung wehren, schlecht über andere zu reden oder sie zu schädigen; ich will über sie entweder Gutes sagen oder lieber schweigen. Ich möchte immer

ehrlich sein und nur das sagen, was positiv und nützlich ist. Ich möchte eine innere Begeisterung entwickeln, die auf andere ansteckend wirkt.

- Ich will mein Leben ordnen und für meine Freunde und die Menschen in meinem persönlichen Umfeld jemand sein, der sein Wort hält. Ich will versuchen, in allem, was ich anpacke, mein Bestes zu geben. Ich will ausdauernd sein und nichts vorzeitig aufgeben.
- Ich will ein großzügiger Mensch sein; ich will versuchen, keine Schulden zu machen, und mein Lebensstil soll von Bescheidenheit geprägt sein. Ich will nie die Menschen aus den Augen verlieren, denen es nicht so gut geht, und ein Herz für die Armen haben. Ich möchte keine Angst haben vor dem, was die geistlichen Väter und Mütter mit »klein, verborgen und machtlos« beschrieben.

Dies sind nur einige der Punkte, die ich aufgeschrieben habe. Andere sind sehr persönlich, so dass ich sie nicht gern veröffentlichen möchte. Dazwischen habe ich immer wieder Zitate der geistlichen Lehrer eingeflochten, denn ihre Worte haben viel zur Bildung meiner persönlichen Überzeugungen beigetragen.

Dies sind also die Fundamente, die den menschlichen Charakter prägen: das Erbe unserer Vorväter; die Geschichten und Lieder, die wir hören; das Verhalten der Menschen, die uns nahe stehen und in unserem Leben eine Bedeutung haben; die Bibel; die Lehren, die wir aus unseren Fehlern ziehen; die Führung Gottes und die Zeichen seiner Gegenwart in unserem Leben.

Einige Monate, bevor ich dieses Kapitel schrieb, machte ich die Bekanntschaft eines Mannes, der in Amerika ziemlich bekannt ist. Sein Name ist Ralph Showers. Wir lernten uns bei einer Konferenz für Pastoren kennen, wo wir beide Referenten waren.

Als wir uns begrüßten, stellte ich fest, dass er schwer körperbehindert war. Seine beiden Arme fehlten, und zur Begrüßung schüttelte ich eine Prothese aus Stahl mit einer künstlichen Hand.

In den folgenden Stunden unterhielten wir uns angeregt. Ich erfuhr, dass er Ende fünfzig und der Leiter von »Rainbow Acres« in Arizona war, einem Heim mit integrierter Schule für geistig behinderte Kinder und Jugendliche. Was er von seiner Arbeit mit den Jungen und Mädchen dort erzählte, war einfach erstaunlich.

Nachdem ich zwei meiner Vorträge auf der Konferenz gehalten hatte, verabredete ich mich am nächsten Tag mit Showers zum Frühstück. Ich bat ihn, noch mehr von den Kindern in »Rainbow Acres« zu erzählen, wollte wissen, warum er sich damit zufrieden gab, sein Leben lang mit Behinderten zu arbeiten. Seine Antwort beschämte mich.

»Gordon«, sagte er, »ich bin ein einfacher Mann. So einfach, dass es mir schwer fiel, dir geistig zu folgen, als ich gestern Abend deinen Vortrag hörte.«

Durch meinen Blick zum Weitersprechen ermutigt, fuhr er fort: »Weißt du, ich bin selbst leicht geistig zurückgeblieben. Solche Konferenzen machen mir Angst, denn ich verreise nicht gern allein und fühle mich verunsichert, sobald ich mich außerhalb meiner vertrauten Umgebung bewege. Aber Gott hat mich in diese Arbeit mit geistig behinderten Menschen gerufen. Und so lange er mir die Kraft gibt, will ich auch reisen und diese Arbeit bekannt machen. Wenn du die Kinder in ›Rainbow Acres‹ sehen könntest, würdest du mich verstehen. Sie sind so voller Liebe. Ihre Gemeinschaft und die Art, wie sie miteinander umgehen, ist beeindruckender als alles, was du je erlebt hast.«

Wir unterhielten uns noch lange. Er erzählte mir von den Anfängen von »Rainbow Acres«, von der Finanzierung der Schule und schließlich die Geschichte, wie er seine Arme verloren hatte. Bei den Bauarbeiten hatte er damals selbst Hand angelegt. Dabei war er versehentlich auf eine Starkstromleitung gestoßen. Er trug so schwere Verbrennungen an Händen und Armen davon, dass sie amputiert werden mussten.

Aber damit war die Geschichte noch nicht zu Ende.

Einige Zeit später suchten ihn vier New Yorker Rechtsanwälte auf, die den Auftrag hatten, zwischen Ralph Showers und der Elektrizitätsgesellschaft, die für die Verlegung der Leitung verantwortlich war, einen Vergleich auszuhandeln. Sie boten Ralphs Anwalt an, ihm als Entschädigung einen Scheck über 325 000 Dollar auszustellen, falls er bereit sei, auf eine Gerichtsverhandlung zu verzichten. Ralph nahm das Angebot umgehend an, trotz der Einwände seines Anwalts, der ihm riet, mit weiteren rechtlichen Schritten zu drohen, um die Vergleichssumme in die Höhe zu treiben.

Aber Ralph entgegnete: »So etwas liegt mir nicht. Außerdem sind 325 000 Dollar genau das Startkapital, das wir für ›Rainbow Acres‹ brauchen. Sagen Sie ihnen, dass ich mit dem Vergleich einverstanden bin.«

Zwei Jahre später erhielt Ralph Showers ein Ferngespräch. Es war einer der Anwälte der Elektrizitätsgesellschaft in New York. »Ich kam damals nach Ihrem Unfall zu Ihnen, um Ihnen diesen Vergleich anzubieten«, sagte er, »und ich muss Ihnen etwas sagen.«

Ralph war sehr überrascht, bat jedoch den Mann, weiterzusprechen.

»Wissen Sie«, fuhr der Anwalt fort, »als Sie sich damals mit den 325 000 Dollar zufrieden gaben, haben meine Kollegen und ich uns ins Fäustchen gelacht. Wir freuten uns über den guten Deal, den wir gemacht hatten, denn unser Klient hatte uns bevollmächtigt, Ihnen bis zu einer Million Dollar zu bezahlen. Aber Sie haben gar nicht erst versucht, mehr herauszuschlagen, und wir flogen mit dem guten Gefühl nach Hause, eine Menge Geld gespart zu haben.

Doch je mehr Zeit verstrich, desto mehr schämte ich mich für unsere Skrupellosigkeit. Wir hatten Ihre Gutmütigkeit und Kooperationsbereitschaft schamlos ausgenutzt. So jemand wie Sie ist mir nie zuvor begegnet. Sie haben damals auch von Ihrem Glauben gesprochen, und das hat mich ins Nachdenken gebracht.

In New York suchte ich dann das Gespräch mit einem Pastor, und ich wollte Ihnen sagen, dass ich heute selbst bekennender Christ und Mitglied einer Gemeinde bin. Und der Auslöser dafür waren Sie und wie Sie sich verhalten haben.«

Ralphs Charakter ist der eines reifen, im Glauben gefestigten Menschen mit Überzeugungen, die während dieses Reifeprozesses wachsen konnten – durch lebenslange, zum Teil schmerzliche Erfahrungen und eine beständige Nähe zum Herrn.

Wenn in der Seele die richtigen Überzeugungen entstehen, ist das Ergebnis ein Mensch von echter Charakterstärke – jemand, der so handelt, wie Jesus gehandelt hätte.

# 12. Die Sprache der Seele

## *Wie wir mit Gott sprechen*

*Willst du in diesem Tempel beten?*
*Dann bete in deinem Inneren;*
*denn du selbst bist der Tempel*
*des lebendigen Gottes.*

nach Augustinus

Vor ein paar Jahren wanderte ich zehn Tage allein durch die Schweizer Alpen. Ich glaube nicht, dass ich in der ganzen Zeit mit irgendjemandem gesprochen habe, außer einem gelegentlichen »Grüß Gott« an einen vorbeikommenden Wanderer oder die Frage nach einer Unterkunft in einer Berghütte. Für einen introvertierten Menschen wie mich kommt diese Einsamkeit in den Bergen der Vorstellung vom Himmel gleich.

Die großen geistlichen Lehrer hätten meine Erfahrung vielleicht mit der Einkehr in der Stille einer Einsiedlerklause verglichen. Und einige von ihnen hätten womöglich auch tadelnd die Stirn gerunzelt, wenn sie gehört hätten, wie viel Spaß mir diese einsame Wanderung gemacht hat.

In zehn Tagen des Alleinseins kann man eine ganze Menge lernen. Eingebettet in die zwangsläufige Stille, wird der Blick unweigerlich nach innen gerichtet – ganz anders, als wenn man sich im quirligen, lärmigen Alltag bewegt. Auf Wanderwegen in den Bergen, ohne tragbaren CD-Player und Mobiltelefon, ohne verführerische Werbebotschaften und ohne Scharen von Menschen, die unsere Aufmerksamkeit auf sich lenken, gibt es – abgesehen von der atemberaubenden Aussicht – nichts, was uns von unserem inneren Erleben ablenkt.

Diese intensive Erfahrung der Begegnung mit unserem Inneren kann überraschend und aufwühlend zugleich sein, und ich muss gestehen, ich war nicht vorbereitet auf das, was kommen sollte. Hätte mir jemand vorher gesagt, was das Alleinsein alles auslösen kann – ich hätte ihn nicht ernst genommen.

Zunächst erlebte ich, wie ich ganz ungezwungen und natürlich Gott lobte. Ohne jegliche äußere Ablenkung begann ich, Dinge in einem neuen Licht zu sehen. Ich betrachtete die Wolkenformationen am Himmel, die Wildblumen auf einer Bergwiese oder die majestätischen, schneebedeckten Gipfel – und folgte dem inneren Impuls, dem Herrn zu danken und ihn zu loben für so viel unbeschreibliche Schönheit. Geräusche wie der heitere, volle Klang der großen Glocken um den Hals der braunen Schweizer Kühe waren wie ein Chor, der mit mir in den Lobpreis einstimmte. Der Duft des frisch gemähten Grases, von der Sichel eines Almhirten geschnitten, schien so frisch und rein und verkörperte für mich die Frische eines durch die Gnade Gottes erneuerten Herzens. Das Donnern eines Wasserfalls, der über eine senkrechte Felswand hinabstürzte, ließ mich an Gottes große Macht und Stärke denken.

Die Einsamkeit rief auch eine Fülle von Erinnerungen hervor. An Freunde, die mein Leben bereichert haben und für die ich sehr dankbar bin. An meine Familie, die für mich immer eine große Freude ist. An Gelegenheiten, das Evangelium zu predigen und anderen Menschen auf ihrem Glaubensweg eine Stütze zu sein. »Es könnte alles nicht besser sein«, hörte ich mich sagen, als ich so mein Leben Revue passieren ließ und an diese unverdienten Segnungen dachte.

Ich konnte nicht anders, als in meiner stillen Einsamkeit den Schöpfer zu preisen, dessen Herrlichkeit sich in seinen Werken widerspiegelte. Einmal sagte ich nach einer langen Anbetungszeit zu mir selbst: »Vielleicht ist das, was ich gerade erlebe, eine persönliche Erweckung! Ich habe nur noch den einen Wunsch: Gott anzubeten.« Die Leute, die mich aus der Ferne beobachteten, werden mich für leicht geistesgestört gehalten haben. Sie sahen einen Wanderer, der hin und wieder Halt machte, im Gras niederkniete und seine Arme gen Himmel hob. So lobte ich den Herrn laut und leidenschaftlich.

Doch dies ist leider nur der erste Teil. Mein Alleinsein öffnete auch anderen, weniger edlen Gedanken die Tür.

Bei meiner inneren Einkehr stieß ich auch auf die dunklen Seiten meines Wesens. Ich stellte fest, dass mein Geist mühelos von überschäumendem Lobpreis zu den peinlichsten Phantasien umschwenken konnte. Negative Erlebnisse aus den letzten fünfzig Jahren meines Lebens begannen wie ein Film vor meinem inneren Auge vorbeizuziehen. Erinnerungen an alte Streitigkeiten und Unstimmigkeiten, von denen ich geglaubt hatte, dass sie längst vergeben und vergessen seien, kamen wieder hoch, ebenso Traurigkeiten und Gewissensbisse. Wie aus dem Nichts standen plötzlich Selbstanklagen und selbstsüchtige Wünsche im Raum, die bei jemandem, der Jesus schon vor langer Zeit am Kreuz begegnet ist, nichts zu suchen hatten.

Man kann von Offenheit, Verletzlichkeit und Ehrlichkeit reden, wie man will, aber ich wollte um keinen Preis, dass irgendjemand je von diesen dunklen Seiten meiner Seele erfährt. Was hier zutage trat, war genug, um im Gras auf die Knie zu sinken – nicht um anzubeten, sondern um Buße zu tun und mit den Worten des Apostels Paulus zu rufen: »Ich elender Mensch! Wer wird mich erlösen von diesem todverfallenen Leibe?« (Römer 7,24)

Sicherlich können Sie sich meine Bestürzung vorstellen. Mir war, als stünde ich an einer seelischen und geistlichen Wasserscheide. Auf der einen Seite pries ich den lebendigen Gott und seine Herrlichkeit mit Jubelrufen; auf der anderen Seite kroch ich in einem Sumpf von Gedanken herum, die zu schrecklich waren, um sie laut auszusprechen.

Diese Bergwanderung lehrte mich, wie unendlich tief die Dimension der Seele ist, wie viel Potential in jedem von uns steckt, sich für das Gute *oder* das Böse zu entscheiden, und wie wichtig es ist, in unser Inneres hineinzuhorchen. Wichtig besonders in einer Welt, die von dieser Dimension unseres Lebens nichts wissen will.

Wahrscheinlich zählt diese Alpenwanderung zu den eindrücklichsten Gebetserfahrungen, die ich in meinem irdischen Leben je machen werde. Dort kam ich in Berührung mit etwas, das ich »authentisches Gebet« nennen möchte, im Gegensatz zu den phrasenhaften, mechanisch heruntergeleierten Gebeten, bei denen ich mich manchmal ertappe.

Ich bekam eine Ahnung davon, was es bedeutet, wenn Menschen anfangen, ernsthaft zu beten: Das Licht der Herrlichkeit Gottes strahlt hell auf, und die Dunkelheiten in unserem Innern werden uns viel deutlicher bewusst.

## Beharrlich sein

Und genau hier lag mein Problem. Bei den meisten meiner Gebete, bei den »nicht-authentischen«, fehlte es mir an Intensität und Beharrlichkeit, um eine Erfahrung zu machen, die tief genug war, damit ein Licht in meine Seele fallen konnte.

Diese Entdeckung ließ mir keine Ruhe, und seitdem versuche ich, etwas dagegen zu tun. Dies gelingt mir mit mäßigem Erfolg; manchmal bin ich entmutigt, aber froh, dass eine innere Triebfeder mir immer wieder den Anstoß gibt, weiterzumachen. Und ich werde nicht aufgeben!

Ein Gebet aus aufrichtigem Herzen wird – wie der Psalmist schreibt – uns zu Gott erheben. Wenn ich mit Freunden oder Bekannten rede, gibt es verschiedene Sprachebenen. Manchmal bleiben wir bei höflichen Floskeln (*Wie geht's? – Gut, danke. Und selber? – Auch gut.* Ende des Gesprächs). Ich kann meine Äußerungen von Gefühlen leiten lassen, wenn ich beleidigt oder glücklich bin. (*Mir geht es mies; ich bin traurig; mir geht's ausgezeichnet!*) Ich hoffe, dass es mir meistens gelingt, auf der sachlichen Ebene zu bleiben und konstruktive Meinungen und Urteile abzugeben. (*Haben Sie schon einmal darüber nachgedacht? Lassen Sie mich diese Anmerkung machen . . .*)

Echtes gemeinsames Gebet heißt, sich beim Gespräch mit Gott vom Herzen oder von der Seele leiten zu lassen. Darin drückt sich auch *echte Gemeinschaft* im Glauben aus. Vielleicht haben wir hin und wieder eine solche authentische Kommunikation erfahren. Jesus sagte: »Denn wo zwei oder drei in meinem Namen versammelt sind . . .« Bei diesem Gebet geht es bestimmt nicht um Phrasen, sondern um Bitten von ganzem Herzen.

Jemand hat gesagt, dass der Satan nichts mehr fürchte als einen Gläubigen, der vor Gott auf den Knien liegt. Welcher Christ evangelikaler Prägung würde dem nicht zustimmen? Doch hier liegt im Grunde unser Problem. Wir leben in einer Zeit, in der viel über Gebet geredet, in der es jedoch herzlich wenig praktiziert wird. Und wir tun etwas, was ich in diesem Buch zu vermeiden versuche: Wir erinnern einander in bedeutungsschweren Worten, wie wichtig Gebet sei. Dann gehen wir nach Hause und fühlen uns allein dadurch, dass wir uns wieder einmal gesagt haben, wie elementar und bedeutend das Gebet ist, von der Verantwortung entbunden, selbst engagierte Beter zu sein.

## Das authentische Gebet

Meine Erfahrung in den Bergen war nicht das einzige Mal im Leben, dass ich Gott auf einer viel tieferen Ebene als sonst erfuhr. Wie viele andere Christen erlebte ich in außergewöhnlichen Situationen, dass Beten das Natürlichste der Welt, ja das einzig Vernünftige ist. So zum Beispiel in der Nacht, als ein Schneesturm tobte, in dem sich niemand nach draußen wagen konnte, und unser vier Wochen alter Sohn plötzlich hohes Fieber bekam. Ich brachte das Kind im Gebet vor den Herrn und bat ihn inständig, das Fieber zu senken.

Ich betete damals mit einer Leidenschaftlichkeit, die sich kaum beschreiben lässt. Und Gott erhörte mein Gebet.

Oder in jenen Tagen, als ich meiner eigenen Sündhaftigkeit ins Auge sehen musste. Als ich Gott mein dunkles Herz schenkte und ihn um Erbarmen und Vergebung bat. Auch hier wieder: Tränen und Leidenschaft, ein Gebet, das direkt aus der Seele kam. Ein rückhaltloses Schreien des Inneren, aus einem Schmerz, den kein anderer Mensch nachempfinden kann.

Und dann gab es Tage, an denen ich Entscheidungen zu treffen hatte, die mir zehn Nummern zu groß schienen. Weder meine eigene menschliche Weisheit noch gut gemeinte Ratschläge anderer noch sonst irgendetwas schienen zu helfen. Mit meinem Latein am Ende, kam ich zu Gott und bat ihn um eine Erkenntnis, die nur er schenken konnte. Dies alles waren Zeiten, in denen ich aus tiefster Seele betete.

Doch, wie gesagt, wir reden viel über diese Dinge. Dass wir sie wirklich ernst nehmen und tun, ist eher die Ausnahme. Was kann uns dabei helfen? Dazu einige Gedanken:

*Die Stille suchen*

Die Sprache der Seele, das authentische Gebet, ist fast ausschließlich in der Stille möglich, nur dort, wo wir so wenig wie möglich von äußeren Faktoren abgelenkt werden. Natürlich gibt es Ausnahmen. Petrus' Schrei: »Herr, hilf mir!« auf dem See Genezareth kam ganz bestimmt aus tiefster Seele. Hier war der Hintergrund die Verzweiflung (und das kann manchmal hilfreich sein). Als Elia nach seiner Flucht bei der Witwe von Sarepta lebte, starb deren Sohn. Bevor Elia Gott um sein Leben anflehte, schloss er zuerst hinter sich die Tür. Sein Gespräch mit Gott sollte in der Stille sein, verborgen vor anderen Menschen (siehe 1. Könige 17,19; vgl. 2. Könige 4,33).

Auf jeden Fall ist die Stille die Umgebung, in der das Gebet aus tiefster Seele am besten gedeihen kann. Und man kann sich gut vorstellen, dass der Satan unsere moderne Gesellschaft verführt, alles zu tun, um der Stille zu entfliehen, die wir brauchen, um auf die leise Stimme Gottes zu hören. Das Fernsehen, ständige musikalische Hintergrundberieselung und das Klingeln der Mobiltelefone zerreißen die Stille. Hinzu kommt das visuelle Geplapper unserer Computer und Faxgeräte sowie unser heutiges Beziehungsnetz, das viel größer ist als zur Zeit unserer Großeltern, als Kontakte kaum über das eigene Dorf hinausgingen. Wenn jemand den Verführungen eines nie endenden Geräuschpegels erliegt, wird ein Gebet, das aus der Seele kommt, nie stattfinden. Vielleicht als Gespräch auf der Kopf-Ebene oder aus dem Gefühl heraus. Aber nicht jenes authentische Gebet, das in überschwänglichen Lobpreis mündet, den Blick für die Welt um uns schärft und unsere dunklen Seiten aufdeckt.

*Zeit lassen*

Was uns ebenfalls zum Gebet aus tiefster Seele helfen kann, ist die Zeit. Es kann sein, dass zunächst einige Zeit verstreichen muss, bevor die Seele bereit ist, sich auf die Nähe des Schöpfers einzulassen. Ich kann mir vorstellen, dass sie sich vor dem Lärm und der Geschäftigkeit des Lebens verbirgt und wir sie darauf vorbereiten müssen, sich zu öffnen. Und das braucht Zeit. Zeit, die die meisten von uns nicht zu haben meinen.

Ich glaube, dass meine Seele sich in den ersten zwei, drei Tagen meiner Bergwanderung erst auf die Welt der Stille und der Herrlichkeit Gottes in der Schöpfung einstellen musste, im Gleichmaß des Himmels zu schwingen. Danach, als die Stille zu ihr durchgedrungen war, wollte sie überhaupt nicht mehr aufhören zu reden ... sowohl von den hellen als auch von den dunklen Seiten.

Uns wurde beigebracht, wie wichtig es ist, täglich zu beten. Doch ich möchte behaupten, wir hätten mehr davon, wenn wir einmal in der Woche drei bis vier Stunden lang beten würden als jeden Tag nur ein paar Minuten. Das ist vielleicht kein fairer Vergleich, aber ich werde den Gedanken nicht los, dass etwas Wahres daran ist.

*Aus dem Schatz anderer Christen schöpfen*

Wir dürfen für unser Gebet aus tiefster Seele aus dem reichen Erfahrungsschatz jener Christen schöpfen, die ich die geistlichen Lehrer nenne. Viele von ihnen haben wunderbare Gebete und Meditationen geschrieben. Die meisten hatten die Zeit, die uns heute fehlt, die Ruhe, die man uns verweigert, und die Unterstützung einer Gesellschaft, die erwartete, dass gewisse Leute diese geistliche Ebene zu ihrer Berufung machten, wie etwa Priester, Mönche oder Eremiten. Die *Bekenntnisse* von Augustinus (einem Mann, der in der Stadt lebte) und die *Nachfolge Christi* von Thomas von Kempen (der eher in der Abgeschiedenheit lebte) sind zwei Beispiele dafür. Die Werke von A. W. Tozer, die tiefen Erkenntnisse von Fénelon, Teresa von Ávila, Luther oder Oswald Chambers kommen mir in den Sinn. Die Schriften von Bonhoeffer oder Henri Nouwen. Sie alle haben auf die eine oder andere Art aus der Seele gesprochen und sie bieten uns mit ihren Gedanken eine Fülle von Kostbarkeiten, auf die wir zurückgreifen können, etwa, wenn uns die eigenen Worte fehlen. Und vor allem die Psalmen, diese Quelle leidenschaftlicher Gebete!

Manche von uns sind mit der Überzeugung groß geworden, dass solche vorformulierten Gebete mehr oder weniger eine »Notlösung« und eigene Worte in jedem Fall vorzuziehen seien. Aber es gibt Tage, an denen ich mich innerlich leer fühle, an denen mein Herz einfach nichts zu sagen hat. Die Worte und Erkenntnisse der geistlichen Lehrer können so etwas wie eine Starthilfe für unser Gebet sein. Wie der Komponist eines Liedes mir die Melodie und die Worte schenkt, um meine Freude auszudrücken, so beschenken uns die großen Glaubensväter und -mütter mit Gebeten, die das beschreiben, was wir vielleicht – in dem Moment – nicht in Worte fassen können.

Ich habe auch mein Gebetstagebuch schätzen gelernt, denn es war mir bei meinen Versuchen, aus tiefster Seele mit Gott zu sprechen, eine große Hilfe. Als es in meinem Herzen kälter war als die Außentemperatur in New England im Winter, war ich kaum imstande, auch nur einen zusammenhängenden Satz zu beten. In solchen Zeiten hat mir das Tagebuchschreiben sehr geholfen. »Modern«, wie ich bin, führe ich mein Tagebuch mittlerweile am Computer. So habe ich gelernt, Briefe an Gott zu schreiben und ihm schriftlich von meinen seelischen und geistlichen Nöten zu erzählen. Und gewöhnlich ist es so, dass nach drei oder vier Absätzen das innere Eis zu schmelzen beginnt.

Meine Tagebücher sind voll von Worten, die aus der Seele kommen: Listen von Menschen und Dingen, für die ich Gott dankbar bin, Erlebnisse und Situationen, über die ich unglücklich bin, und ein wahrer Katalog von Hoffnungen für meine Freunde und die Gemeinde.

*Warten lernen*

Ein letztes wichtiges Element für unser Gebet aus tiefster Seele ist die Geduld, die Gabe des Wartens. Als ich jünger war, machte mir meine Ungeduld manchmal schwer zu schaffen. Zu Hause jammerte ich meiner Frau vor, wie wenig »Eins-zu-eins-Gebetserhörungen« ich erlebte. Das war meine kurzsichtige Schlussfolgerung, denn ich besaß noch zu wenig Weitblick, um langfristige Entwicklungen abzuwarten. Heute ist das anders. Mit über fünfzig Lebensjahren bin ich zwar noch immer nicht alt und weise, aber weise genug, um zu erkennen, dass wir alle unsere Bitten mit Blick auf die Ewigkeit betrachten müssen, im Licht von Gottes Verheißungen. Manche meiner Gebete werden vielleicht erst lange nach meinem Tod erhört werden. Und das wäre auch nicht weiter schlimm. Denn heute weiß ich, dass Gott kein einziges Wort vergessen hat, das den Weg aus meiner Seele zu ihm gefunden hat. Das Timing ist seine Sache; die Geduld muss zu meiner Sache werden.

Dieser unergründliche Gott, den wir mit unserem menschlichen Verstand niemals fassen können, handelt manchmal erst nach qualvoller Wartezeit und manchmal mit Lichtgeschwindigkeit. Forderungen, Zeitlimits oder Vergleiche sind bei ihm nicht angebracht.

Vielmehr sollten wir uns ihm beugen, aus der Tiefe unseres Herzens zu ihm sprechen – und dann abwarten. Dabei brauchen wir auch nicht immer mit anderen darüber zu reden. Das Gespräch mit Gott genügt.

Es macht mir Sorgen, dass Stille, Zeit, der Brückenschlag zu unseren Vorfahren im Glauben, das Schreiben eines Gebetstagebuches und Geduld heutzutage so selten geworden sind. Und dass das Gebet manchmal nur aus leeren Worthülsen, klischeehaften Phrasen, voreiligen Kommentaren und religiösen Selbstgesprächen besteht.

Wir brauchen die Sprache der Seele! Zehn Worte aus unserer Seele wiegen tausend andere Worte auf. Das Gebet aus tiefster Seele entspringt unserem innersten Wesen, dem »Ort«, an dem Gott durch Christus in uns wohnt. Dort, wo wir schmerzliche Entdeckungen über unsere Neigungen und Schwächen machen und uns nach Gottes Gnade ausstrecken. Dort, wo wir die Schöpfung und ihre Wunder mit neuen Augen betrachten. Dort, wo wir Gott loben und danken. Dort, wo wir begreifen werden, dass jede Minute, die wir in seiner Gegenwart verbringen, wertvoller ist als alle Schätze der Erde.

# 13. Wo ist unsere Kraftquelle?

## *Die Herausforderung eines Lebens in der Nachfolge Christi*

> *Ein Gott, der in den Menschen wohnt! Das, behaupte ich, ist der christliche Glaube, und niemand hat die Kraft des Glaubens wirklich erfahren, der dies nicht selbst als lebendige Realität erlebt hat. Alles andere dient dazu, uns zu dieser Erkenntnis hinzuführen.*
> A. W. Tozer

Die einzelnen Kapitel dieses Buches reihen sich aneinander wie Perlen an einer Kette. Sie sollen die Merkmale eines Lebens beschreiben, das von Gottes Segen getragen ist. Perlen bestechen durch ihre Schönheit. Doch damit eine Kette aus ihnen werden kann, brauchen sie etwas, das sie zusammenhält. Genauso ist es mit den Themen unseres Buches. Und die Schnur, die sie zusammenhält, ist *der Heilige Geist.*

Die Bibel kennt viele Bezeichnungen für den Heiligen Geist, wie »Tröster«, »Beistand«, »Fürsprecher« oder »Anwalt«. Der Geist Gottes wird mit Bildern wie »Atem« oder »Wind« beschrieben. Wir kommen kaum ohne solche Metaphern aus, denn der Geist ist für unser menschliches Auge unsichtbar. Wir sehen nur das, was er in und durch Menschen bewirkt.

Die Beschreibungen des Heiligen Geistes in der Bibel sprechen vom Geist als der Gegenwart und Kraft Gottes. Mit seinem Geist verleiht Gott uns Kraft, etwas zu sein oder zu tun, was für uns sonst schwierig oder unmöglich wäre. Diese Kraft des Geistes kann uns gewöhnliche Menschen in außergewöhnliche Bürger des Reiches Gottes verwandeln.

Die Bibel ist voller lebendiger Zeugnisse davon, was geschieht, wenn Menschen mit dem Geist Gottes erfüllt sind. Ich denke zum Beispiel an Gideon, den Gott zum Anführer der Israeliten berief, in einer Zeit, als feindliche Heere das Land angriffen. Als die Feinde wieder einmal zu Tausenden über den Jordan einfielen, heißt es in der Bibel – und hier ist die Anlehnung an den hebräischen Urtext hilfreich: »Aber der Geist des Herrn *umkleidete* Gideon« (Richter 6,34; Revidierte Elberfelder Bibel, Hervorhebung G. MacDonald). Kurze Zeit später schlugen die Israeliten die Übermacht der feindlichen Heere mit nur wenigen hundert Mann in die Flucht.

Viele Christen kennen solche Augenblicke, in denen sie sich vom Heiligen Geist »umkleidet« wussten. Bei manchen war es ein plötzliches Ereignis, für andere ein allmählicher, beinahe unmerklicher Prozess. Doch auf jeden Fall etwas, das ihr Leben nachhaltig verändert hat.

D. L. Moody, ein großer Evangelist des 19. Jahrhunderts, erzählte von einer solchen Erfahrung. In einer Zeit, als er sich innerlich leer und ausgebrannt fühlte, bat er Gott inständig um neue geistliche Kraft. Gott erhörte sein Gebet und Moody erlebte, wie er vom Heiligen Geist auf überwältigende Weise berührt wurde. Er sprach selten über diese Erfahrung. Und wenn, dann stets voller Demut und Bescheidenheit:

»Mein Herz war nicht in einer bittenden Haltung . . . Ich konnte Gott um nichts ersuchen. Doch ich schrie die ganze Zeit über zu ihm, er möge mich mit seinem Heiligen Geist erfüllen. Und dann, eines Tages in New York – oh, welch ein Tag! –, ich kann es nicht beschreiben; es war eine Erfahrung, beinahe zu heilig, um sie beim Namen zu nennen. Paulus hatte ein ähnliches Erlebnis, von dem er vierzehn Jahre lang nie sprach. *Alles, was ich sagen kann, ist, dass Gott sich mir offenbarte, und ich erfuhr seine Liebe auf so überwältigende Weise, dass ich ihn bitten musste, sich zurückzunehmen.* Fortan ging ich weiter meinem Predigtdienst nach. Meine Predigten hatten sich nicht geändert; ich verbreitete keine neuen Wahrheiten und Erkenntnisse, und doch bekehrten sich Hunderte von Menschen. *Heute wollte ich nicht um alles in der Welt in die Zeit vor dieser segensreichen Erfahrung zurückversetzt werden* – es wäre ein armseliger Tausch.« (Hervorhebung G. MacDonald)

Handelt es sich bei Moody oder Gideon um exklusive Erfahrungen, die auf einige wenige Auserwählte begrenzt sind? Oder können alle Christen, die Gott von ganzem Herzen suchen und ihn um seinen Geist bitten, solche Erfahrungen machen?

Während ich so über den Heiligen Geist schreibe, kommen mir leise Bedenken. Denn der Geist Gottes ist ein Thema, das zu groß und zu heilig ist, um es mit einfachen Worten abzuhandeln. Auf keinen Fall möchte ich den Eindruck vermitteln, eine Geisteserfahrung sei etwas, was sich schnell und beinahe »von selbst« einstellt, ähnlich den »geistlichen Erlebnissen«, von denen wir in einem der vorigen Kapitel sprachen. Andererseits habe ich Angst, diesem Thema nicht gerecht zu werden und somit alles andere in diesem Buch bedeutungslos zu machen. Denn ohne das Wirken des Heiligen Geistes, der in unserer Seele lebendig ist, sind alle unsere Bemühungen sinnlos.

Der Heilige Geist und seine Bedeutung waren Gegenstand von Meinungsverschiedenheiten zwischen Christen unterschiedlicher Prägung, solange die christliche Kirche besteht. Und es sieht leider nicht so aus, als würde sich dies in absehbarer Zeit ändern. Leider haben sich die Fronten mancherorts so verhärtet, dass es zu scheinbar unüberbrückbaren Konflikten zwischen Gemeinden und Einzelnen kommt. Dabei ist dies so töricht. Denn der Geist Gottes wurde uns gegeben, um uns Christen sozusagen als Familie zu vereinen. Als seine Kinder sollen wir unserem himmlischen Vater Ehre machen. Was uns oft genug misslingt, denn wir sind eine ziemlich zerrüttete Familie.

Paulus beschreibt die Familie, die wir nach Gottes Willen sein sollen und mit Hilfe des Heiligen Geistes sein können, folgendermaßen: »Denn ihr seid alle durch den Glauben Gottes Kinder in Christus Jesus. Denn ihr alle, die ihr auf Christus getauft seid, habt

Christus angezogen. Hier ist nicht Jude noch Grieche, hier ist nicht Sklave noch Freier, hier ist nicht Mann noch Frau; denn ihr seid allesamt einer in Christus Jesus. Gehört ihr aber Christus an, so seid ihr ja Abrahams Kinder und nach der Verheißung Erben.« (Galater 3,26-29)

Paulus wollte den neu gegründeten Gemeinden damals vermitteln: Wenn jemand wie Abraham Gott vertraut und an ihn glaubt, tritt ein neuer Geist – den wir den Heiligen Geist nennen – in sein Leben und nimmt die Stelle des alten, toten, sündigen Geistes ein. In einem Brief an die Gemeinde in Rom schreibt er:

»So bezeugt der Geist selber unserem Geist, dass wir Kinder Gottes sind. Sind wir aber Kinder, dann auch Erben; wir sind die Erben Gottes und sind Miterben Christi, wenn wir mit ihm leiden, um mit ihm auch verherrlicht zu werden.« (Römer 8,16-17)

*Gott selbst will in der Seele der Menschen Wohnung nehmen, die sich ihm öffnen und ihm ihr Leben anvertrauen,* so wie bei Abraham, als Gott ihm seinen Geist gab. Paulus sagt: »Die Liebe Gottes ist ausgegossen in unsere Herzen durch den Heiligen Geist, der uns gegeben ist.« (Römer 5,5)

## Gottes Kinder sein

Als Erstes schenkt uns der Geist die Gewissheit, dass wir nun zur Familie Gottes gehören, seine Kinder sind. Wir gehören zur Gemeinde Gottes, sind »teuer erkauft«, wie Paulus sagt, mit dem Blut seines Sohnes Jesus Christus. In unserem Inneren nehmen neue Neigungen und Wünsche Gestalt an: das Verlangen nach Anbetung, das Bedürfnis zu dienen, die Sehnsucht nach einem Lebensstil, der Gott gefällt, und nach der Gemeinschaft mit Menschen, die auch zur Familie Gottes gehören.

Ebenso schenkt der Geist Menschen, die Jesus nachfolgen, ein großes Vertrauen: Alte Ängste, nirgendwo dazuzugehören, verschwinden. Gott nimmt uns so an, wie wir sind. In uns wächst die Gewissheit, dass wir ewiges Leben haben, und zwar so, wie Gott uns sich ursprünglich gedacht hat. Das ist keine intellektuelle Leistung, sondern allein Gottes Gnade. Wir sind nur »durchschnittliche« Menschen, doch es ist unsere Bestimmung, Kinder Gottes in seinem wunderbaren Königreich zu sein.

»In der Geschichte der Menschheit und im täglichen Leben gibt es ein Phänomen tiefer geistlicher Weisheit, das sich häufig bei vergleichsweise ungebildeten Leuten findet . . . während man bei vielen Intellektuellen den Eindruck hat, dass sie alle möglichen geistigen Klimmzüge versuchen, um ihre klaffende innere Leere zu verbergen.« (Herbert Butterfield)

## Die Frucht des Heiligen Geistes

Das Zweite, das sich ändert, sobald wir diesen neuen Geist in uns haben, ist: Wir entwickeln Eigenschaften, die unserem neuen Status als Kinder Gottes entsprechen.

Als ich noch im Teenager-Alter war, ermöglichten mir meine Eltern (und ein großzügiges Stipendium), eine bekannte private Internatsschule zu besuchen. Der Vorteil war, dass ich eine gute Schulbildung erhielt. Der Nachteil, dass ich außer in den Sommerferien nur selten nach Hause zu meiner Familie fahren konnte.

Zum Glück wohnte die Familie des Jungen, mit dem ich das Zimmer teilte, nicht weit weg, und so war ich an vielen Wochenenden bei seiner Familie zu Besuch. Seine Eltern waren freundliche, warmherzige Menschen und mehr als großzügig.

Sein Vater drückte mir jedes Mal einen Zehn-Dollar-Schein in die Hand. Er schien zu wissen, dass ich meistens wenig oder gar kein Geld hatte. »Gordon«, sagte er dann, »wenn du bei uns bist, gehörst du zur Familie und darfst auch mithelfen, das Familienvermögen auszugeben.« Ich ließ mich nicht zweimal bitten, der Familie beim Ausgeben zu helfen.

Ich hatte die Eltern meines Freundes bald ins Herz geschlossen und genoss diese Besuche sehr. Dabei achtete ich immer darauf, dass ich mich angemessen benahm. Auch wenn ich wusste, dass ich ihnen niemals ein echter Sohn sein konnte, wollte ich, so gut es ging, die Rolle eines »Ersatz-Sohnes« spielen. Und eine Möglichkeit war, *mich so zu benehmen wie der echte Sohn.* Daher beobachtete ich aufmerksam, wie sich mein Freund seinen Eltern gegenüber verhielt, und gab mir Mühe, es ihm gleichzutun. Wenn ich sah, dass er im Jackett und mit Krawatte zum Abendessen erschien, warf ich mich ebenfalls in Schale. Ich merkte, dass gutes Benehmen bei den Eltern hoch im Kurs stand, und tat alles, um ihren Erwartungen zu entsprechen. Ich achtete darauf, meine Dankbarkeit auszudrücken, und war höflich, wenn die Familie Gäste hatte. Dies alles waren Eigenschaften ihres eigenen Sohnes, und ich nahm sie als die meinigen an.

Ich hatte zwar immer noch einen anderen Nachnamen, aber ich fügte mich so gut in die Familie ein, dass jeder Außenstehende mich ganz selbstverständlich für einen leiblichen Sohn gehalten hätte.

Ähnliches kann der Heilige Geist in uns bewirken. In der Familie Gottes gibt es bestimmte typische Haltungen und Verhaltensweisen, die Paulus mit der *Frucht des Geistes* bezeichnet. Denn dass der Heilige Geist in unserem Inneren Wohnung genommen hat, lässt sich an der »Frucht« erkennen: Liebe, Freude, Friede, Geduld, Freundlichkeit, Güte, Treue, Sanftmut und Selbstbeherrschung. Diese Haltungen prägen die Kinder Gottes. Je nachdem, ob und wie stark sie schon vorher vorhanden waren, finden in unserem Leben gravierende Veränderungen statt.

Die Art, mich zu benehmen, wenn ich bei meinem Freund zu Besuch war, habe ich nie als lästige Pflicht empfunden. Man machte mir auch keine Vorschriften. Aber ich war gern dort und einfach glücklich, nach dem Internatsalltag mit seinen Regeln und dem

Kantinen-Essen wieder Teil einer Familie zu sein, so dass ich mich meiner »Adoptivfamilie« freiwillig anpasste.

Bei der Nachfolge Jesu ist es ganz ähnlich. *Teil der Familie Gottes zu sein* ist das höchste Vorrecht und die größte Gnade im Leben. In diese Gemeinschaft eingeladen zu sein bedeutet, als Kind adoptiert zu sein. Das ist der große Unterschied: Im Haus meines Freundes blieb ich, so nett seine Eltern zu mir waren, letztendlich immer Gast; in der Familie Gottes dagegen bin ich als Sohn angenommen, hier brauche ich keine Rolle zu spielen. Und weil ich dazugehöre, ist es mein größter Wunsch, zur Ehre Gottes zu leben und die Haltungen und Verhaltensweisen zu entwickeln, die Paulus *die Frucht des Geistes* nennt.

## Die Gaben des Heiligen Geistes

Der Geist Gottes beschenkt uns auch mit bestimmten Fähigkeiten, die Paulus, Petrus und andere Schreiber der Bibel als »Gaben« bezeichnen. Wir erhalten sie, um Gott und unseren Mitmenschen zu dienen.

Wenn Gottes Geist in der Seele eines Christen lebt, schafft er dort ganz neue Möglichkeiten und Fähigkeiten für unseren Dienst.

In einer Welt, in der die Seele keinen hohen Stellenwert hat, spricht man nur von Können und Begabungen, wenn sie mit sichtbaren, außerordentlichen Leistungen verbunden sind. Im Allgemeinen spricht man nur von dem, was jemand gelernt hat, von seinen oder ihren Fertigkeiten. Christen wissen, dass es noch eine andere Dimension gibt. Dass es Gaben gibt, die man unmöglich erlernen oder aus sich selbst entwickeln kann und die einen Menschen befähigen, etwas zu leisten, was weit über seine natürliche Begabung hinausgeht.

Denken Sie zum Beispiel an den einfachen Fischer Simon Petrus, der sich nach drei Jahren, in denen er mit Jesus durchs Land zog, mitten in Jerusalem hinstellt und Tausenden von Menschen das Evangelium verkündigt. Hier handelt es sich nicht bloß um ein verborgenes Talent, das plötzlich aufblüht, sondern um den Heiligen Geist, der in Petrus wirkt und in seiner Seele etwas in Bewegung setzt, damit er den göttlichen Auftrag erfüllen kann.

Jahre später schrieb Petrus über solche Gaben: »Dient einander als gute Verwalter der vielfältigen Gnade Gottes, jeder mit der Gabe, die er empfangen hat. Wer redet, der rede mit den Worten, die Gott ihm gibt; wer dient, der diene aus der Kraft, die Gott verleiht. So wird in allem Gott verherrlicht durch Jesus Christus.« (1. Petrus 4,10-11)

Bei den Gaben geht es darum, dem Herrn der Heerscharen und seinen Menschen zu dienen und ihm zur Freude zu leben. Gottes Gaben sind nicht dafür gedacht, dass wir sie zu unserem eigenen Nutzen einsetzen, obwohl das vielfach geschieht, sondern dafür, an seinem Reich zu bauen.

Durch unsere Gaben können wir anderen die Gute Nachricht von Jesus in verständlichen Worten erklären oder sie ermutigen, im Glauben zu wachsen. Durch manche Gaben sind wir in der Lage, die geistlichen Hintergründe von Äußerungen oder Verhaltensweisen zu erkennen. Und es gibt Gaben, die uns besonders die Anbetung oder die kontinuierliche Fürbitte für Menschen entdecken lassen.

## Die Kraft des Heiligen Geistes

All das ist eng verknüpft mit einem Wort, das in der Bibel oft in Zusammenhang mit dem Heiligen Geist genannt wird: Kraft. Liest man die biblischen Berichte, dauert es nicht lange, bis man begreift, dass überall dort, wo der Heilige Geist im Leben von Menschen wirkt, jeden Augenblick wundersame Dinge geschehen konnten und immer wieder geschehen: Junge Männer weissagten, alte Männer hatten Träume. Es gab Bekehrungen, Visionen und Erleuchtungen sowie Menschen, die zu großen Leistungen fähig waren. Damals wie heute schenkt der Heilige Geist die Fähigkeit, auch die zu lieben, die wenig liebenswert scheinen, und selbst den schlimmsten Verbrechern zu vergeben. Seine Kraft kann im Innern eines Menschen Großes bewirken.

## Die Vollmacht des Heiligen Geistes

Schließlich schenkt uns der Heilige Geist Vollmacht. Das bedeutet: Er schenkt uns Klarheit, was wir jeweils in einer Situation zu tun haben, und gibt uns die Kraft, es zu tun – mit der Autorität seines Geistes. Jesus gab seinen Jüngern Vollmacht (siehe Lukas 9,1-6; Johannes 20,22).

Als nach einer Legende Franz von Assisi gefragt wurde, warum Gott ihn zum Gründer einer bedeutenden geistlichen Bewegung berufen habe, sagte er: Dem müsse so sein, weil der Herr seine Bemühungen gesegnet habe. Er habe vom Himmel heruntergesehen und gedacht: »Wo finde ich den schwächsten, geringsten und gewöhnlichsten Menschen unter der Sonne?« Dann habe er Franziskus gesehen und gedacht: »Das ist er. Durch ihn will ich wirken, denn ihm wird weder der Erfolg zu Kopf steigen noch wird er die Ehre, die mir gebührt, für sich einheimsen. Einflusslos und unbedeutend wie er ist, wird er erkennen, dass er nichts als ein Werkzeug Gottes ist.«

## Beispiele anderer Christen

Es ist in der Geschichte der Christenheit tatsächlich immer wieder so gewesen, dass Gott eine Vollmacht und Kraft gerade Menschen geschenkt hat, die schwach waren, äußerlich wenig beeindruckend. Paulus ist ein prominentes Beispiel, ebenso Mutter Teresa.

»Wenn wir uns mit den großen geistlichen Lehrern beschäftigen – Männer und Frauen, die zwar nicht unbedingt besonders begabt oder gebildet waren, doch für die Gott eine helle, lebendige Wirklichkeit war, die ihren Alltag durchdrang und ihre einfachsten Handlungen in Lob verwandelte –, entdecken wir, dass ihr Leben tief in der Muttererde der geistlichen Stille verwurzelt war. Obwohl sie in der Welt lebten und sich menschlicher Beziehungen erfreuten, bewahrten sie in ihren Herzen eine kleine Zelle, in die sie sich zurückziehen konnten, um mit Gott allein zu sein.« (Brigid Hermann)

Durch solche Menschen kann Gott handeln.

Meine Frau und ich wohnten vier Jahre in New York, wo wir mit großer Freude in einer Baptistengemeinde arbeiteten. Als die Zeit um war und wir nach Lexington zurückkehrten, war uns, als bliebe ein Teil von uns für immer dort. Zum Abschied schenkte uns die Gemeinde ein wunderschönes Album mit Briefen und Fotos, die uns in den Jahren danach an die Begegnungen und Erlebnisse mit den Menschen dort erinnern sollten.

Wir durften erfahren, wie der Heilige Geist das Leben dieser wunderbaren Menschen berührte. Die Großstadt New York zwang unsere Gemeinde – wie die »störenden Momente« bei stürmischer See – unweigerlich zu geistlichem Wachstum, oder wir wären ertrunken. Wir haben uns gemeinsam für das Wachstum entschieden.

Unter den Menschen in der Gemeinde war eine Frau, die einen besonderen Platz in unserem Album und in unseren Herzen hat: Janet Barrett. Sie ist Afro-Amerikanerin und hatte eine leitende Stellung in einer großen New Yorker Bank. Wir wurden Zeugen, wie der Heilige Geist ihr Leben von Grund auf veränderte.

Als wir Janet kennen lernten, beeindruckte uns vor allem ihre Vitalität und ihr messerscharfer Verstand. Von Anfang an spürte man ihr auch eine starke Liebe zu Jesus ab und den Wunsch, im Glauben zu wachsen.

Doch in Janets Leben gab es ein großes Hindernis. Nach und nach bemerkten wir, dass sich tief in ihrer Seele Abgründe auftaten, dunkle Täler angestauter Wut. Zwei- bis dreimal im Jahr war es, als müssten sich diese Aggressionen heftig entladen. Danach verfiel sie jedes Mal in eine tiefe Depression, kapselte sich wochenlang von ihrer Umwelt ab und war noch nicht einmal für ihre besten Freunde zu sprechen. Je länger wir dies beobachteten, desto mehr wuchs unsere Sorge um Janet.

Irgendwann hatte sie einen Punkt erreicht, wo es nur zwei Möglichkeiten gab: Entweder gelang es ihr, ihr seelisches Gleichgewicht wiederherzustellen, oder sie trug wahrscheinlich irreparable psychische Schäden davon.

Ich kann nicht mit Sicherheit behaupten, welches Ereignis den Durchbruch auslöste, aber meines Erachtens trat die entscheidende Wende an jenem Sonntagmorgen ein, als wir uns nach dem Gottesdienst zur Fürbitte versammelt hatten. Wir saßen in einer Gruppe von etwa zwölf Personen im Kreis in einem ruhigen Zimmer des Gemeindehauses. Bevor wir zu beten begannen, meldete sich Janet zu Wort.

»Ich brauche heute euer Gebet«, sagte sie. »Ich spüre, wie die Wut in mir immer größer wird, und dass ich wieder kurz vor einem seelischen Absturz stehe. Wenn es passiert, lasst mich bitte einfach in Ruhe. Alle gut gemeinten Worte können mir dann nicht mehr helfen. Im Gegenteil, sie würden alles nur noch schlimmer machen. Deshalb betet bitte für mich, dass ich nicht wieder in ein tiefes Loch falle. Und wenn doch, dann betet, dass Gott mich so schnell wie möglich da rausholt und mich heilt. Ich wünschte, ich wüsste, woher diese Abstürze kommen und was ich dagegen tun kann.«

Dann beteten wir für Janet. Wir baten den Heiligen Geist, dass er sie frei machte, sie bewahrte und ihr Heilung schenkte. Wir empfanden eine tiefe Liebe und Verbundenheit mit ihr und spürten den sehnlichen Wunsch, dass Gott sie von dieser Last erlöste.

Nachdem die Gebetszeit vorüber war, fragte ich Janet, ob wir kurz unter vier Augen miteinander sprechen könnten.

»Janet«, sagte ich, »ich habe viel über dich und deine Situation nachgedacht. Dabei ist mir etwas klar geworden, was ich dir sagen möchte, auch wenn es nur eine Vermutung ist. Aber vielleicht kann es dir helfen.« Sie nickte.

»Ich frage mich, ob diese Wut, die du in dir fühlst, eine viel tiefere Ursache hat, als du dir bewusst bist«, fuhr ich fort. »Wäre es nicht möglich, dass diese tief verwurzelten Aggressionen das Erbe deiner Vorfahren sind? Deine und meine Vorväter sind unter unterschiedlichen Vorzeichen in dieses Land gekommen. Deine kamen wahrscheinlich nicht freiwillig hierher. Und ich kann gut nachfühlen, was deine Ururgroßeltern durchgemacht haben, welche Demütigungen, Verzweiflung und Wut sie durchlebten. Du bist sensibel dafür, und vielleicht wurden ihre Gefühle in eurer Familie ›weitervererbt‹ – bis zu dir. Wenn das so ist, dann solltest du auf die Kraft der Vergebung bauen und selbst bereit werden, zu vergeben. Lass zu, dass die Gnade Gottes alle Wut und Aggression für immer wegnimmt.«

Janet wischte ein paar Tränen fort und versprach, darüber nachzudenken. Ich weiß nicht, was in ihr vorging und was sie danach tat, aber in den folgenden Wochen schien sie innerlich gelöster und ausgeglichener. Ihr Zorn beherrschte sie nicht mehr. Natürlich gab es immer noch schlimme Augenblicke in ihrem Leben, doch mit Jesu Hilfe gelang es ihr, ihr Problem in den Griff zu bekommen.

Doch das war nicht alles. Als Nächstes kündigte Janet ihre Stelle bei der Bank, um sich hauptberuflich um gefährdete Jugendliche zu kümmern. Sie rief eine durch Spenden finanzierte Arbeit ins Leben, die labilen jungen Menschen half, wieder lebenstüchtig zu werden und eine Berufsausbildung zu machen. Regelmäßig führt sie nun Info-Veranstaltungen an New Yorker Schulen durch, wo sie den Jugendlichen davon erzählt, wie wichtig es ist, nie seine Hoffnungen und seine Träume aufzugeben.

So wie ich dieses Buch mit Michael Plants Geschichte begann, möchte ich das letzte Kapitel mit Janets Geschichte schließen. Beide waren Experten in dem, was sie taten. Beide haben in ihrem Leben schwere Stürme durchgemacht. Auch Janet verlor den Halt und

»kenterte«. Aber im Gegensatz zu Plant hatte sie einen stabilen »Ballastkiel«, um sich wieder aufzurichten und ihre Reise fortzusetzen.

Janet Barrett ist für mich eine Frau, die weiß, worauf es ankommt. Und die begriffen hat, dass die Ebene unterhalb der »Wasserlinie« viel mehr zählt als alles, was wir an der Oberfläche sehen. Sie hat den Ruf Gottes gehört und ihm das zurückgegeben, was er ihr geschenkt hatte.

Sie hatte einen Traum und verfolgt seitdem unbeirrt ihren Auftrag im Leben. Sie hat feste Überzeugungen, nach denen sie lebt. Sie war bereit, die Tiefenschichten ihrer Seele zu ergründen und daran zu arbeiten, dass Hindernisse ausgeräumt wurden, die den Heiligen Geist blockierten. Ich kenne nur wenige Menschen, die mit einer solchen Hingabe beten wie Janet.

Janet ist eine Frau, die ein geisterfülltes Leben in der Nachfolge Jesu führt. Und sie ist von einer tiefen Demut erfüllt. Es gab keine spontanen Wunder, die ihr Dasein mit einem Mal leichter gemacht hätten. Aber sie öffnete ihr Herz allmählich für die heilende Kraft des Heiligen Geistes, täglich ein bisschen mehr, so dass er in ihrer Seele Wohnung nehmen konnte. Sie wusste: Sie brauchte seine Leitung, seine Weisheit, seinen Schutz.

Michael Plants Leiche wurde nie geborgen. Janet Barrett arbeitet jeden Tag mit ganzem Einsatz in Harlem. Und Gott hat ihr Leben überaus reich gesegnet.

NACHWORT

# Der Mensch lebt nicht vom Brot allein

*Wenn sich die große Eiche im Winde biegt,*
*trinken ihre Äste neue Schönheit,*
*und auf der Windseite krallt der Stamm*
*seine Wurzeln fester in die Erde.*
*Nur die Seele, die den tiefsten Schmerz gekannt,*
*kennt auch das tiefste Glück. Sorgen kommen,*
*um im Herzen Raum zu schaffen für die Freude.*

Edwin Markham

Vor einigen Jahren fiel die Berliner Mauer, urplötzlich und unverhofft. Ich habe die Mauer gesehen, bin durch den berühmten Checkpoint Charlie über die Grenze gegangen. Ich sehe noch den langen, hässlichen Streifen Land von der Breite eines Häuserblocks, der Ost- und West-Berlin trennte, den Stacheldraht, die Minenfelder und Panzersperren, die Fluchtversuche unmöglich machen sollten. Die Mauer – eine unüberwindliche Barriere aus Stahlbeton.

Sie stand, solange ich denken kann, scheinbar fest und unverrückbar, und ich hätte nie gedacht, dass ich ihren Fall noch erleben würde. Niemand hatte das für möglich gehalten, weder die CIA noch andere Informationsquellen, denen wir jährlich Millionen dafür bezahlen, dass sie uns über die Zukunft aufklären. Ich kenne jedenfalls niemanden, der behauptet, er habe den Mauerfall für diese Zeit vorausgesehen.

Jetzt, wo die Mauer und die DDR der Vergangenheit angehören, ist es ein Leichtes zu sagen, jeder hätte die Anzeichen für den Zusammenbruch des kommunistischen Systems erkennen können.

Aber wir haben die Zeichen der Zeit nicht erkannt, denn wir waren so sehr in unserer eigenen Wahrnehmung gefangen, dass wir blind für die Zusammenhänge waren.

Ich sehe die Berliner Mauer als Sinnbild für das menschliche Leben. Das Leben scheint oft äußerlich stabil und durch nichts zu erschüttern, bis eines Tages ein störendes Moment die Grundfesten ins Wanken bringt und es zum Zusammenbruch kommt. Und dann muss sich zeigen, was in unserem Leben wirklich Bestand hat.

Erstaunlicherweise kommen die meisten inneren Zusammenbrüche nicht unverhofft. Viele könnte man voraussehen, würde man auf die äußeren Vorboten achten. Aber uns Menschen fehlt in der Regel der Blick für die Schwachstellen in unserem Leben. Unsere Wahrnehmung ist vorwiegend auf die Welt, die uns umgibt, »geeicht«, nicht auf unsere innere Welt.

Ohne Gewicht unterhalb der »Wasserlinie« wird es früher oder später unweigerlich zum Zusammenbruch kommen. Es steht geschrieben, dass der Mensch nicht vom Brot allein leben kann. Und niemand kann leben, ohne sich um seine Seele zu kümmern.

Wir dürfen die Augen nicht davor verschließen, dass unsere Seele die Wiege guter und schlechter Gedanken zugleich sein kann. Öffnen wir deshalb die Tür zu unserer Seele und machen wir uns an die Arbeit! Damit sie zu einem »Ort« wird, an dem der Heilige Geist wohnen kann, bedarf es der Kraft der *Umkehr*. Nach einer realistischen Selbsteinschätzung werden wir nicht anders können, als unsere Sünden zu bekennen. Lassen Sie uns aus den *störenden Momenten* lernen. Bekämpfen wir nicht den Schmerz, denn auch in ihm ist eine Botschaft verborgen. Erkennen wir unseren Auftrag, das Ziel, auf das wir hinarbeiten können. *Reinigen wir unsere Seele von falschen Motiven und schädlichen Erinnerungen*, die nur der Sünde Vorschub leisten. Nehmen wir das, was die Bibel *über das Wesen Gottes und seine Verheißungen* sagt, für uns in Anspruch. Üben wir uns im authentischen *Gebet* und in der *Fürbitte* und suchen wir den »direkten Draht nach oben«! Lassen Sie uns die Saat unserer *Überzeugungen* ernten und Christus immer ähnlicher werden.

Vor einiger Zeit besuchte ich eine Glaubenskonferenz in England. Einer der Redner war ein chinesischer Pastor, der wegen seines Glaubens 18 Jahre lang in einem Arbeitslager interniert gewesen war. Nie werde ich sein bewegendes Zeugnis vergessen:

»Sie fragen sich bestimmt, welche Art von Arbeit man dort für mich zur körperlichen Ertüchtigung vorgesehen hatte. Nun, das Leben im Lager war hart. Man teilte mir die Aufgabe zu, eine Jauchegrube voller menschlicher Fäkalien freizuschaufeln.

Die Aufseher wussten, aus welchem Hintergrund ich kam – ich war gebildet, stammte aus einer wohlhabenden Familie und war obendrein Christ –, Grund genug für sie, mich zu hassen. Was sie nicht wussten, war, dass ich meine Arbeit in der Jauchegrube lieben lernte.

Die Grube maß etwa zwei mal zwei Meter. War sie voll, musste die Jauche mit der Schaufel hinausbefördert werden. Danach wurde die Jauche zum Düngen auf die Felder gefahren. Das Loch war ziemlich tief, so dass ich, um den letzten Rest hinauszuschaufeln, hinunter in die stinkende Masse steigen musste.

Doch ich genoss die Einsamkeit dort unten, denn wegen des bestialischen Gestanks kam niemand, auch nicht die Aufseher, freiwillig in die Nähe. Im Lager standen wir sonst ständig unter strikter Aufsicht, und kein Mensch war jemals allein. Doch in der Jauchegrube war ich allein mit mir und meinem Herrn. Dort konnte ich in Ruhe mit Gott sprechen und so laut beten oder singen, wie ich wollte. Laut zitierte ich alle Psalmen, die mir einfielen, und niemand kam, um mich zum Schweigen zu bringen. Bei dieser Arbeit in der Jauchegrube erlebte ich eine wunderbare, tiefe Gemeinschaft mit Gott.

Mein Lieblingslied in jenen Tagen war ›Im Garten‹. Schon vor meiner Verhaftung habe ich es gern gesungen, doch nun erst erfasste ich seine volle Bedeutung.

›Ich komme allein in den Garten,
der Morgentau liegt noch auf den Rosen
und die Stimme, die an mein Ohr dringt,
ist die Stimme des Gottessohnes.
Er ist an meiner Seite und er spricht mit mir,
und er sagt mir, dass ich sein bin.
Und wie wir so zusammen verweilen,
weiß ich: Nie zuvor hat jemand eine solche Freude gekannt.‹

Wieder und wieder sang ich dieses Lied und spürte dabei die Nähe des Herrn. Er hat mich nie im Stich gelassen. So überlebte ich nicht nur das Arbeitslager, sondern die Jauchegrube wurde zu meinem persönlichen Garten der Begegnung mit Gott.«

Mit diesen Worten schloss der Pastor seinen Bericht. Es sind die schlichten Worte eines Mannes, dessen Leben Gott mit seinem Segen getragen hat.

# Die »Christos« – *Eine Parabel*

Es war einmal ein Mann, der wollte ein Boot bauen. Es sollte ein Boot für die ganze Familie werden, mit dem man Ausflüge machen und sich erholen konnte. Auch dachte er daran, Freunde und Bekannte zum Mitsegeln einzuladen, die sich kein eigenes Boot leisten konnten, und ihnen eine Freude zu machen.

In der Planungsphase sprach der Mann viel mit erfahrenen Seeleuten und Schiffsbauern und fragte sie um Rat. »Worauf kommt es nach eurer Erfahrung bei Booten an?«, wollte er wissen. »Wie sieht ein gutes Boot aus? Welche Vor- und Nachteile haben die verschiedenen Bootstypen und Rumpfformen? Worauf muss ich achten und was sollte ich auf jeden Fall vermeiden?« Er hörte aufmerksam zu, was die alten Seebären ihm rieten.

Sie erzählten ihm vieles über das Meer, das so schön und so gefährlich zugleich ist. Von fernen Inseln, in deren Buchten er eines Tages ankern würde, von Untiefen und Sandbänken, vor denen es auf der Hut zu sein galt. Sie sprachen von guten Winden, der besten Segelzeit und warnten ihn vor plötzlichen Stürmen. Wenn sie auf das Thema Bootsbau zu sprechen kamen, dann betonten sie immer wieder, wie wichtig ein guter, stabiler Kiel und die richtige Gewichtsverteilung oberhalb und unterhalb der Wasserlinie war. Man sprach über das Baumaterial, die beste Bauweise und Form, die dem Boot selbst bei schwerem Wetter ausreichende Seetüchtigkeit verleihen würde.

Als er nach der besten Takelungsart fragte, nach Segeln, Masten und der Inneneinrichtung des Bootes, rieten sie ihm, die Ausstattung sollte vor allem praktisch sein. »Es kommt nicht so darauf an, wie es aussieht«, sagten sie, »du brauchst mit deinem Boot keinen nautischen Schönheitswettbewerb zu gewinnen. Achte vielmehr auf gutes Material und eine solide Verarbeitung. Nimm ein möglichst reißfestes Segel, stabile Segellatten, bruchfeste Masten und Spieren.

Denk daran, das Rigg muss im Notfall die allergrößten Belastungen aushalten. Die Kajüte braucht keine Luxusausstattung, sondern soll in erster Linie ein Ort sein, wo man sicher und warm im Trockenen sitzen kann, wenn draußen der Sturm tobt.« Der Mann hörte sich alles an, nickte hin und wieder zustimmend und trug alles Wichtige in sein Notizbuch ein.

Mit dem Bild eines stabilen, seetüchtigen Segelbootes im Kopf begann er, Skizzen und Pläne zu zeichnen. Immer klarer wurde ihm: Dieses Boot würde für ihn und seine Familie und Freunde ein Maximum an Sicherheit und Segelspaß bieten. »Mit einem solchen Boot kannst du getrost nach Europa und um die ganze Welt segeln«, sagten seine Freunde.

Erst als alle Pläne vollständig waren, begann der Mann mit dem Bau. Wie man ihm geraten hatte, verwendete er besondere Sorgfalt auf die Bestandteile, die niemand sehen würde, wenn das Boot erst einmal zu Wasser gelassen war. Natürlich gab es Augenblicke, in denen er versucht war, diese Arbeiten möglichst schnell abzuschließen, damit er sich den Aufbauten widmen konnte, die später für alle deutlich sichtbar sein würden. Aber jedes Mal, wenn er solche Gedanken hatte, fielen ihm die Geschichten und Warnungen der alten Seeleute ein, und er nahm sich zu Herzen, was er von ihnen gelernt hatte.

Langsam nahm der Bootskörper Gestalt an. Sorgsam widmete sich der Mann der Beplankung und dem Bau des Kiels. Die Arbeiten schritten gut voran. Hin und wieder kamen die Seeleute vorbei, die ihn beraten hatten. Sie nickten wohlwollend, wenn sie das Boot betrachteten.

Die übrigen Mitglieder des Segelclubs dagegen nahmen wenig oder gar keine Notiz von dem Boot.

Sie widmeten sich lieber dem Clubleben mit seinen Sonntagsregatten, den Tanzveranstaltungen und Cocktailpartys. Wenn sie sich über die Boote im Hafen unterhielten, sprachen sie von Markennamen, schnittigen Rumpfformen oder exklusivem Zubehör. Das Boot des Mannes beachteten sie kaum.

Eines Tages war es dann so weit: Das Boot war fertig. In einer feierlichen Zeremonie wurde es zu Wasser gelassen. Die Freunde und die Familie des Mannes waren zur Jungfernfahrt gekommen. Die alten Seemänner standen am Kai und winkten ihm zu, als das Boot auf die Hafenausfahrt zuhielt. Als es abdrehte, war am Heck der Schriftzug *Christos* zu lesen. Einige von ihnen wussten, was der Name bedeutete; andere nicht, und sie wunderten sich.

Es war ein perfekter Tag, und die *Christos* hielt Kurs auf das offene Meer. Am Horizont konnte man unzählige Segelboote ausmachen, die vor sanfter Dünung des Meeres auf und nieder gehoben wurden. Die Sonne strahlte vom wolkenlosen Himmel und es wehte eine leichte Brise. Ein Segelwetter, wie es besser nicht sein könnte.

Doch am späten Nachmittag zogen, scheinbar aus dem Nichts, plötzlich dunkle Wolken auf, Vorboten eines schweren Sturmes. Für die Segler kam dies völlig überraschend, denn der Wetterbericht hatte kein Sturmtief vorausgesagt. Alles ging so schnell, dass es für Sturmwarnungen zu spät war. Bald schaukelten die Boote nicht mehr sanft auf und nieder, sondern wurden vom schweren Seegang unsanft hin und her geworfen. Sie versuchten, Kurs auf den rettenden Hafen zu nehmen, doch Wind und Wellen erschwerten das Vorwärtskommen. Wenige Minuten später fing die Küstenwache reihenweise SOS-Rufe auf: »Mayday! Mayday!« Segler, deren Boote leck geschlagen waren, probierten verzweifelt, aufblasbare Rettungsinseln zu Wasser zu lassen.

Der Mann auf seinem neuen Boot spürte, wie die *Christos* dem Winddruck standhielt. Jeder Brecher, der an Deck schlug, war ein Test für Material und Verarbeitung. Das Boot pflügte durch die Wellentäler und neigte sich stark seitwärts, doch das Gewicht des Unterwasserschiffs und des Ballastkiels hielten es auf Kurs. Auch wenn starke Böen die *Christos* in gefährlich anmutende Schräglage brachten, richtete sie sich immer wieder auf. Bald war sich der Mann sicher, dass er mit diesem Boot, sofern seine Kraft und seine Segelkünste ausreichten, jeden Sturm überstehen würde.

Er sah, wie die anderen in Seenot gerieten, und machte sich daran, so vielen wie möglich zu Hilfe zu eilen. Während der Wind noch mehr auffrischte und sich die Wellen immer höher türmten, steuerte er sein Boot von einem havarierten Segler zum nächsten und rettete die um ihr Leben schwimmenden Menschen. Erst als die *Christos* wegen der vielen Schiffbrüchigen an Bord tief im Wasser lag, nahm er Kurs auf den sicheren Hafen.

Heute hängt gleich neben der Eingangstür zum Clubrestaurant ein großes Gemälde, das allen Besuchern zuerst ins Auge springt. Es ist ein Bild der *Christos* mit ihrem Erbauer, dem Mann im Vordergrund. Darunter steht ein von den Mitgliedern des Segelclubs verfasster Text zur Erinnerung an den selbstlosen Einsatz dieses Mannes und die erstaunliche Leistung dieses unverwüstlichen Bootes am Tag jenes schweren Sturms. Und jeder, der das Gemälde betrachtet und diese Worte liest, weiß: Dieser Mann wird für immer unvergessen bleiben.

# LITERATURVERZEICHNIS


Alsop, Joseph W., *I've Seen the Best of It: The Memoirs of Joseph W. Alsop,* New York, Norton 1992

Begbie, Harold, *The Life of General William Booth,* New York, Macmillan 1920

Bloom, Anthony, *Beginning to Pray,* Mahwah, N.J., Paulist Press 1982

Buechner, Frederick, *Telling Secrets,* New York, HarperCollins 1991

Chambers, Whittaker, *Witness,* New York, Random House 1952

Chesterton, Gilbert Keith, *Franziskus. Der Heilige von Assisi,* Fischer Taschenbuch Verlag, Frankfurt am Main 1986

Eliot, T. S., »J. Alfred Prufrocks Liebeslied«, in: *Amerikanische Lyrik vom 17. Jahrhundert bis zur Gegenwart,* Reclam Verlag Stuttgart 1974 u. Nachdrucke

Frost, Robert, »Der unbegangene Weg«, in: *Robert Frost, Gedichte,* Eva Hesse (Hrsg.), Langewiesche-Brandt Verlag, Ebenhausen bei München 1963

Hall, Clarence, *Portrait of a Prophet: The Biography of Samuel Logan Brengle,* New York, Salvation Army Supply House Depot 1933

Herman, E. *Creative Prayer,* Santa Fe, Sun Pub 1993

Heschel, Abraham Joshua, *The Earth Is the Lord's,* New York, Harper Torchbooks 1966

Heschel, Abraham Joshua, *The Sabbath,* New York, Harper Torchbooks 1966

Jones, E. S., *The Unshakable Kingdom and the Unchanging Person,* Nashville, Abingdon Press 1972

Kelly, Thomas, *A Testament of Devotion,* New York, Harper 1941

Moody, William R., *The Life of Dwight L. Moody,* Tarrytown, N. J., Revell 1900

Malcolm Muggeridge, *Mutter Teresa. Ein Leben für die Ausgestoßenen*, Verlag Herder, Freiburg 1972

Pibworth, Nigel R., *The Gospel Pedlar: John Berridge & the 18th Century Revival,* Welwyn, England, Evangelical Press 1987

»Richard Cory«, in: *Amerikanische Lyrik vom 17. Jahrhundert bis zur Gegenwart,* Reclam Verlag Stuttgart 1974

Shakespeare, William, *König Richard III., Übersetzung von A. W. von Schlegel*, Der Tempel-Verlag, Berlin und Leipzig o.J.

Shoemaker, Samuel, »I Stand by the Door«, in: *I Stand by the Door* by Helen S. Shoemaker, New York, Harper 1967

Wheeler, W. Reginald, *A Man Sent from God: The Life of Robert Speer,* Tarrytown, N. J., Revell 1956

Wilbur, Richard, »Parable« in: *Oxford Book of Short Poems,* edited by James Michie and P. J. Kavanagh, New York, Oxford University Press 1985

Yeats, William Butler, »Ich war schon mehr als fünfzig Jahr«, in: *William Butler Yeats, Gedichte,* Die Arche, Zürich 1958 (Deutsche Erstausgabe in: Die Wendeltreppe, 1933)

Richard Foster
**Nachfolge feiern**
Geistliche Übungen neu entdeckt
176 Seiten, Paperback, Bestell-Nr. 224 400

Arne Völkel
**Wurzeln schlagen**
Hilfen zur persönlichen Glaubenserneuerung
144 Seiten, Paperback,
Bestell-Nr. 224 401

James Smith/Richard Foster
**Daß Gott mich wirklich liebt**
Mit dem Herzen glauben
176 Seiten, Paperback,
Bestell-Nr. 224 402

Richard Foster
**Gottes Herz steht allen offen**
Eine Einladung zum Gebet
288 Seiten, Paperback, Bestell-Nr. 224 403

R. BROCKHAUS VERLAG WUPPERTAL